铁道警察学院2014年度学术成果资金资助

税收犯罪立法研究

何恒攀 著

SHUISHOU FANZUI LIFA YANJIU

中国法制出版社

CHINA LEGAL PUBLISHING HOUSE

□■序

王志祥 [①]

　　《税收犯罪立法研究》一书是在作者博士论文的基础之上修订而成的，如今即将由中国法制出版社出版，作者邀我为之作序。作为导师，我欣然应允。

　　税收犯罪是社会生活中一类常见的经济犯罪，与之相关的税收刑法也是经济刑法的重要组成部分。由于该类犯罪属于法定犯，故对其的研究虽然仍需遵循刑法学的一般范式，但与刑法学总论的研究也有所不同，其中会涉及大量的税法、税收等其他学科的内容和研究方法，需要研究者有着更广泛的知识储备。我国刑法学对税收犯罪的研究时间并不算短，虽然与刑法学的其他领域相比，相关研究成果称不上丰硕，但数量并不算少，作者也并非以此为博士论文选题的第一人，故而所选择的研究视角对于研究的必要性、创新程度、可能达到的研究深度等问题而言都是至关重要的。鉴于前人的研究大多集中于税收犯罪的定罪处刑等司法问题上，而对于立法问题的研究相对较少，作者最终选择以《税收犯罪立法研究》为题进行博士论文创作。

---

　　① 北京师范大学刑事法律科学研究院外国刑法与比较刑法研究所所长、教授、博士生导师、法学博士、博士后，兼任全国青联委员、中央国家机关青联委员、中国法学会立法学研究会理事、中国行为法学会越轨预防与矫治研究会常务理事。

本书在论述税收犯罪基础理论，如税收犯罪的界定、税收犯罪的立法原则与刑事立法政策的基础之上，就税收犯罪的立法模式、税收犯罪的罪名设计与法定刑等立法中的总纲性问题进行了论述。之后针对各类具体税收犯罪的立法问题，即走私类税收犯罪、直接危害税收征管的税收犯罪、发票犯罪、税收渎职犯罪的立法问题分别进行了论述。总体而言，全书结构完整、论述严密、行文流畅，体现了作者良好的学术水平。尤其是在税收犯罪的刑事立法政策、立法模式、发票犯罪的立法完善等问题上，作者论证充分，集中体现了本书的创新之处。例如，关于税收犯罪的立法模式这一问题，作者并没有擅自下结论，而是从影响立法模式的几个因素入手逐一进行分析，避免了以往研究中就事论事、先入为主的倾向，由此为结论的得出提供了充分的论据。我国刑法学中专门研究税收犯罪立法问题的著作数量稀少，本书可以作为研究税收犯罪的基础理论著作，其中的某些部分如立法模式、罚金刑的配置等还可以对类似犯罪的立法问题研究有所借鉴。书中对我国相关立法的完善建议也可为立法的修改和完善提供有益的参考。

立法问题相比司法问题而言更为宏观，其中还涉及对立法意图等主观问题的判断，因而研究的难度较大，属于刑法学研究中不易驾驭的领域。受诸种因素限制，本书也难免存在一些不足之处，例如对税收犯罪的立法原则、罪名的设置等问题的论述相对其他部分而言较为单薄。此外，由于税收犯罪是以税收违法行为为基础的，本书的研究对象也因之存在一定的局限性，没有扩展到与税收违法行为相关的行政法规等层面。就这些问题而言，有待作者在今后的研究中进一步思考和改进。

本书作者何恒攀是我指导的第一位博士研究生，2009 年秋季师从于我从事刑法学学习和研究，2012 年毕业并取得法学博士学位。在校期间，他学习成绩优良，勤勉踏实，并能够较好地完成交给他的各项任务。毕业后，他回到家乡河南，供职于高校，在从事教学活动的同时，仍能保持一定的科研活动产出，而且还主动兼任了学生工作，这是难能可贵的。希望他今后能不放松对自己的要求，不断学习，并注重结合所在单位的实际，合理确定研究方向，进一步提升自己的研究水平，将学术事业传承下去并发扬光大。

　　是为序。

2015 年 5 月 20 日

谨识于北师大刑科院

□ ■ 前　言

　　作为一种严重违法行为，税收犯罪不仅破坏了国家税收征管秩序，侵犯了国家税收利益，同时也妨碍了国家运用税收工具对经济活动的调控。税收犯罪立法的规定是否合理，直接关系到对税收犯罪的打击成效。1997年刑法典全面修订之后，我国关于税收犯罪的立法变动不大，而与之形成鲜明对比的是，我国的税收状况则发生了极大的变化：税收收入逐年增加，税制结构中增值税所占比重有所减少，所得税的地位日益重要，税收征管水平有所提高。此外，国际环境对于我国税收犯罪的发生状况也有一定的影响。这意味着现实的税收状况对刑法提出了更高的要求，决定了我们需要及时审视关于税收犯罪的立法，剔除其中的不合理成分，使其更好地适应打击税收犯罪的需要，以保障国家税收工作的顺利进行。从理论意义上讲，税法是我国经济法律体系中的重要组成部分，对税收刑法的深入研究有助于完善的税收法律体系的建构。

　　关于税收犯罪与税收刑法，国外有一定的专著和论文，例如德国刑法学者 Thomas Kuhn 所著的《税收刑法学》、Jens Müller 所著的《税收刑法中的故意和说明义务》等。在我国国内，刑法学对税收犯罪也给予了一定程度的关注。到目前为止，相关博士论文共有 5 篇，即周洪波的《税收犯罪研究》（中国人民大学法学院 2001 年）、丛中笑的《涉税犯罪论》（吉林大学法学院 2006 年）、金玲玲的《偷税犯罪立法研究》（吉林大学法学院 2009 年）、刘荣的《中美税收犯罪比较研究》（中国人民大学法学院 2012 年）以及笔者的《税收犯罪立法研究》（北京师范大学刑事法律科学研究院 2012 年）。学术论著共 50 余部，其中比较有代表性的有：刘树德所著的《税收欺诈及其防治》（法律出版社 1997 年版），张旭主编的《涉税犯罪的认定处理及案例分析》（中国人民公安大学出版社 1999 年版），吴亚荣所著的《中国税收犯罪通论》（中国税务出版社 1999 年版），李永君、古建芹主编的《税收违法与税收犯罪通论》（河北人民出版社 2000 年版），莫开勤所著的《危害税收征管犯罪的定罪与量刑》（人民法院出版社 2000 年版），赵秉志主编的《危害税收征管犯罪》（中国人民公安大学出版社 2003 年版），陈运光所著的《税收犯罪研判》（吉林人民出版社 2004 年版），何秉松主编的《税收与税收犯罪》（中信出版社 2004 年版），周洪波所著的《危害税收征管罪立案追诉标准与司法认定实务》（中国人民公安大学出版社 2010 年版）等。此外，各类期刊上刊载有相关论文 100 余篇。这些研究成果基本上涵盖了税收犯罪立法的诸多问题：（1）税收犯罪立法的基础理论问题，如概念界定、分类、特征、立法模式；（2）税收犯罪的犯罪构成问题；（3）税收犯罪的刑罚改革问题，如死刑的存废、资格刑的设置；（4）税收犯罪中绝大多数个罪的问题。莫开勤、周洪波等学者以及陈运光等实务部门的人员在这一领域具有较深的造诣，尤其是对于税收犯罪的司法认定等问题有着十分深入的研究。丛中笑等学者以财税法学的知识背景，通过跨学科的研究也形成了一定独到的认识。但现有的成果存在一个共性的现象，即偏重对税收犯罪立法的规范解释，甚至一些成果是简单重复前人的研究，而对于其中涉及的一些基础理论问题如税收犯罪刑事立法政策的取向、税收刑法犯罪体系的设计、税收违法行为的犯罪化等立法问题则研究不够深入。因此，对就税收犯罪的立法问题而言，仍存在进一步拓展的研究空间。

笔者在研究过程中着重运用以下方法：（1）规范分析法。刑法学从本质上讲是一门规范性学科。为此，笔者结合我国当前关于税收犯罪的规定，在总结当前研究成果的基础之上进行梳理，分析现行规范中存在的问题及不足。（2）比较研究法。运用比较研究法有利于扩展研究的视野，增进对他国立法现状的了解。（3）跨学科研究法。经济犯罪理论与其对应的行政、经济法律学科有着密切的关系，因此，在某些问题上也需要结合税法学和税收学的相关知识进行论证。

笔者的研究思路是：首先，在对税收犯罪的范围进行界定和分类的基础之上，提出税收犯罪立法的原则和刑事立法政策，为研究做好铺垫；继而，就税收犯罪的立法模式这一问题展开讨论；接着从税收犯罪的罪名体系设计、税收犯罪的法定刑问题等宏观层面对税收犯罪的立法进行研究；最后，对税收犯罪中的具体类型即走私普通货物、物品罪，直接危害税收征管的犯罪，发票犯罪和税收渎职犯罪中的立法问题进行系统的研究。

□ ■ 目　录

第一章　税收犯罪的界定

第一节　税收犯罪的概念

一、与税收有关犯罪的不同称谓

税收犯罪，简而言之，也即与税收有关的犯罪。在我国刑法理论中，这类犯罪有着不同的称谓。围绕着各自提出的称谓，不同论者对其也作出了不同的界定，由此使得各自具体研究的对象不尽相同。我国刑法理论对与税收有关的犯罪主要有以下几种称谓：

第一种称谓是"危害税收征管罪"。持这种称谓的论者直接援引了刑法分则的相关概念。其认为，"危害税收征管罪是指违反国家税收法规，妨害国家税收征管活动，依法应受刑罚处罚的一类行为。危害税收征管罪是刑法分则第三章第六节规定的犯罪"。[①]

第二种称谓是"税收犯罪"。持这种称谓的一部分论者认为，"税收犯罪就是违反国家税收管理法规，危害税收管理制度，情节严重，从而应受刑事处罚的一组罪群"。[②]另一部分论者认为，税收犯罪有广义和狭义之分。

---

① 王作富主编：《刑法分则实务研究》（第三版），中国方正出版社 2006 年版，第 650 页。

② 李永君著：《税收犯罪认定处理实务》，中国方正出版社 1997 年版，第 11 页。

"所谓广义的税收犯罪，是指行为主体实施的规避税收缴纳义务，妨碍税款征缴，妨害发票管理以及其他妨害国家税收管理活动的情节严重应受刑罚处罚的行为。""所谓狭义的税收犯罪，仅指纳税主体违反国家税收法律法规，规避税收义务、骗取税款的行为以及妨害发票管理活动情节严重应受刑罚处罚的行为。"①

第三种称谓是"税务犯罪"。持这种称谓的论者相对较少，税务犯罪基本上等同于第二种称谓中所指的广义的税收犯罪，是指"发生在税务领域的所有犯罪现象与犯罪行为的一种总称"。②

第四种称谓是"涉税犯罪"。持这种称谓的论者认为，"所谓涉税犯罪是指行为主体实施的违反税法、侵害税收法律关系，触犯刑法、应受刑罚处罚的行为"。③

第五种称谓是"税收欺诈犯罪"。持这种称谓的论者一般很少对"税收欺诈犯罪"这一概念作出界定。有的论者所指称的"税收欺诈犯罪"范围较广，其基本上等同于刑法分则中的"危害税收征管罪"。④但更多的论者所指称的"税收欺诈犯罪"范围较小，其主要是指逃税罪和骗取出口退税罪等造成逃税、骗税等实际后果的犯罪。⑤还有的论者从旁观者的角度把其界定为："税收欺诈犯罪实际上是用欺诈的方法在税收领域实施的犯罪。"⑥

与税收有关的犯罪的上述五种称谓并不代表同一个概念的五种不同名称，其中有的概念指代基本相同，有的则是不同的概念，所以原则上没有

---

① 黄荣康等著：《税收犯罪及司法应对研究》，人民法院出版社 2005 年版，第 4 页。

② 郭勇平著：《税务犯罪论》，光明日报出版社 2003 年版，第 28 页。

③ 丛中笑：《涉税犯罪论》，吉林大学法学院 2006 年博士论文，第 20 页。

④ 参见高铭暄主编：《新型经济犯罪研究》，中国方正出版社 2000 年版，第 105 页。

⑤ 参见陈正云主编：《经济犯罪的刑法理论与司法适用》，中国方正出版社 1998 年版，第 439 页。

⑥ 张旭主编：《涉税犯罪的认定处理及案例分析》，中国人民公安大学出版社 1999 年版，第 5 页。

对错和优劣之分，都只是服务于不同论者各自的研究需要。"危害税收征管罪"是我国刑法分则直接规定的一个节罪名，使用这一称谓的优点在于其内涵和外延都比较明确，但缺点在于容易忽视立法语言本身存在的问题（例如不够简洁）和在该节之外某些与之有密切关系的犯罪与其客观上存在的内在联系的规定，这样相关的研究便容易停留在注释的层面。五种称谓中"税收欺诈犯罪"相对而言是最不可取的一种称谓。虽然论者可以通过界定其范围来说明这一概念的指代，但由于名称中的"欺诈"一词带有固定的含义（即以使人发生错误认识为目的的故意行为），所以如果概念指代的范围太广就会偏离欺诈类犯罪的本质，反之如果概念指代的范围仅限于采取欺诈手段的那些与税收有关的犯罪行为，又会使研究的范围过小。"税收犯罪"、"税务犯罪"和"涉税犯罪"这三个称谓总体上没有太大差别，其都不是法律术语，都可以从最广义的角度被理解为所有与税收有关的犯罪，也都可以从广义的角度被理解为有着共同性质或者说是共同侵犯一类客体的犯罪，但一般不会从狭义的角度被理解为与刑法分则中的"危害税收征管罪"相同的概念。其中，"税务犯罪"与"税收犯罪"的差别最小，因为"税务"本身就是指与税收有关的一切事务。不过在实践中，我国的"税务"一词更多指代的是与税务部门有关的那些事务，这样那些由其他部门履行的税收事务，例如由海关征收的关税事务、某些地区由财政部门征收的契税事务就容易被排除在"税务"一词之外，故在理论研究中不宜采用"税务犯罪"这一称谓。关于"涉税犯罪"，有论者认为，刑法学的主要任务是研究如何准确地定罪量刑，采取"危害税收征管罪"这一法律规定的名称更好。而犯罪学以遏制和预防涉税犯罪为目标，应该在广义上理解与税收有关的那些犯罪，将所有相关犯罪都纳入研究范畴。而且，由于犯罪学研究中一般不对近似犯罪的违法行为和犯罪行为加以区分。因此，从犯罪学角度研究税收犯罪，应采用"涉税犯罪"这一称谓，即其不仅包括刑法中所有与税收犯罪相关的犯罪，还包括一些虽未达到触犯刑法的程度，但严重违反税收法律规范的行为。① 这样的观点固然有其道理，但把刑法学的任务仅理解为对刑法加以注释并不妥当。实际上，研究税收犯罪的立法问题也是为了更好地完善相关立法。且该观点没有说明"涉税犯罪"相较于"税收犯罪"的优点。相反，由于"税收犯罪"本身就能够代表涉及税收的犯罪之意，"涉税犯罪"这一称谓在税收之前加上"涉"字就会使其显得有些冗余。因此，"涉税犯罪"的称谓也不是最优选择。相比较而言，作者更倾向于使用"税收犯罪"这一概念，因为"税收"是把这类犯罪放置在一起进行研究的连结点，"税收犯罪"在很多时候已经成为了一种约定俗成的称谓。我国刑法理论中也存在很多与"税收犯罪"这一称谓组合方式类似的概念，例如"金融犯罪"、"环境犯罪"、"知识产权犯罪"等。该词从犯罪客体着眼，特别强调该类犯罪的客体相同或相近似的"罪群"特征，因此，其在突出该类犯罪的发生领域、行为性质和危害所在方面既独到又直观。

二、税收犯罪的性质

概括言之，税收犯罪就是侵害了国家的税收管理制度和秩序的一大类犯罪。"税收犯罪"与其他种类的犯罪概念相比，既不同于类罪，又不同于种罪，它是介于这两者之间的、具有中间概念性质的犯罪概念，即小于类罪而又大于种罪的一个犯罪种类。对于这种带有同质性的犯罪，理论上一般称之为群罪或者罪群。② "所谓罪群，就是在外观上具有外在的统一性，群内的各具体犯罪均具某种相同的特质，在内涵中又各具独立特质，互不相同的本质属性的集合性犯罪罪名。"③ 这些特质不仅使群罪的个罪之间彼

---

① 参见张旭主编：《涉税犯罪的认定处理及案例分析》，中国人民公安大学出版社 1999 年版，第 7 页。

② 但与"类罪"不同的是，刑法理论对"群罪"这一概念的内涵并没有形成统一的认识。有的论者认为"群罪"指的是刑法分则中的节罪名。对此可参见辛金学、刘友江主编：《中国刑法的此罪与彼罪》，法律出版社 2006 年版，第 78 页。

③ 黄荣康等著：《税收犯罪及司法应对研究》，人民法院出版社 2005 年版，第 4 页。

此能明确区分，而且又能使之与其他罪群和其他类罪相区分。税收犯罪群内各具体犯罪，既侵犯了国家税收管理制度和秩序这一共同的客体，而使其外在具有统一性的一面。同时，由于国家税收管理制度和秩序表现为不同的方面，故税收犯罪群内部的个罪所直接侵犯的客体又不尽相同。

税收犯罪是经济犯罪。税收犯罪的行为方式多种多样，一如规避纳税义务，骗取进出口退税和伪造、非法制造、贩卖发票等，但税收犯罪作为一类经济犯罪，笼统地讲，其所侵害的首先是社会主义市场经济秩序。而之所以有必要提出"税收犯罪"这一群罪的概念，是因为在这类犯罪的直接客体中，侵犯的主要是国家的税收征管制度和秩序。税收犯罪之所以能成为一种经济犯罪，取决于税收关系的经济性质。税收征管关系是国家在参与社会产品和国民收入的分配过程中，代表国家行使征税权力的税务机关与一切有纳税义务、扣缴义务的单位和个人之间因征税、纳税而发生的经济关系。税收关系是构成经济关系的重要内容之一的分配关系的特殊组成部分，它体现的是一种纵向的分配关系。税收关系的这一本质特性，决定了税收犯罪的经济性。基于此，我国刑法将其归类于破坏社会主义市场经济秩序的犯罪中。国家的税收征管制度和秩序是为了保障国家获取税收收入或税收利益，但不能由此认为税收犯罪所指向的就一定是国家的税收收入本身。税收犯罪中的某些犯罪会直接影响到国家的税收收入，有的税收犯罪则与税收收入并没有直接的关系，也不一定会实际影响到国家的税收收入，例如大多数发票犯罪。某些税收犯罪甚至在客观上对国家增加税收收入有利，例如某些国家刑法所规定的滥征税款罪，但这些犯罪同样侵犯了国家的税收征管制度和秩序。由于税收征管制度是一类涉及面极为广泛的制度，因此侵害国家的税收征管制度和秩序不代表相关的犯罪行为一定就发生在税收征收的过程当中。

税收犯罪是法定犯。法定犯（或行政犯）的概念是与自然犯（或刑事犯）相对应的。对法定犯与自然犯的区分最早来自罗马法，其认为自然犯是一种"自体恶"，而法定犯则是一种"禁止恶"。也就是说，自然犯的犯罪行为本身就带有恶性，此种恶性是与生俱来的，而不需要法律的规定，即已存在于行为的本质之中。相对地，法定犯的犯罪行为之所以被认为是恶的，是基于法律的禁止性规定，而并不是基于行为与生俱来的或本身就具有的。因此，尽管法律对有的行为不加以规定，但从伦理道德的角度考察，其如果是应加以非难的行为，则此等行为即为自然犯。相反，有的行为与伦理道德并没有直接的关联，它之所以成为禁止的行为完全是由于行政法律法规的规定，则此等行为即为法定犯。区分自然犯与法定犯的标准还有很多。但是，总体上来说，在我国对此较为一致的看法是，"侵害或者威胁法益的行为同时也违反了伦理道德的，这种犯罪就是自然犯；侵害或者威胁法益的行为没有违反伦理道德时，这种行为就是法定犯。或者说，违法性与反伦理性相重合时，属于自然犯；违法性与反伦理性不相重合时，属于自然犯。还可以说，一般人容易认识到其危害性质的犯罪就是自然犯；一般人难以认识其危害性质的犯罪就是法定犯"。① 从自然犯与法定犯的区别中，我们可以看出税收犯罪属于法定犯。这是因为税收犯罪行为首先都是税收违法行为，其必然以违反税收法律法规为前提，税收法律法规也属于行政法律法规。② 而且税收犯罪所侵害的法益与伦理道德并没有多大关联。当然，强调税收犯罪属于法定犯，只是强调税收犯罪的行政违法性，其在本质上与自然犯则并无不同，都属于严重危害社会的行为。二者的区分也并不是绝对的。随着社会经济生活的发展变化和人们观念的变化，一些法定犯的法定色彩会逐渐淡化，伦理色彩会逐渐强烈，也可能会因此转化为自然犯。例如逃税罪，在西方发达国家，由于纳税人已经具备了浓厚的纳税意识，逃税的行为与伦理道德也难免带有一定的关系，因此很难说逃税罪不属于自然犯。

---

① 张明楷著：《法益初探》，中国政法大学出版社 2000 年版，第 353-354 页。
② 虽然按照经济法学的通说，经济法应是独立于行政法的法律部门，故"税收法律法规属于行政法律法规"这一提法并不严谨。但界定法定犯之时所指的行政法应是指所有体现行政内容的法律。

第二节 税收犯罪的范围

一、关于税收犯罪范围的主要观点

关于税收犯罪的范围，在我国刑法理论中大致有以下几种观点：

第一种观点认为，税收犯罪可以分为四种类型：一是刑法分则中的危害税收征管的犯罪；二是税收征管渎职犯罪；三是税收贪污贿赂犯罪；四是其他涉税犯罪，即走私普通货物、物品偷逃关税的犯罪和盗窃、骗取发票的犯罪。[①] 与之类似，也有论者把税收犯罪的范围按照从小到大的顺序进行界定，认为税收犯罪从理论上讲，有最狭义、狭义、广义和最广义四种：最狭义的税收犯罪的外延仅包括传统的纳税主体实施的危害税收征管制度的行为；狭义的税收犯罪的外延包括刑法分则第三章第六节中所规定的所有危害税收征管制度的行为；广义的税收犯罪的外延包括刑法分则第三章第六节中所规定的纳税主体危害税收征管制度的行为、一般主体的发票犯罪行为和刑法分则第九章中的征税主体和其他国家机关工作人员危害税收征管制度的行为，最广义的税收犯罪的外延除了上述犯罪之外，还包括税收贪污贿赂犯罪、挪用及私分税款等犯罪、盗窃、诈骗发票的犯罪以及走私罪中的涉税犯罪。[②]

第二种观点认为，税收犯罪的范围不仅包括刑法分则中第 3 章第 6 节危害税收征管罪中的犯罪，还包括走私普通货物、物品罪以及刑法分则第 9 章中的税务人员或其他国家工作人员职务犯罪。[③]

第三种观点认为，对税收犯罪按照不同的标准划分，其范围是不同的。按照广义和狭义的标准划分，可以分为广义的税收犯罪和狭义的税收犯罪。

---

① 参见吴亚荣主编：《中国税收犯罪通论》，中国税务出版社 1999 年版，第 26 页。

② 参见何秉松主编：《税收与税收犯罪》，中信出版社 2004 年版，第 347—348 页。

③ 参见丛中笑：《涉税犯罪论》，吉林大学法学院 2006 年博士论文，第 21 页。

广义的税收犯罪包括危害税收征收管理活动的犯罪、税收管理渎职犯罪和其他税收职务犯罪。狭义的税收犯罪仅指刑法分则第三章第六节规定的税收犯罪。按照犯罪行为侵害的直接客体标准划分，又可分为两大类：一类是危害税收征管的犯罪；另一类是税收渎职犯罪。[①]有的论者就此简单明了地指出，税收犯罪的罪名大部分集中在刑法分则第三章第六节"危害税收征管罪"中，此外在渎职罪中还存在三个税务工作人员犯罪的罪名。[②]

第四种观点认为，税收犯罪应与"危害税收征管罪"在外延上一致。将与税收有关的一切犯罪，即直接或间接侵害税收的犯罪，称为"涉税犯罪"比较恰当。因为"涉"有牵涉、关联之意。"涉税犯罪"从字面上理解就指与税收有关的犯罪，包括与税收有直接的或间接关系的犯罪。所以，"涉税犯罪"一词不应在狭义上使用。[③]

从上述对税收犯罪范围的不同论述来看，其对税收犯罪范围的争议主要表现在以下三个方面：一是走私罪中与税收有关的犯罪即走私普通货物、物品罪是否属于税收犯罪的范围；二是刑法分则第九章中规定的徇私舞弊不征、少征税款罪、徇私舞弊发售发票、抵扣税款、出口退税罪、违法提供出口退税凭证罪等税收渎职犯罪是否属于税收犯罪的范围；三是其他与税收相关的犯罪行为，如税收贪污贿赂犯罪、盗窃罪中的盗窃发票行为是否属于税收犯罪的范围。

二、走私普通货物、物品罪与税收犯罪的关系

走私普通货物、物品罪与危害税收征管罪中的逃税罪具有密切关系，厘清二者的关系直接涉及税收犯罪的范围界定问题。关于二者的关系，理论上有以下观点：

---

① 参见陈运光著：《税收犯罪研判》，吉林人民出版社 2004 年版，第 10 页。

② 参见李永君、古建芹著：《税收违法与税收犯罪通论》，河北人民出版社 2000 年版，第 20 页。

③ 参见周洪波：《税收犯罪研究》，中国人民大学法学院 2001 年博士论文，第 13 页。

第一种观点认为，走私普通货物、物品罪与逃税罪的相似之处在于，两者都侵犯了国家的税收管理制度，客观上都可以采取隐报、伪报等欺骗手段。但前者侵犯的是进出口贸易的税收制度，而后者侵犯的则是关于国内贸易的税收制度。二者实际欺骗的对象也不同：前者的欺骗行为针对的是海关，而后者针对的是税务机关。①

第二种观点认为，走私普通货物、物品罪与逃税罪都属于破坏社会主义市场经济秩序的犯罪，都具有偷逃国家税收的特点。二者的区别主要在于：（1）犯罪客体不同。走私普通货物、物品罪侵犯的客体是国家的对外贸易管理制度；逃税罪侵犯的客体是国家的税收征收管理制度。（2）客观行为表现不同。走私普通货物、物品罪在客观方面表现为违反海关法规，逃避海关监管，非法携带、运输、邮寄普通货物、物品进出国（边）境的行为；逃税罪在客观方面表现为违反税收法规，采取各种欺骗手段不缴或者少缴税款的行为。（3）犯罪主体不同。走私普通货物、物品罪的主体可以是任何具备刑事责任能力的自然人和单位；逃税罪的主体只能是纳税人和扣缴义务人。（4）构成犯罪的标准不同。构成走私普通货物、物品罪的，必须是偷逃应缴税额较大或者一年内曾因走私被给予二次行政处罚后又走私的；构成逃税罪的，必须是逃避缴纳税款数额较大并且占应纳税额 10% 以上的。②

第三种观点认为，走私普通货物、物品罪具有与逃税罪统一的客体，二者经常发生实质的一罪的罪数认定问题。因此，出于研究体系科学性和完整性的考虑，应当将走私普通货物、物品罪划归为税收犯罪。③

上述第一种观点在肯定走私普通货物、物品罪和逃税罪都侵犯了国家的税收管理制度的前提下，又把国家的税收管理制度具体划分为进出口贸易的税收制度和国内贸易的税收制度。此外，又强调了管辖机关的不同。

---

① 参见欧阳涛、魏克家、刘仁文主编：《易混淆罪与非罪、罪与罪的界限》，中国人民公安大学出版社 1999 年版，第 91—92 页。

② 参见莫开勤著：《危害税收征管犯罪的定罪与量刑》，人民法院出版社 2000 年版，第 75 页。

③ 参见丛中笑：《涉税犯罪论》，吉林大学法学院 2006 年博士论文，第 21 页。

由于我国对外开放的程度日益提高，实践中一般不再强调对外贸易和对内贸易的区别（例如，原有的国家经济贸易委员会和对外经济贸易委员会已经合并为商务部），而海关和税务机关分别负责"进出口贸易的税收制度"和"国内贸易的税收制度"，所以这一观点所强调的两罪的区别事实上集中于管理机关的不同。第二种观点对两罪的比较是建立在对刑法条文解释基础之上的，这样的比较对司法实践具有指导作用，但从立法研究上讲没有太大的参考意义。因为只要立法设定了两个不同的罪名，就会对相应罪名的构成要件有不同的规定，但理论研究中却不能以立法上的这种不同规定来反推在立法上分别设定罪名的理由。而且，某些构成要件的不同也只是一种语言表述上的差别，两罪事实上没有实质的差别。例如，立法明确规定逃税罪的主体是纳税人和扣缴义务人，而没有明确规定走私普通货物、物品罪的主体，但这并不代表后者的主体就与前者存在本质的差别，二者的主体都属于特殊主体而不是一般主体。走私普通货物、物品罪的主体实际上也属于纳税人，只不过与逃税罪的主体从事的具体经济活动有所不同。所以，二者在犯罪主体这一要件上的差别事实上对司法实践也没有太大的指导作用。第二种观点虽然认为两罪所侵犯的客体不同，分别是国家的对外贸易管理制度和国家的税收征收管理制度，但并不否认两罪"都具有偷逃国家税收的特点"。第三种观点则只强调了两罪具有共同的客体，即国家的税收利益。

笔者认为，以上三种观点并没有本质的区别，只是所论述的角度和研究的深度有所不同。三种观点都不否认两罪都属于偷逃国家税收的犯罪，故从侵犯国家的税收利益这一角度来讲，两罪的客体是一致的，只不过走私普通货物、物品罪所侵犯的是由海关负责征收的税收利益，逃税罪所侵犯的是由税务机关负责征收的税收利益。因为对外贸易管理制度并不限于外贸交易制度，也包括禁止、限制特定物品进出口的制度，[1] 所以

---

① 参见赵秉志、王东阳：《我国刑法中走私犯罪的特征及其惩治》，载《南都学坛》（人文社会科学学报）2006 年第 3 期。

国家的对外贸易管理制度应当是走私犯罪这一类罪的共同客体，而不单是走私普通货物、物品罪的犯罪客体。此外，由于海关是具体负责这类物品对外贸易管理的机关之一，故也可以说走私普通货物、物品罪所侵犯的客体是海关管理秩序。按照海关法的说明，海关的职能是"监管进出境的运输工具、货物、行李物品、邮递物品和其他物品，征收关税和其他税、费，查缉走私，并编制海关统计和办理其他海关业务"。归纳起来，海关具有四项主要职能，即进出口监管、征收关税和其他税、查缉走私、编制海关统计。严格地讲，国家的外贸管理手段除了关税之外还有非关税手段，海关管理制度严格来讲并不限于关税征收制度，走私普通货物、物品罪所侵犯的客体应是包括进出口贸易税收制度在内的。但海关的职能之间事实上并不是相互并列的关系，虽然这些职能都不可或缺，也不能说征收关税和代税务机关征收进口环节的增值税、消费税是其最主要的职能，或者其他的职能和制度基本都服务于其税收征收的职能。但从国家对那些不禁止进出口的货物、物品进行对外贸易管理的目的来看，征收关税是海关管理的主要手段，某些国家的海关名称就叫"关税厅"。所以，走私普通货物、物品罪的客体中最重要的应是"进出口贸易的税收制度"。既然逃税罪和走私普通货物、物品罪同属于侵犯国家税收利益的犯罪，在犯罪客体上具有共同性，从理论上讲就没有必要把走私普通货物、物品罪排除在税收犯罪之外。

在过去，我国走私普通货物、物品罪的行为对象曾经包括了一部分禁止进出口的物品，所以在某些情况下该罪所侵犯的客体可能只是海关的管理制度，而不涉及国家的税收利益。《关于办理走私刑事案件适用法律若干问题的意见》规定："走私刑法第一百五十一条、第一百五十二条、第三百四十七条、第三百五十条规定的货物、物品以外的，已被国家明令禁止出口的货物、物品，例如旧汽车、切割车、侵犯知识产权的货物、来自疫区的动植物及其产品等，应当依照刑法第一百五十三条的规定，以走私普通货物、物品罪追究刑事责任。"而国家不可能对这部分禁止进出口的货物、物品征收关税，走私该类物品的行为自然也并不是偷逃关税的行为。走私犯罪有两种基本形态：逃税（逃避税款）和逃证（逃避许可证等贸易管制措施）。走私自由进出口的货物、物品会导致逃税，走私限制进出口货物、物品则可能既逃税又逃证，走私禁止进出口货物、物品则主要是为了逃证。[1] 所以，在过去，我国刑法中的走私普通货物、物品罪所侵犯的客体有时候可能并不是税收利益。但将走私国家禁止进出口的货物、物品的行为也按照走私普通货物、物品罪定罪，存在诸多问题，因为走私国家禁止进出口的货物、物品的行为与走私可进行自由贸易的普通货物、物品的行为在社会危害性、表现形式与故意内容方面都有显著区别，适用相同的定罪量刑标准，有异罪同罚、罪刑不相当之嫌。此外，《刑法》第155条关于准走私罪的规定采用了"禁止进出口"的概括性表述，并规定以走私罪论处，依照本节的有关规定处罚。但原刑法设置的走私禁止进出口物品的犯罪只包含部分走私禁止进出口货物、物品的行为，这会导致在法条的指引、适用上出现真空，限制了刑法对此类行为的打击面和打击效果。为适应惩治走私禁止进出口物品的犯罪的需要，《刑法修正案（七）》对《刑法》第151条第3款的规定作适当修改，将走私珍稀植物、珍稀植物制品罪扩展为走私国家禁止进出口的货物、物品罪。[2] 据此，《关于办理走私刑事案件适用法律若干问题的意见》中关于走私普通货物、物品罪的对象包括国家禁止进出口的其他货物、物品的规定已经不能够再继续适用。根据《刑法修正案（七）》修改之后的相应规定，走私普通货物、物品罪是一种典型的税收犯罪。

在否认税收犯罪的外延包括走私普通货物、物品罪的观点中，有的观点认为把走私罪中的涉税犯罪等包含在内的最广义的税收犯罪的定义有使税收犯罪泛化的趋势。如受贿和盗窃、诈骗发票的行为既遂之后，如果继

---

[1] 参见吴红艳：《我国走私罪立法的缺陷及其完善》，载《中国刑事法杂志》2005年第6期。

[2] 参见葛磊著：《新修罪名诠解：〈刑法修正案（七）〉深度解读与实务》，中国法制出版社2009年版，第4页。

续实施其目的行为或者动机行为，就可能危害税收征管活动，但这仅是一种潜在的可能性。如果以这种泛化的标准来参考，还有很多罪名都可以纳入税收犯罪中。[①] 这样的观点指出了税收犯罪应当具有侵犯税收管理制度的共性，笔者也赞同这样的观点，但是相关论者在其论述中显然又没有坚持同样的标准。因为走私普通货物、物品的行为也是直接侵犯税收征管的行为，其不同于盗窃发票、税收贪污贿赂犯罪等其他与税收有关的犯罪，把其排除在税收犯罪之外并不妥当。还有的观点认为，逃避关税的行为、税务人员渎职的行为，甚至盗窃增值税专用发票的行为等没有规定在"危害税收征管罪"一节，这既不是因为概念的不同，也不是因为这些行为没有违反税收征管制度，而是因为这类行为本身具有一定的特殊性，即它们不仅违反了税收征管制度，而且还违反其他制度。[②] 该观点恰当地诠释了其他与税收有关的犯罪未包含在"危害税收征管罪"这一节中的理由。论者之所以把走私普通货物、物品罪排除在税收犯罪之外，是基于我国刑法分则的章节安排。但正如上文分析，虽然准确地讲，走私普通货物、物品行为所违反的应是海关管理制度，但海关管理制度和税收管理制度并不是完全独立的两种制度，二者之间应体现为一种交叉关系。甚至在一定程度上讲，针对普通货物、物品的海关管理制度事实上就是关税和进口环节的增值税、消费税征收制度。且进口环节的增值税、消费税是海关代替税务机关征收的，其与国内经济活动中征收的增值税、消费税没有任何本质的区别，与海关管理制度事实上也没有太多本质的联系，由海关代征也只是出于征管的便利需要。走私普通货物、物品罪在偷逃进口环节的增值税、消费税这一点上更接近于普通的逃税罪。所以，把走私普通货物、物品罪排除在税收犯罪的外延之外从理论上是讲不通的。

---

① 参见何秉松主编：《税收与税收犯罪》，中信出版社 2004 年版，第 349 页。
② 参见周洪波：《税收犯罪研究》，中国人民大学法学院 2001 年博士论文，第 14 页。

三、税收渎职犯罪与税收犯罪的关系

税收渎职犯罪是税收犯罪罪群中的一个子罪群，其本身同样不是法律用语，而且还有着其他的称谓，例如"税收管理渎职犯罪"、"税收职务犯罪"等。"税收管理渎职犯罪"与"税收渎职犯罪"没有实质区别，但前者显得不够简洁，完全可以简化为"税收渎职犯罪"。"税收职务犯罪"的称谓则容易使人产生误解，因为理论上所讲的"职务犯罪"不仅包括渎职罪，还包括贪污贿赂罪，"税收职务犯罪"自然也就包括税务人员实施的贪污贿赂类犯罪，而这类犯罪不属于我们所界定的"税收犯罪"的范围。一般论者所指的税收渎职犯罪指的是我国刑法分则第九章规定的徇私舞弊不征、少征税款罪、徇私舞弊发售发票、抵扣税款、出口退税罪和违法提供出口退税凭证罪这三种个罪，这与相关论者把走私普通货物、物品罪排除在税收犯罪之外的立场是密切相关的。但主张税收犯罪包括走私普通货物、物品罪的论者很多也只是注意到了这三种个罪，而忽视了渎职罪中的放纵走私罪，这是不妥当的。正如同走私普通货物、物品罪与逃税罪的关系一样，放纵走私罪与徇私舞弊不征、少征税款罪事实上也是密切相关的。如果认为走私普通货物、物品罪属于税收犯罪，就应当把放纵走私罪纳入税收渎职犯罪的范围之内。故就我国立法目前的现状而言，税收渎职犯罪应具体包括徇私舞弊不征、少征税款罪、徇私舞弊发售发票、抵扣税款、出口退税罪、违法提供出口退税凭证罪和放纵走私罪这四种个罪。有论者认为，税收渎职犯罪是指"税务机关工作人员故意违反税收法律、法规的规定，利用职权或职务上的便利，徇私舞弊，滥用职权或者玩忽职守，妨害税收征管活动及发票管理活动的正常进行，致使国家利益、税收收入遭受重大损失的行为。"[①] 笔者认为，这一定义虽然在总体上较为恰当地描述了由税务机关工作人员实施的渎职犯罪，但因为其仅仅是建立在对现行法

---

① 黄荣康等著：《税收犯罪及司法应对研究》，人民法院出版社 2005 年版，第 406 页。

律规定的基础之上，所以存在三点不足：第一，既然放纵走私罪也属于广义的税收渎职犯罪，就不应该把该类犯罪的主体限定为税务机关工作人员，因为我国所称的"税务机关"并不包括海关。所以应该在定义中在"税务机关工作人员"的主体限定之后加上"或海关工作人员"，或者把该罪的主体归纳为税收征收方的工作人员。第二，渎职犯罪分为滥用职权型和玩忽职守型两大类，前者只能出于故意，而后者又只能由过失构成。虽然我国现行刑法规定的税收渎职犯罪都属于滥用职权型，但不代表那些玩忽职守型的行为将来一定不会被纳入刑法的调整范围。而且论者在定义中又把"玩忽职守"也作为税收渎职犯罪的行为要件之一，这显然与故意的主观心态相矛盾。因此，应当在定义中删除"故意"一词。第三，渎职犯罪的危害在于其侵害了国家公务的正当性和有效性，而未必是对国家利益造成了实害的结果。虽然现行的这些税收渎职犯罪都要求致使国家利益、税收收入遭受重大损失的结果，但从应然角度看，这不代表那些实际侵犯了国家税务的公正性和有效性但又没有造成这些结果的犯罪就一定不能被作为税收渎职犯罪处理，例如某些国家刑法中规定的滥征税款罪就是如此。所以也应当在定义中去掉"致使国家利益、税收收入遭受重大损失的"这一实害结果的限定。

税收渎职犯罪侵犯了国家机关的正常活动，亵渎了国家工作人员忠实从政、严明从政的神圣职责。税收工作人员徇私舞弊，或者向纳税人实行征收的税款少于应征税款，或者明知不具备法律法规规定的减税条件，弄虚作假，擅自决定减税的，或者在办理进出口退税中徇私舞弊、玩忽职守的行为不仅违反了国家有关机关对机关工作人员行为所作出的禁止性规范，而且扰乱了税务机关的正常工作秩序。国家税务机关工作人员是税收征管活动的直接执行者和监管者，在税收工作中除了应正确履行法定职责外，不得违反法律、行政法规规定随意开征、停征或者少征、不征应征税款，也同样不得违反那些与税收有着密切联系的管理制度如发票管理制度、出口退税凭证管理制度等。同理，由海关工作人员实施的放纵走私的行为侵害了关税和由海关代征的其他税收的管理秩序，所以从本质上讲也属于税收渎职犯罪。不过，税收渎职犯罪与其他税收犯罪的最大不同之处在于，其犯罪的主体是征税主体的工作人员，其所代表的是税收法律关系中的征税方或管理方，而其他税收犯罪的主体则是纳税方或被管理方。纳税主体有依法纳税的义务，同样征税主体也有依法征税、依法保护纳税人的合法权益和国家利益的职责。健全而合理的税收立法既要规定纳税主体和征税主体依法享有的权利和依法应当履行的义务，又要规定不正当行使权利或不履行义务时应当承担的法律责任（包括行政责任和刑事责任），特别是当征税主体滥用职权或违背职责时所应承担的法律责任。刑法设置税收渎职犯罪说明只要侵害了税收管理制度，不管相应的危害行为是由税收法律关系中的何方所实施的，其都有被当作犯罪行为处理的可能性。

四、其他涉税犯罪与税收犯罪的关系

其他涉税犯罪是指危害税收征管罪、走私普通货物、物品罪和税收渎职犯罪之外的那些与税收多少带有一定联系的犯罪，例如《刑法》第210条"盗窃增值税专用发票或者可以用于骗取出口退税、抵扣税款的其他发票的，依照本法第二百六十四条的规定定罪处罚。使用欺骗手段骗取增值税专用发票或者可以用于骗取出口退税、抵扣税款的其他发票的，依照本法第二百六十六条的规定定罪处罚"中提到的"盗窃增值税专用发票或者可以用于骗取出口退税、抵扣税款的其他发票的"犯罪，"使用欺骗手段骗取增值税专用发票或者可以用于骗取出口退税、抵扣税款的其他发票的"犯罪，以及税收活动中发生的贪污贿赂犯罪等。这类犯罪的共同特点是与税收有一定的联系，但并不直接侵害国家的税收管理制度和秩序，或者可以说这些犯罪与税收只具有间接的关系。

仅从语义上讲，把其他涉税犯罪也纳入"税收犯罪"的范围并不能算作是错误的，但却没有必要性。理论中之所以提出"税收犯罪"这一概念并不是为了刻意强调税收的特殊性而无限制地扩大其适用范围，而是因为这类犯罪具有共同的客体，所以其在社会危害性上带有一定的同质性，在立法之时才需要对之予以综合考量。而且，能够纳入税收犯罪的犯罪都具有独立的罪名，并不依附于其他犯罪。而其他涉税犯罪仅是相应犯罪的一种特殊情形。如果无限制地扩大税收犯罪这一概念的适用范围，税收犯罪便不仅会与其他类似罪群发生重合，而且涉及面过大。以这种泛化的标准来衡量，还有很多犯罪行为都被包括在税收犯罪的范围之中，例如隐匿、故意销毁会计凭证、会计账簿、财务会计报告的犯罪行为、以非暴力和非威胁手段非法拘禁税务人员的犯罪行为、抢劫增值税专用发票、用于出口退税、抵扣税款的其他发票的犯罪行为等。所以，不能把其他涉税犯罪纳入税收犯罪的范围之内，理论上采纳这种观点的论者也属极少数。

五、税收犯罪的分类

综上所述，我国税收犯罪的范围除了包括我国刑法分则中明确规定的"危害税收征管罪"所包含的犯罪之外，还包括走私普通货物、物品罪和"渎职罪"一章中与税收有关的罪名。就我国当前的立法来说，税收犯罪具体包括以下19种犯罪，即走私普通货物、物品罪（第153条）、逃税罪（第201条、第204条第2款）、抗税罪（第202条）、逃避追缴欠税罪（第203条）、骗取出口退税罪（第204条第1款）、虚开增值税专用发票、用于骗取出口退税、抵扣税款发票罪（第205条）、虚开发票罪（第205条之一）、伪造、出售伪造的增值税专用发票罪（第206条）、非法出售增值税专用发票罪（第207条）、非法购买增值税专用发票、购买伪造的增值税专用发票罪（第208条第1款）、非法制造、出售非法制造的用于骗取出口退税、抵扣税款发票罪（第209条第1款）、非法制造、出售非法制造的发票罪（第209条第2款）、非法出售用于骗取出口退税、抵扣税款发票罪（第209条第3款）、非法出售发票罪（第209条第4款）、持有伪造的发票罪（第210条之一）、徇私舞弊不征、少征税款罪（第404条）、徇私舞弊发售发票、抵扣税款、出口退税罪（第405条第1款）、违法提供出口退税凭证罪（第

405 条第 2 款）、放纵走私罪（第 411 条）。

对税收犯罪从不同的角度，根据不同的标准，可以对其进行不同的类型划分。

从犯罪所侵犯的客体来看，走私普通货物、物品罪虽然本质上是税收犯罪，但其具体的客体是国家的对外贸易管理制度，且在刑法典中独立设置，为了与税收犯罪中的其他类罪在名称上相对应，可以称为走私类税收犯罪；逃税罪、抗税罪、逃避追缴欠税罪和骗取出口退税罪这四种犯罪所侵犯的具体客体是国家的税收征管秩序，因此可以称为直接危害税收征管的犯罪；发票犯罪所侵犯的具体客体是国家的发票管理秩序，其对国家税收征管秩序的侵害是间接的，因此又可以称为间接危害税收征管的犯罪；税收渎职犯罪所侵犯的具体客体则是国家机关职责的有效性。因此，根据犯罪的客体，税收犯罪可以分为走私类税收犯罪、直接侵害税收征管的犯罪、间接危害税收征管的犯罪（发票犯罪）和税收渎职犯罪四大类。这一分类方法符合我国刑法中各类税收犯罪的体例安排，本书在论述各类税收犯罪的立法问题之时也是结合这一分类展开的。

根据犯罪主体的不同，税收犯罪可以分为纳税主体的犯罪和征税主体的犯罪、自然人税收犯罪和单位税收犯罪、本国人税收犯罪与外国人税收犯罪等。根据税收犯罪的行为类型，税收犯罪可以分为作为犯罪与不作为犯罪；不履行纳税义务型、欺诈型、虚开型、伪造型、非法出售、购买型、持有型和职务型的税收犯罪等。但这些分类方法一般而言只具有理论意义，而且所体现的税收犯罪与其他罪群的差别也不明显，因此，本书不采纳这些分类方法。

第二章 税收犯罪的立法原则与刑事立法政策

第一节 税收犯罪的立法原则

一、税收犯罪的立法原则概述

立法原则也就是立法活动中应当遵循的法则或标准。"古往今来的立法，无论立法者有意为之还是无意为之，事实上一般都是在坚持一定原则的基础上运作的。"[①] 任何立法，无论其内容如何纷繁复杂，其立法形式如何千变万化，都是立法机关在一定的立法原则指导之下，并遵循这些立法原则而进行的有意识、有目的的活动。立法原则反映的是立法者在立法的过程中特别注重什么。立法原则首先应当是立法活动中体现的原则，而不能是政策制定活动、执法活动和司法活动中的原则，其次应当是可供立法活动操作的原则，最后应当是贯穿于整个立法活动的始终，构成立法活动支柱的原则。立法原则具有重要功能，这些功能主要表现在以下几个方面：首先，立法原则作为立法活动的向导，有利于确保立法活动沿着有利的方向发展，有利于立法者从一定的理论高度去认识和把握立法，避免因为人的主观随意性而导致立法偏离方向，从而使得刑法立法能够更好地适应政

---

① 周旺生著：《立法学教程》，北京大学出版社 2006 年版，第 77 页。

治、经济和社会生活的需要；其次，立法原则能够促进立法内容的系统化和科学化，能够为立法提供科学的根据，有助于提高立法的质量。确立立法原则，对于立法具有纲举目张的作用，尤其对于制定普通经济刑法，准确提炼其内容具有至关重要的意义。确立立法原则，有助于促进国家立法意识的成熟，确保立法内容的科学性。我国当前的立法整体尚不完善，立法之间不衔接、甚至在内容上相互冲突的现象时有发生，这就要求要充分利用立法原则，以便统率、统一和协调各种立法的内容，使它们在立法内容上获得原则上的一致性而不是相互脱节甚至冲突。最后，立法原则有利于总结和体现刑法立法的规律和特点。立法活动是在立法原则的指导之下进行的，立法内容总是尽可能地体现和贯彻立法原则的精神。通过立法原则的指导和贯彻，有利于总结立法中的经验和教训，有利于总结立法的规律和特点。为了确保立法原则能够在立法活动中得到贯彻和实现，必须做到以下两点：一方面，应当把立法原则的精神实质融入法律的条文和规范之中。立法原则不是通过具体的条文和规范体现于法律之中，而主要是表现为一种精神品格，是法律的基本构架。虽然有的立法原则可以直接通过语言写进法律的条文和规范之中去，但也必须以规范化的语言形式表现出来，使得其合乎法律条文和规范所应有的结构。另一方面，应当使立法原则贯穿于立法活动的主体，使其在所立法律中尽可能全面的体现，包括法律的创议、决策、规划、起草、审议部分和完善、修改等各个环节的整个立法活动都应当以立法原则作为指导。

税收犯罪的立法是国家整个立法活动的一部分，立法原则自然在其立法活动中也会发挥重要作用。税收犯罪的立法从属于刑法的整体，故其立法原则自然也要体现刑法的立法原则。此外，既然税收犯罪的立法规定的是税收犯罪，与税法有着密切的联系，其立法原则也不能违反税法的立法原则。我国的立法学研究并不发达，尚未形成较为成熟的理论体系。虽然立法整体的原则如宪法原则、法治原则、民主原则、科学原则等争议不大，但具体到部门法的立法原则而言，研究者对于如何确立立法原则以及立法原则的具体内容还未形成定论，其中有的观点并不正确，有的虽然并不错误但是仅简单地重复立法整体上的原则，所以当前理论上关于部门法的立法原则学说大多只可参考而不可照搬。关于刑法的立法原则，有的学者把其归纳为六项，即适时性原则、谦抑性原则、科学性原则、合理性原则、有效性原则和经济性原则。[①] 关于税法的立法原则，有的学者把其归纳为：税法统一原则、公平负担原则、原则性和灵活性相结合原则、可持续发展原则等。[②] 结合刑法和税法的立法原则，笔者认为，税收犯罪的立法应该遵循三项原则，即：及时而适度的介入原则、惩治与预防相结合的原则和协调性原则。

二、及时而适度的介入原则

刑法介入社会生活的广度和深度如何对于其作用的有效发挥起着至关重要的作用。故把哪些违法行为纳入刑法的调整范围，以及为其设置何种程度的法定刑是税收犯罪的立法所面临的基本问题。

税收犯罪的立法一方面应当及时地介入社会经济生活，及时地把一些表现出相当社会危害性的税收违法行为纳入其调整范围。目前我国已经进入了大规模立法的时期，社会的法治化开始由理论口号转变为现实的立法活动。虽然各类经济立法在我国当前仍然处于优先立项的地位，但随着经济法律涉及领域的逐步扩大，则必然对刑法介入经济行为的深度及广度提出更高的要求。[③] 国家的税收活动涉及国民经济的许多领域。税收秩序的安定不仅仅影响国家财政收入，也涉及国家运用税收这一手段去实施宏观调控的成效，尤其是后者在现代社会的作用日益突出。因此，法律能否有效地打击那些税收违法行为对于税收作用的发挥意义重大。而且，与传统的犯罪行为不同的是，现代社会中税收违法行为会呈现出更多与以往不同的形式，而且其中有的类型的违法行为变化较快。为了有效地打击这些违

---

① 参见李希慧主编：《中国刑事立法研究》，人民日报出版社 2005 年版，第 106–156 页。

② 参见戴ær.钧、胡立升著：《税收法治研究》，经济科学出版社 2005 年版，第 77–82 页。

③ 参见游伟主编：《刑法改革与刑事司法新课题》，安徽人民出版社 2000 年版，第 302 页。

法行为，除了要健全各类税收法律法规之外，也要结合社会经济生活的发展变化，找准那些危害较大的违法行为，把其纳入刑法的处罚范围。在此基础之上逐步扩大税收犯罪的范围，建立一个较为严密的刑事法网，从而在法律层面上有效地防范各种税收犯罪，不至于使立法出现较大的空缺。所以，税收犯罪的立法应当遵循及时介入的原则。

税收犯罪的立法另一方面也应当适度地介入社会生活，这里的"适度"意味着既不能无限度地介入也不能不合理地介入。虽然我国当前税收犯罪的立法需要及时把那些危害较大的违法行为纳入其中，但在一定时期内，有必要通过刑罚手段制裁的违法行为毕竟是有限的。刑法是一把双刃剑，恰当地利用刑法的作用去参与市场经济的法律调控，能够通过惩治危害市场经济的犯罪活动，有力地保障良好公平的竞争秩序，促进市场经济的繁荣与发展。反之，如果滥用刑罚，将造成对富有创造性的经济活动的不恰当干预，压抑竞争自由和市场活力。因此，在任何刑事立法活动中，科学地把握适度原则是至关重要的。而适度包括合适的广度和力度两个方面。前者是指准确界定哪些经济违法行为应当规定为犯罪，哪些行为不应规定为犯罪；后者是指对不同种类的经济犯罪处以与之相适应的刑罚处罚。[1] 对经济刑法介入适度的要求是刑法的谦抑性在经济刑法中的体现，有关税收犯罪的规定也应如此。税收违法活动的主体虽然从事了违法活动，但同时也是市场经济活动的参与者，其中很多主体还是社会财富和税源的创造者。如果刑法对之打击面过大或者过重，必然会有损经济发展的动力。因此，税收犯罪立法同样应当注意其介入社会生活的广度和力度。具体而言，在立法上确定经济活动中税收违法行为的罪与非罪的界限之时，应以具有较大的社会危害性作为标准。只有当税收违法行为对税收管理秩序和市场经济秩序造成了较大危害，非以刑罚的手段不足以有效遏制这类违法行为时，才有必要从立法上考虑将这些行为规定为犯罪，以发挥刑法所特有的功能。在发挥刑法的作用之时，也要把握

---

① 参见陈泽宪主编：《经济刑法新论》，群众出版社 2001 年版，第 22—23 页。

好其力度，设置合理的法定刑，既不能太轻，也不能一味地追求严刑峻罚，必须要与违法行为的社会危害性程度相适应。

三、惩治与预防相结合的原则

刑法的一项重要功能是通过惩罚犯罪来维护社会经济秩序，起到其他法律如行政法不能替代的作用。因此，税收犯罪的立法一方面应对犯罪行为起到足够的惩治作用，对已经出现的那些社会危害性比较大的违法行为明确地加以规定，不让违法行为人因钻法律的空子而逃脱法律的制裁，同时也要让其承担足够的代价，承受足够的痛苦。另一方面，刑罚的目的不仅仅在于惩治犯罪，也在于预防犯罪。对于税收犯罪的行为人来说，刑罚会给其带来严重的法律后果，其人身自由、财产权利以及从事一定的社会经济政治活动的资格都要受到严格的限制乃至剥夺。其家庭成员及其他与之存在密切经济联系的人的生活也可能由此而受到不利影响。犯罪行为人及其家庭乃至整个社会，都要为刑罚的适用付出必要的代价。因此，立法需要考虑如何最大限度地减小这种代价。也就是说，立法的着眼点不能仅限于对违法行为的打击，也应当着眼于如何预防相关犯罪。预防犯罪是刑法更具积极意义的功能。为了有效地贯彻惩治与预防相结合的原则，立法应注意以下两点：

一方面，税收刑法规范应具有明确性。税收犯罪是法定犯，不像自然犯那样，仅凭一般社会道德标准和常识即可判断罪与非罪。相关规定表述不能过于简单或者含混，否则可能会因其具体明确内容的缺乏而无法适用、形同虚设，自然也就无法起到应有的预防作用，也可能会使裁判者理解错误而罪及无辜。我国过去的法律曾经对税收犯罪采取简单罪状即只规定罪名而不具体表述的立法方式，例如，1979年刑法关于偷税罪和抗税罪的规定即是如此，相应条款只规定了"违反税收法规，偷税、抗税，情节严重的，除按照税收法规补税并且可以罚款外，对直接责任人员，处三年以下有期徒刑或者拘役"。这种立法方法对于现代社会经济活动中出现的许多新型的税收犯罪现象已不合适。应当尽量采用叙明罪状的方式来表述具体的犯罪构成特征。同时，立法对所规定犯罪的主体、主观方面、适用何种法定刑等，均应作出明确的规定。那种有意识地在立法上规定得笼统含混，以便司法时灵活掌握的观点和倾向，既不符合现代刑事立法的要求，也具有相当的危险性和有害性，应当彻底摒弃。明确具体的刑法规范，能够为立法者提供实现预防和遏制税收犯罪这一目的有效的法律形式，能够为司法人员提供正确理解立法精神和准确惩治犯罪的必要法律依据，能够为守法的经济活动主体提供避免犯罪及其侵害的法律指南，而对于试图违法者而言，也是一种明确的严厉警告和巨大威慑。

另一方面，税收刑法应具有一定的前瞻性。我国目前正处于逐步建立和健全社会主义市场经济体制的转轨时期。因此，在经济较发达国家普遍存在的许多税收犯罪现象，可能在我国当前表现得并不明显。税收刑法规范如果仅仅着眼于已经出现的或者较为常见的犯罪现象，则必然会表现出一定的滞后性。如果等违法行为严重了之后再去补充完善相关规定，就会给国家和社会造成不必要的损失。因此，从税收刑法的预防原则考虑，我国的税收犯罪立法活动要具有一定的前瞻性。除了对目前普遍存在的税收犯罪作出相应规定外，对那些现在尚未发生，但随着经济的发展可能会滋生出来的某些犯罪，也应在科学预测的基础上作出适当的预防性规定。这样，一旦产生这类犯罪，便可及时适用相关法律对之进行有效打击，以避免和减少新型税收违法犯罪活动造成严重的后果。

四、协调性原则

税收犯罪立法只是整个法律体系的一个组成部分，其与相关法律组合起来共同发挥着调控作用。因此，税收犯罪的立法不是孤立的立法活动，必须要保证其与其他相关法律的协调运行，否则就会削弱其应有的调控作用。税收犯罪立法贯彻协调性原则，必须要做到以下两点：

第一，税收犯罪立法与税收法律法规的协调。在我国，法定犯都是以违反行政法律法规为前提的，因此，规定法定犯的刑法与其相对应的行政法律的协调十分重要。税收犯罪立法要与税法相协调。这种协调具体体现在以下几个方面：（1）立法进程的协调。我国的税法总体而言并不健全，其立法进程在较长时期内都不会停止，税收犯罪立法应随着税法的完善而及时合理地调整和改革。（2）有关法律规范的协调。在设立针对某种新型税收犯罪的刑法规范时，通常要求在有关税收行政法律法规中有相应的税收违法行为的禁止性规范相呼应。只有当这些税法所禁止的违法行为达到一定的严重程度之时，才能由有关刑法规范来调整。（3）刑法中规定的刑罚与税法规定的行政处罚之协调。这包含两层意思：刑罚要与行政罚则衔接配套，做到不同层次的罚与同类违法行为的不同危害性程度的对应。刑罚只能是对不同危害程度的违法行为制裁手段中的最后手段，这是发挥各种不同法律手段的综合调控功能的必然要求。

　　第二，税收犯罪立法内部的协调。税收犯罪是一个罪群，其之下又包含了几个子罪群，而且分散在刑法典的不同章节。有的子罪群相互之间存在密切联系，例如发票犯罪往往是其他危害税收征管犯罪的手段行为。具体个罪之间也存在着密切的联系，例如逃税罪与走私普通货物、物品罪较为相似。这些相关的子罪群或个罪应当保持协调，不能在法定刑设置等问题上存在太大的差别或本末倒置。此外，应当注重新增刑法规范与既有规范的协调。随着社会的发展，一些新型的税收犯罪现象会得以滋生。如何保证新旧刑法规范之间的合理协调，是税收犯罪立法所面临的现实问题。在这个问题上，刑罚的协调既是重点，也是难点。一般而言，如果新规定的某一犯罪之性质与某一既有犯罪的行为性质相类似，或其社会危害程度相当，则应注意保持均衡二者所设定的法定刑轻重。如果认为对原有犯罪所规定的法定刑在当前看来确属偏重或偏轻，因而需要在新的刑法规范中设定较轻或较重的法定刑时，则应及时对既有的法定刑作相应的修改，以保证刑罚尺度的统一。[1]

---

[1]　参见陈泽宪主编：《经济刑法新论》，群众出版社 2001 年版，第 27 页。

第二节　税收犯罪的刑事立法政策

一、税收犯罪的刑事立法政策概述

（一）税收犯罪的刑事立法政策的概念

在我国的刑事政策理论研究中，对于刑事政策的概念，存在狭义说和广义说之争，二者的主要分歧在于国家以预防犯罪及打击犯罪为目的所采取的刑事措施和方针是否仅限于对犯罪者或者有犯罪危险者所采取的刑罚及有关措施。狭义说主张，刑事政策是指"国家或执政党依据本国犯罪态势制定的，依靠其权威推行的，通过指导刑事立法和刑事司法，对犯罪人和有犯罪危险者运用刑罚和有关措施，以期有效实现预防犯罪目的的方针、策略和行动准则。"[1] 而广义说则主张，刑事政策不只限于直接的以预防犯罪为目的的刑罚制度，而且包括间接的与防止犯罪有关的各种社会政策，是"社会整体据以组织对犯罪现象的反应的方法的总和。"[2] 狭义说和广义说各有其道理，且都有一部分支持者。为了突出刑事政策与刑事立法活动的关系，作者采取狭义说。按照狭义说的主张，刑事政策依据其性质、内容的不同可以分为基本刑事政策与具体刑事政策两种：所谓基本刑事政策，是指具有整体性与全局性的重要导向作用的，针对一切犯罪活动的具有普遍意义的方针、策略和准则。所谓具体刑事政策，是指针对特定时期、特定领域、特定情况下的特定犯罪的方针、策略和准则，其范围仅限于某一类犯罪人或刑事活动的某一方面，一般具有短期性的特点。虽然根据广义说的主张，刑事政策首先应指的是一个国家和社会抗制犯罪的整体反应体系，而不仅仅是指针对某些具体犯罪类型或犯罪人的措施和原则，但并不

---

[1]　赵秉志主编：《刑法基础理论探索》，法律出版社2002年版，第333页。

[2]　卢建平主编：《刑事政策学》，中国人民大学出版社2007年版，第22页。

否认刑事政策有宏观和微观之分，微观的刑事政策指的就是具体刑事政策。税收犯罪只是全部犯罪活动中的一类，针对税收犯罪的刑事政策自然属于具体刑事政策，即指"国家基于预防税收犯罪、控制税收犯罪以保障社会主义市场经济秩序的顺利发展而制定、实施的准则、策略、方针、计划以及具体措施"。[①]

依据刑事政策在刑事法律运动过程中的地位及作用，与刑事法律运行过程的三个阶段大体对应，其又可以分为刑事立法政策、刑事司法政策与刑事执行政策。刑事立法政策，即国家是否需要制定刑事法律、制定什么样的刑事法律以及如何制定刑事法律等刑事立法活动所遵循的政策；刑事司法政策，即指导司法机关进行侦查、起诉和审判等有关司法活动的政策；刑事执行政策，即指导刑事执行活动进行的方针、策略、原则，它包括监管机关对罪犯如何执行刑罚，行刑机构如何设置，各种刑罚制度怎样执行等。刑事立法政策严格来说包括刑法立法政策和刑事诉讼法立法政策两个方面，但在本书中仅指刑法立法政策。就刑法的立法活动而言，其制定或修改总是以一定的刑事立法政策为依据的。刑事政策作为刑法的灵魂，不但指导制定刑法，而且推动刑法的修改和完善。刑事法律的制定以刑事政策总的精神为指导，在刑事法律规定中贯穿和体现刑事政策的基本精神。刑事法律的修改同样是在刑事政策的指导下进行的。刑法的修改主要是以社会生活的实际变化为先导，以刑事政策为指针的。具体就税收刑法的立法而言，其制定和修改不仅要受到基本刑事政策的指导，而且会着重体现针对税收犯罪的具体刑事政策。

刑事立法政策的核心内容包括定罪政策和制刑政策。定罪政策也即关于刑法规范中如何设置定罪规范的政策，其所要解决的主要问题是刑事法网的"编织"：即犯罪圈划到多大，以及刑事法网的严密程度如何等。[②] 概

---

① 何秉松主编：《税收与税收犯罪》，中信出版社 2004 年版，第 334 页。

② 参见卢建平主编：《刑事政策学》，中国人民大学出版社 2007 年版，第 236 页。

括而言，定罪政策的核心问题就是立法上的犯罪化与非犯罪化。犯罪化又称"刑事化"，即扩大刑事法律的调整范围，将某些原本不属于犯罪的行为规定为犯罪的过程和刑事立法策略。严格地讲，犯罪化包含两个方面的过程：其一是合法行为的犯罪化，即把原先根本不违法的行为纳入刑法的调整范围；其二是一般违法行为的犯罪化，即把原本属于民法、行政法等法律部门调整范围的一般违法行为纳入刑法的调整范围。在我国，确认罪与非罪以及定罪量刑的刑事法律部门的形成通常是由国家设定一个限度，超过限度的行政违法行为即构成犯罪，需要承担刑事责任。[①] 由于税收犯罪属于法定犯，即行为构成犯罪要以违反相应的行政、经济法律相关规定为前提，一般不存在把税收相关活动中原本不违法的行为直接规定为犯罪行为的可能性，所以税收犯罪在我国的犯罪化应仅表现为税收一般违法行为的犯罪化。税收一般违法行为（狭义的税收违法行为仅指一般违法行为，而不包括犯罪行为，故下文简称税收违法行为）的犯罪化问题具体体现在两个方面：对已经纳入刑法调整范围的行为而言就是如何把握一般违法行为与犯罪行为的界限问题；对尚未纳入刑法调整范围的行为而言就是这些行为是否应当入罪的问题。

关于制刑政策，有学者从广义、狭义以及最狭义三个不同的层次对其含义进行了阐述：从最广义的角度讲，制刑是指刑事政策的制定，包括一切有利于减少犯罪、预防犯罪的社会政策的制定。狭义的制刑是指刑事法律的制定，它包括抗制犯罪的刑事实体法、刑事程序法以及刑事执行法的制定，亦可称为刑事立法或刑事法的创制。最狭义的制刑，则仅指刑事实体法中刑事处罚的制定。[②] 单纯从字面上去理解"制刑"一词，关于制刑政策的三种定义都有其道理和各自的适用范围。但从刑事立法政策的层面上讲，对制刑政策应该从最狭义的角度理解，即仅指设定刑法中法定刑的

---

① 参见朱维究著：《中国民主政治法律化探究》，中国政法大学出版社 2000 年版，第 224 页。

② 参见谢望原、卢建平等著：《中国刑事政策研究》，中国人民大学出版社 2006 年版，第 314 页。

政策。具体就税收刑法的立法政策而言，定罪政策所要解决的是税收犯罪的犯罪圈划定问题，制刑政策所要解决的是相应刑法规定中刑罚种类和强度的设置问题。除了定罪政策和制刑政策之外，立法模式的选择、罪名的体例安排等立法活动也都受到相应立法政策的影响。

（二）影响税收犯罪刑事立法政策的因素

刑事政策是应对犯罪的对策，其是由一系列的因素决定的，并不是凭空产生的。有学者认为，刑事政策的制定主要受到以下六种因素的影响：社会治安形势和犯罪态势；一定时期的政治、经济和社会形势；理论学说；民意；领导人的意志；国际组织。[①] 税收犯罪的刑事政策作为一种具体的刑事政策，其影响因素也处在这些因素范畴之内，但这些因素可以被分解为更为精细的因素，而且有的因素，例如国际组织的因素未必会实际影响到税收犯罪的刑事立法政策，有的因素，例如民意可能会较大程度地影响到刑事司法政策，但未必会很快地影响到刑事立法政策。故影响税收犯罪刑事立法政策形成和变化的重要因素包括但不限于以下几种：

1. 我国经济犯罪整体的刑事立法政策。税收犯罪只是经济犯罪的一类，其刑事立法政策不可能脱离我国经济犯罪整体的刑事立法政策。"我国经济犯罪刑事政策的基调是严厉打击严重经济犯罪。"[②] 严厉打击中的"严厉"不仅仅是司法中的严厉，更是立法上的严厉。不法经济行为犯罪化和重刑化长期以来都是我国经济犯罪刑事政策的特征。在这种基调下，税收犯罪的刑事立法政策也带有"严"和"厉"的色彩。

2. 税收犯罪形势。刑事立法政策的制定需要观察经济生活，分析违法行为发展的趋势以及给社会造成的危害程度，以此来确定刑法惩治的范围、对象和重点，科学地评估刑罚的效能程度与司法资源的耗费成本，设计刑

---

① 参见何秉松主编：《刑事政策学》，群众出版社 2002 年版，第 233—241 页。
② 刘华：《经济犯罪的刑事政策》，载《法学》2003 年第 11 期。

罚结构、程度及其与非刑罚方法的配制和转换，以便从整体上控制犯罪的事态、打击已然的犯罪、预防潜在的犯罪，以维持社会经济秩序。[①] 一般来说，在特定时期内，犯罪总量的增减、某种犯罪在形式上的变化、某种违法行为增多或者某种犯罪消亡，都会影响到刑事立法政策，税收犯罪自然也不例外。税收犯罪刑事立法政策的调整在很大程度上取决于税收犯罪及其具体种类的形势变化。刑法对税收犯罪重点的转移，实际上反映了税收犯罪刑事政策的变化与调整。在税收犯罪中，较为明显地体现了这种影响的是走私普通货物、物品罪和增值税发票犯罪。前者制刑政策的重刑化和后者的犯罪化都是由特定时期相应违法活动的增多引起的。

3. 税收政策。刑事政策只是国家政策的一部分，其要受制于国家政策的其他方面，例如经济政策、政治政策、文化政策和社会政策等。经济政策因素在一定程度上制约了经济犯罪的刑事政策。在一般情况下，刑事政策都需要配合国家经济政策。特定时期的经济政策影响甚至决定了特定时期的刑事政策，经济政策的变化也会影响刑事政策的变化。税收政策属于经济政策的一种，其必然会影响到税收犯罪的刑事立法政策。例如，我国从 1994 年开始全面推行增值税，增值税从此成为我国税制中最为重要的税种。也就是说，只要有力地保卫了增值税，我国的财政收入就能保住最为稳固的基础。从这个时候起，我国的很多税收政策都是偏向增值税的。在这种形势下，把与增值税征收密切相关的增值税专用发票犯罪给予特殊对待，采取把其不仅犯罪化而且重刑化的刑事立法政策也是理所当然的。

4. 经济利益平衡需求。经济秩序的建立事实上是在调和各方经济利益的过程中达到的一种平衡，只不过这种平衡不可能是永久的，而是暂时的。经济活动中的主体始终处于不断变化之中，而且其各自的利益需

---

① 参见王昌学：《论和谐视野下的经济刑事政策——我国经济刑事政策及其实践的分析、改进与构建》，载《法治研究》2011 年第 2 期。

求也往往会因时因地发生变化。因此，需要不断调整经济利益，以达到新的平衡。税收活动本来就是体现各方利益分配的活动，故这里所谓的"调整"，自然也就包括对税收犯罪的刑事政策调整。所以，在一定意义上，经济利益平衡需求是调整税收犯罪刑事政策的重要因素。税收犯罪刑事政策对相关违法活动选择干预还是不干预，干预得多一点还是少一点，在很大程度上取决于不同经济利益主体之间的博弈。在计划经济时代，国家的财政收入中来自国营企业的利润要占到很大一部分，对税收的需求并不算很高。但随着市场经济的确立和财政体制的改革，税收成了我国财政收入的主要来源。由于税收对国家而言非常重要，而国家既是税款的使用者，又是政策的制定者，从公共选择的视角来看，任何国家为了自身的利益也是自私的，也必然会追求自身利益的最大化。税收违法行为比较突出之时，其对国家税收利益的损害就随之加大，国家采取重刑化的政策来应对这种状况就充分体现了税收征收主体和纳税主体之间的利益博弈。①

5. 重大个案影响。理论界通过对一些重要的刑事政策出台背景的分析，发现重大个案有时对其起着特殊影响，在一定程度上甚至可能左右刑事政策的调控方向和调控力度。重大个案因其具有特殊而广泛的社会影响，对刑事政策的影响是不可避免的。重大个案对治安犯罪刑事政策的影响相对比较明显，但经济犯罪刑事政策也难免会受到重大个案影响。税收犯罪的刑事立法政策某些时候也受到重大个案的影响，例如浙江省黄岩市陈二头等人虚开代开增值税案就是在相应罪名出台之前发生的，这些个案由于涉案数额巨大，给国家税收利益造成了巨大的损失，由此引起了立法者的关注。所以，我们不能完全否认税收犯罪刑事立法政策中的"个案思维"。

---

① 参见吴玉梅：《税收政策对税收犯罪刑事立法的影响与展望》，载谢望原、肖中华、吴大华主编：《中国刑事政策报告（第三辑）》，中国法制出版社 2008 年版，第 393 页。

二、我国税收犯罪刑事立法政策的现状及审视

（一）我国税收犯罪的定罪政策

我国税收犯罪的定罪政策总体呈现出的是税收犯罪的法网不断扩张的趋势，即犯罪化。但在个别时期，也出现过体现非犯罪化的立法活动，由此表现出了犯罪化与非犯罪化并存的局面，不过犯罪化始终是我国税收犯罪定罪政策的主流。

我国税收刑法的沿革印证了税收违法行为犯罪化的历程，其表现在以下几个方面：

1.税收犯罪行为的扩张。我国在新中国成立之后的相当长一段时期内，在刑事法律中并没有专门的税收犯罪规定，且税收犯罪刑事政策和法律也并不是截然分开的，在某些行政法律法规里有偷税抗税行为情节严重的，送人民法院处理的规定，但没有具体的罪名和法定刑，人民法院只能根据刑事政策来处理。当时，在税收违法行为中，可以作为犯罪行为处理的只有偷税、抗税和漏税三种行为。除此之外，走私普通货物、物品的行为也较早就被予以犯罪化。1979年刑法典对税收犯罪犯罪圈的规定，基本上沿袭了原有的做法，并没有新的税收违法行为被犯罪化。1992年9月4日全国人大常委会通过的《关于惩治偷税、抗税犯罪的补充规定》，以单行刑法的形式将逃避追缴欠税行为、骗取国家出口退税的行为予以犯罪化。1994年3月28日最高人民法院、最高人民检察院、公安部、国家税务总局颁布的《关于开展打击伪造、倒卖、盗窃发票专项斗争的通知》中将非法印制（复制）、倒卖发票（含假发票）或者非法制造、倒卖发票防伪专用品情节严重的行为、以营利为目的，非法为他人代开、虚开发票累计金额在5万元以上的，或者为他人代开、虚开增值税专用发票抵扣税额累计在1万元以上的行为、以营利为目的，伪造、变造增值税发票的行为以及盗窃增值税专用发票的行为予以犯罪化。只不过，这次对税收违法行为予

以犯罪化不是通过刑事立法来实现的，而是由司法解释扩大刑法典有关条文的适用范围来完成的。1995 年 10 月 30 日全国人大常委会通过的《关于惩治虚开、伪造和非法出售增值税专用发票犯罪的决定》，以单行刑法的形式将虚开增值税专用发票数额较大的行为，伪造或者出售伪造的增值税专用发票的行为，非法出售增值税专用发票的行为，非法购买增值税专用发票或者购买伪造的增值税专用发票的行为、虚开用于骗取出口退税、抵扣税款的其他发票的行为、伪造、擅自制造或者出售伪造、擅自制造的可以用于骗取出口退税、抵扣税款的其他发票的行为、伪造、擅自制造或者出售伪造、擅自制造的前款规定以外的其他发票的行为、非法出售可以用于骗取出口退税、抵扣税款的其他发票的行为、非法出售其他发票的行为，盗窃增值税专用发票或者其他发票的行为以及骗取增值税专用发票或者其他发票的行为，予以犯罪化。2011 年 2 月 25 日通过的《刑法修正案（八）》将虚开普通发票情节严重的行为和明知是持有伪造发票而持有，数量较大的行为予以犯罪化。

2. 犯罪主体的扩张。税收违法行为犯罪化除了表现在行为方式上之外，还包括犯罪主体的扩张。与行为方式的扩张相对应，发票犯罪的规定使得税收犯罪的主体由纳税义务人扩大到了包括发票行为人在内。除此之外，税收犯罪主体的扩张还表现在三个方面：（1）犯罪主体由单一自然人扩张到了包括单位在内。与其他犯罪一样，传统的税收犯罪一直以自然人为主体。1987 年的海关法首次规定单位可以成为走私罪的犯罪主体，其中包括走私普通货物、物品的逃税行为，此后单位犯罪的主体规定扩张到税收犯罪的其他种类之中。《关于惩治偷税、抗税犯罪的补充规定》规定单位可以成为除抗税罪以外的三种税收犯罪的主体。《关于惩治虚开、伪造和非法出售增值税专用发票犯罪的决定》规定单位可以成为所有发票犯罪的主体。（2）犯罪主体由纳税义务人扩张到包括扣缴义务人在内。《关于惩治偷税、抗税犯罪的补充规定》首次规定对有代征代缴税款义务的单位和个人、负有代扣代缴税款义务的单位和个人可以偷税罪（现为逃税罪）、抗税罪定罪处刑。（3）犯罪主体由单一纳税方扩张到包括征税方在内。《关于惩治虚开、伪造和非法出售增值税专用发票犯罪的决定》将税务机关工作人员违反法律、行政法规的规定，在发售发票、抵扣税款、出口退税工作中玩忽职守，致使国家利益遭受重大损失的行为规定为税务机关工作人员玩忽职守罪。这一规定作为税收渎职犯罪的最早专门立法，在一定程度上可以当作税务机关工作人员玩忽职守行为犯罪化的标志。1997 年刑法典在整合了 1979 年刑法典和单行刑法中的税收犯罪行为的同时，将税务机关工作人员徇私舞弊不征少征税款行为、徇私舞弊发售发票、抵扣税款、出口退税行为和其他国家工作人员在提供出口货物报关单、出口收汇核销单等出口退税凭证工作中徇私舞弊致使国家利益遭受重大损失的行为予以犯罪化。税收渎职违法行为的犯罪化使得税收刑法从只注重惩治纳税主体转向同时惩治纳税主体与税收征管主体。

非犯罪化在我国税收刑法的立法沿革中仅有两次体现：一次是 1979 年刑法典将漏税行为排除出刑法的调整范围，这一定程度上体现了非犯罪化。另一次是 2009 年 2 月 28 日全国人大常委会通过的《刑法修正案（七）》规定有逃税行为，经税务机关依法下达追缴通知后，补缴应纳税款，缴纳滞纳金，已受行政处罚的，不予追究刑事责任。除此之外，还有论者认为1997 年刑法将非暴力和非威胁手段的抗税行为予以非犯罪化。[1] 这一观点是不正确的。因为 1997 年刑法典虽然将抗税罪的行为方式明确规定为暴力、威胁方法，但并不意味着采取非暴力、威胁方法抵制税款缴纳的行为就不再是犯罪行为。以非暴力、威胁方法抵制税款缴纳的行为事实上就是1997 年刑法典中的逃避追缴欠税行为。

犯罪化与非犯罪化虽然代表的是定罪政策的两个完全不同的方向，但在现代国家的刑事政策实践中，犯罪化与非犯罪化往往是并存的。我国税收刑法的定罪政策也充分印证了这一点。不过，无论从影响立法的次数，

---

① 参见王桂萍、王正文：《税收犯罪刑事政策探析》，载《河北法学》2003 年第 4 期。

还是从实际作用来看，犯罪化一直是我国税收犯罪定罪政策的重点。这种定罪政策总体而言是合理的。以犯罪化为定罪政策的重点符合打击税收犯罪的需要，有助于实现对税收犯罪的抗制转向"严而不厉"的刑事政策模式。关于包括税收犯罪在内的经济犯罪的定罪政策，大多数学者认为，在我国由计划经济向市场经济转轨的特殊时期，应当树立"严打不如严管"的理念。在健全各类经济管理的法律法规的同时，应逐步扩大犯罪圈，构筑起相对严密的刑事法网，以便在法律层面上有效地警戒各类犯罪，不至于出现过多的立法空缺。[①] 只有个别学者认为，因为预防税收犯罪不在于刑罚的"厉"而在于刑事立法和执法的"严"，所以缩小并严密刑事法网就成为税收刑事立法的必然选择。[②] 对税收违法行为犯罪化，严密税收刑法的法网，主要是由以下因素决定的：

一方面，严密税收犯罪的法网有助于反映抗制税收犯罪的需求。严格的刑罚规制，是在社会规制体系的作用发生变化的情况下所产生的社会需求。在我国向市场经济转变与社会向多元化发展的情况下，社会规制体系从总体上趋于缓和，某些传统的规制方式已经在一定程度上丧失效能。例如，单纯思想教育的作用较小，这表现在我国的税收环境中，单纯倡导纳税义务人自觉纳税往往只是一种口号性的宣传。行政处罚虽然具有一定的作用，但在巨大经济利益的诱使之下，很多行为人并不畏惧行政处罚，何况税收犯罪的行政处罚仅限于罚款。因此，刑罚手段可能成为最有效的规制手段。[③] 尽管从深层次讲，任何犯罪都是由特定的环境造成的，税收犯罪自然也不例外，其和一国的税制和税收征管水平有着直接关系。但是我们却不能基于外部环境的原因就不去追究犯罪人的刑事责任，否则一国的刑法制度就无从建立。从目前税收制度的现实来看，其完善与健全需要较长的时间，而国家不可能容许税收犯罪行为在这期间就不受到制裁。法律

---

① 参见卢建平主编：《刑事政策学》，中国人民大学出版社 2007 年版，第 327 页。

② 参见刘荣：《刑事政策视野下的逃税罪》，载《中国刑事法杂志》2010 年第 12 期。

③ 参见龙宗智：《经济犯罪防控与宽严相济刑事政策》，载《法学杂志》2006 年第 4 期。

制裁尤其是刑罚的制裁往往能够发挥即时的功效。反过来，制裁也有利于促进良好税收环境的形成。因此，即便违法不能完全归因于行为人本身，我们也要对其进行制裁。在建立有序经济秩序的特定时期，刑事制裁个体的合理性应当适当让位于对经济秩序的规制。

另一方面，严密税收犯罪的法网有助于提高税收刑法的威慑力。有研究证明，对于不同类型的犯罪而言，其入罪率不同之时的威慑力是各不相同的。美国有的犯罪学家的研究成果表明，由于犯罪原因的复杂性，刑罚对突发性暴力犯罪的威慑力极其微小，但对行为人在行动之前仔细计算利害得失后所实施的经济财产类犯罪，刑法提高入罪率或扩大犯罪圈比单纯地增加刑罚量更能控制犯罪的发生。[①] 税收犯罪是一类典型的贪利性犯罪，行为人在实施违法行为之前必然会衡量犯罪成本的高低和犯罪收益的大小。如果一个国家税收一般违法行为和税收犯罪行为的界限模糊，大量的违法行为没有被纳入刑法的规制范围，则意味着行为人实施税收犯罪的成本较低，行为人就能够获得更多逃避刑罚处罚的机会。如果通过刑事立法明确税收一般违法行为与税收犯罪行为之间的界限，使税收活动各个主要环节的严重违法行为都被纳入刑法的规制范围，则无疑会加大犯罪成本，提高犯罪风险。而当税收犯罪的成本高于税收犯罪收益时，行为人就会基于得不偿失而避免实施税收犯罪行为。

适度的犯罪化，严密法网，不但不与我国宽严相济刑事政策相抵触，相反，其能够更好地促进宽严相济刑事政策的切实实现。虽然我国的税收刑法从罪名体系上讲已经相对比较完备，但也绝非没有进一步完善的余地。因此，在较长的一段时期内，我国税收犯罪的定罪政策都应当坚持以犯罪化为重点。

在税收犯罪的定罪政策中适当的体现非犯罪化也是必要的，这是因为：

----

① 参见游伟、肖晚祥：《我国经济犯罪立法模式的反思性回顾与前瞻》，载赵秉志主编：《刑法评论》（2008年第2卷），法律出版社2008年版，第240页。

　　一方面，对某些行为适当的非犯罪化有利于优化刑法总体的执行情况。从我国现行刑法规定的犯罪来看，绝大多数犯罪都符合我国的现实，只有极少数犯罪行为可以非犯罪化。[①] 从世界范围内非犯罪化的立法实践来看，其范围一般是那些没有明显法益侵害、无具体被害人、纯伦理性的犯罪，逃税罪本不在这类犯罪之列。因为在一种相对规范的经济运行体制中，越轨的行为只是少数，对于这少数越轨行为，可以制定严格的制裁措施自然没有疑问。但如果在一种极不规范的经济运行体制中，要完全参照规范型经济的模式去处罚越轨行为，需要进行刑事追究的问题就非常多。而从实际情况看，一个对经济主体进行普遍追究的制度是无法执行的。相当一部分社会群体反对这样做，有限的司法资源也允许国家这样做。这也就反映了通常所谓的"法不责众"。[②] 就逃税犯罪而言，虽然我国的税制较之过去已经有了很大的进步，不能说整体的税收秩序不规范，但其距离西方发达国家那种健全的秩序尚有一定的距离，因此，逃税违法行为在我国并不少见，但受制于多种因素，因之受到刑事制裁的只是较少的一部分，制裁表现出了一定的随机性，由此导致该罪对应的刑法规定执行不佳的状况。这样会使人产生错觉：即是否受到制裁不在于行为本身的违法性，而在于违法的手段是否高明。在一定程度上，这种不稳定的、随意性很大的法律实施状况进一步恶化了税收环境。在这种情况下，适当地把一部分逃税行为非犯罪化可以说体现了"抓大放小"。也就是说，刑法应当是有所为，有所不为，有所多为，有所少为。只有适当的"放小"，即"放"那些应该"放"和可以"放"的，才能真正做到"抓大"。

　　另一方面，适当非犯罪化体现了宽严相济刑事政策中"宽"的一面。宽严相济刑事政策是我国当前的基本刑事政策，其不仅对刑事司法活动具有指导意义，而且对刑事立法也具有指导作用。非犯罪化是宽严相济刑事

---

　　① 参见谢望原、白岫云：《加入 WTO 后我国刑事政策的调整与革新》，载《中国法学》2000 年第 6 期。

　　② 参见龙宗智：《经济犯罪防控与宽严相济刑事政策》，载《法学杂志》2006 年第 4 期。

政策中"宽"的一面在立法中的基本要求之一。"初犯免责条款"打破了刑法修正过程中过于强调扩大犯罪圈以及提高法定刑的立法惯例，注意入罪与出罪相结合、从严与从宽相协调，因而较好地体现了宽严相济的刑事政策。[①]

（二）我国税收犯罪的制刑政策

我国税收犯罪的制刑政策在较长时间内主要表现为趋重化的政策。趋重化的制刑政策既体现在刑罚种类上，又体现在刑罚幅度上。在刑罚种类上，1979 年刑法典中税收犯罪的主刑种类仅限于有期徒刑或者拘役，《关于严惩严重破坏经济的犯罪的决定》首先将走私罪的法定刑提高到死刑，《关于惩治虚开、伪造和非法出售增值税专用发票犯罪的决定》又将"虚开增值税专用发票又骗取国家税款，数额特别巨大、情节特别严重、给国家利益造成特别重大损失的，以及伪造并出售伪造的增值税专用发票，数额特别巨大、情节特别严重、严重破坏经济秩序的"行为的法定刑规定为无期徒刑或者死刑。这样，在税收犯罪中能够适用的刑罚种类变得更为严厉。1979 年刑法典除了走私之外，对其他税收犯罪并未规定附加刑。《关于惩治偷税、抗税犯罪的补充规定》中，增加了对于税收犯罪处以犯罪数额 5 倍以下的罚金的规定，《关于惩治虚开、伪造和非法出售增值税专用发票犯罪的决定》增加了对特别严重的发票犯罪行为并处没收财产的规定。在主刑保持不变的情况下，附加刑种类的增多也可以看作税收犯罪刑罚趋重化的表现。在刑罚幅度上，1979 年刑法典中除了走私罪中的某些情形可以判处 3 年以上 10 年以下有期徒刑之外，其他税收犯罪适用的有期徒刑仅为 3 年以下，《关于惩治偷税、抗税犯罪的补充规定》将传统税收犯罪的最高法定刑提升到 7 年，此后 1997 年刑法典不仅基本保持了这样的幅

[①] 参加葛磊著:《新修罪名诠解〈刑法修正案（七）〉深度解读与实务》，中国法制出版社 2009 年版，第 57 页。

度设置，而且进一步提高了骗取出口退税罪的法定刑。

在趋重化的制刑政策导向下，我国税收犯罪的法定刑整体上已经十分严厉，达到了几乎不可能进一步趋重的地步。不过，在刑罚轻缓化的大趋势下，这一制刑政策也开始有所松动，其主要表现就是《刑法修正案（八）》废除了税收犯罪中所有的死刑条款，具体包括走私普通货物、物品罪、虚开增值税专用发票、用于骗取出口退税、抵扣税款发票罪和伪造、出售伪造的增值税专用发票罪这三个罪名的死刑条款。不过由于这次调整是在修正案整体削减了死刑罪名的大背景下进行的，虽然相应罪名的死刑在司法实践中也有过适用，但总体适用较少，死刑的废除对相应罪名刑罚的轻缓化起到的作用实际上非常有限，因此这是否能看成是我国税收犯罪制刑中的重刑政策发生转向即趋于轻缓化还存在疑问。

我国对税收犯罪采取重刑的制刑政策的合理性是值得质疑的。这一制刑政策的出现与我国税收犯罪的实际状况有着直接的关系，刑事政策的导向必然受到犯罪形势的影响。刑事政策的首要价值追求是秩序。从刑事政策的视角看，对于秩序的需求永远先于对自由、公正、效率等价值的追求。因此，作为刑事政策刑法化的最基本体现的犯罪化与非犯罪化，也要首先反映秩序的需要。而犯罪化的对象是社会生活领域新出现的危害较为严重，必须用刑罚惩罚的行为。所以，及时地把某些严重的税收犯罪行为纳入刑法的处罚范围是有必要的。但是，犯罪化不等于重刑化。犯罪化是扩大刑法处罚的范围，扩大犯罪圈，将严重危害社会、值得用刑罚惩罚的行为纳入刑法处罚的范围。严密刑事法网的同时，应缓和刑罚处罚的严厉性，做到"严而不厉"。犯罪化与轻刑化相呼应，法网严密与刑罚轻缓相结合，这应当是犯罪圈划定的基本方向。[1] 反观我国税收犯罪重刑的制刑政策，在这一政策的指导下，税收刑法中一度为三个罪名设置了死刑，可

① 参见张亚平:《宽严相济刑事政策研究》,载韩玉胜主编:《刑法学博士论文精萃2008届》,中国检察出版社2009年版,第432页。

以说显得过分严厉。这一制刑政策事实上也是我国对待大多数经济犯罪的刑事政策。从刑罚严厉程度看，我国对经济犯罪的刑法整体是比较重的。这种刑事政策的意图是明显的，即希望通过重刑来遏制经济犯罪。实际上，刑罚的轻重与犯罪率的高低之间并不存在绝对的反比关系，经济犯罪也是如此。① 在税收刑法的某些规定例如增值税专用发票犯罪的规定出台之后，对于打击相关犯罪确实曾经收到过不错的成效，但由于相应规定的法定刑从一开始就比较严厉，也就是说相应违法行为的犯罪化和重刑化从一开始就是伴随而来的，因此，我们不能把相应立法的成效完全归因于重刑，甚至重刑在这些成效中所占的比例是否很大也是存在疑问的。不过，受到国家在特定时期对经济犯罪整体制刑政策的影响，要求税收犯罪的制刑政策"独善其身"是很难实现的。

三、对我国税收犯罪刑事立法政策的建议

关于刑事政策的模式，我国刑法学家储槐植教授认为，"对待犯罪是严还是不严（即刑事责任严格还是不严格，刑事法网严密还是不严密），关于刑罚是厉（苛厉）还是不厉。两两搭配，在理论上有四种组合，即四种刑事责任模式：又严又厉；不严不厉；厉而不严；严而不厉。"② 合理的模式应当是严而不厉的。虽然这里的"严而不厉"针对的是包括刑事司法政策和刑事执行政策在内的刑事政策的整体而非仅仅指刑事立法政策，但对于刑事立法政策的要求尤为重要。具体就税收犯罪的刑事立法模式而言，其也应当如此。就我国税收犯罪的刑事立法模式而言，虽然不能说其是"厉而不严"，但也远没有实现"严而不厉"。笔者认为，为了促使我国税收犯罪的刑事立法政策的进一步合理化与科学化，政策的制定者应当考虑以下几点：

---

① 参见刘华：《经济犯罪的刑事政策》，载《法学》2003 年第 11 期。

② 储槐植：《严而不厉：为刑法修订设计政策思想》，载《北京大学学报》（哲学社会科学版）1989 年第 6 期。

首先，坚持以犯罪化作为税收犯罪定罪政策的重点，但同时应当谨慎保持其扩大犯罪圈的趋势。我国税收犯罪的定罪政策基本符合打击税收违法犯罪行为的需要，总体上比较合理。我国目前有关税收犯罪的个罪已经形成了相当规模。在这种情形下，应着重考虑以下两个导向：第一，继续将现行刑法未规定的、某些有可能严重危害税收利益的违法行为加以犯罪化；第二，对待犯罪化也应保持一定的谨慎，不能随意地将新出现的一般税收违法违规行为立即上升为犯罪加以规定，而需要进行一定时期的观察和分析。惟有当这些行为严重危害到税收利益之时，才需要以税收犯罪论处。

其次，改变税收犯罪趋重化的制刑政策，扩大税收犯罪的轻罪范围。由于我国税收犯罪的制刑政策并不合理，因此应予调整。在特定的时期，税收犯罪的刑事立法政策受到经济犯罪整体重刑化立法政策的影响，但死刑在包括税收犯罪在内的很多经济犯罪中的取消已经在一定程度上体现了重刑化制刑政策的松动。所以，调整税收犯罪重刑化的制刑政策在现在并非不可能。基于我国税收犯罪立法整体的刑罚配置过重的现状，笔者建议，应当考虑减轻税收犯罪的刑罚，特别是较重的自由刑的配置。虽然当前通过立法在短时期内改变税收犯罪重刑结构的形态并不切合实际，也不具有可能性，但在立法政策上率先予以调整却是必要的。

最后，注重税收刑法内部不同罪群之间的协调，不能在定罪和制刑政策上顾此失彼。我国税收犯罪的整体立法政策事实上并不是完全体现在其所属的各个罪群之间的，例如发票犯罪最能体现其犯罪化和重刑化政策，而危害税收征管的逃税罪等传统罪名则体现得并不明显。这样一种立法政策取向反映了立法者对不同罪群的不同重视程度。尽管采取这样的政策有诸多原因，在短时期内也有其积极意义，但从长远来看，不利于构建科学合理的税收刑法体系和真正有效地预防和打击税收犯罪。因此，应当从全局出发，在立法之时综合考虑税收犯罪的各个罪群，促使税收刑法内部的协调。

第三章 税收犯罪的立法模式

"立法模式"这一用语在法学研究中被广泛使用，在刑法学中也不例外。综合刑法学中多种关于"立法模式"这一问题的研究成果，其对这一用语的概念界定并不一致，不同的研究成果虽然都可能被冠以"立法模式"之名，而实际研究的具体内容却不尽相同。因此，在研究税收犯罪的立法模式这一问题之前，有必要对"立法模式"的概念进行辨析，以便明确研究的具体对象。目前我国刑法学中对"立法模式"概念的界定大致有两种：一种立法模式是指刑事法律规范所依附的形式或载体，也即刑事立法采取什么样的形式制定、修改和完善；另一种立法模式是指刑事法律规范内容的标准设置，也即具体的刑法规范对某一具体问题的规定应当怎么设置。按照《现代汉语词典》的释义，模式，也即某种事物的标准形式或使人可以照着做的标准样式。[①] 故"立法模式"的字面含义也就是指立法的标准形式。按照这一定义，上述两种对"立法模式"的界定都未超出这一概念的本身含义，只是各自有其不同的指向。相比较而言，第一种用法更为可取。"立法"是国家有关机关按照立法程序制定、修改或废止法律的活动，也即通常意义上的"立法"这一用语指的是法的运行全过程中的一个环节，侧重其动态的一面。虽然从广义上讲，"立法"和"法律"有时候可以作为同义词使用，但后者多指一种静态的概念。所以"立法模式"更应当侧

---

① 《现代汉语词典》（第 5 版），商务印书馆 2005 年版，第 961 页。

重的是立法活动中采取的形式，而不是经过立法活动所表现出来的法律规范的样式。上述关于"立法模式"的第二种用法中概念本身所指的并不是立法本身的模式，而是立法所规定的具体内容的模式。一旦离开"立法模式"前面附加的定语就说明不了任何问题，此时单独使用"立法模式"这一概念显然并不科学。综上所述，本书中的"立法模式"指的仅是上述用法中的第一种，即立法所依附的形式或载体。

第一节　我国税收犯罪立法模式的现状

一、税收犯罪立法模式概述

无论是大陆法系还是英美法系国家，其所存在的刑法立法模式的总体种类都是固定的，只是具体的国家或地区使用的具体形式不同，其分别使用的是这些立法模式中的一种或几种。虽然判例等不成文法作为一种法律渊源在英美法系作用较大，但判例从本质上讲属于"法官造法"，和真正意义上的立法仍有区别，因此立法模式不应当包括判例等不成文法，而只限于成文法。虽然世界大多数国家刑法的立法模式的种类是固定的，但具体到税收犯罪的规定时使用的立法模式却不尽相同。从世界范围来看，税收刑法的立法模式大致有以下几种：

（一）刑法典的立法模式

刑法典是国家以刑法名称颁布的，系统规定犯罪、刑事责任及刑罚的法律。[①] 刑法典的立法模式即在刑法典中以某一条款或数个条款来规定税收犯罪的罪名、罪状和法定刑，甚至还把相应的犯罪归为刑法典中的一个专门的章节。英美法系的很多国家并没有一部统一的刑法典，其税收刑法

---

① 赵秉志主编：《刑法总论》，中国人民大学出版社 2007 年版，第 71 页。

规范自然不可能采取刑法典这种立法模式。大陆法系国家素有法典化的历史传统，一般都有各自的刑法典，但其中大多数国家都未在刑法典中专门设置危害税收征管犯罪和走私犯罪的相关条款，而只是规定了税收渎职犯罪。例如《法国刑法典》在其第 4 卷第 3 篇第 2 章第 3 节第 1 目中规定了"违法加收或减免税款罪"。《德国刑法典》在其第 30 章第 353 条规定了"超收税款罪"，第 355 条规定了"泄露赋税秘密罪"。《瑞士联邦刑法典》在其第 18 章第 313 条规定了"超收费用罪"等。

在刑法典中全面规定税收犯罪的多为社会主义国家或前社会主义国家，除此之外还有西班牙等少数西方国家也是如此。我国对税收犯罪的规定基本上也采取的是刑法典的立法模式。

《俄罗斯联邦刑法典》中既规定了逃避关税的犯罪，又规定了逃避其他税收的犯罪。《俄罗斯联邦刑法典》第 194 条规定的是逃避交纳向组织或自然人征收的海关税费，其中规定："1. 逃避交纳向组织或自然人征收的海关税费，数额巨大的，处数额为 10 万卢布以上 30 万卢布以下或被判刑人 1 年以上 2 年以下的工资或其他收入的罚金；或处 180 小时以上 240 小时以下的强制性社会公益劳动；或处 2 年以下的剥夺自由。2. 上述行为，而有下列情形之一的：（1）有预谋的团伙实施的；（2）数额特别巨大的，处数额为 10 万卢布以上 50 万卢布以下或被判刑人 1 年以上 3 年以下的工资或其他收入的罚金；或处 5 年以下的剥夺自由，并处或不并处 3 年以下剥夺担任一定职务或从事某种活动的权利。"第 198 条规定的是逃避交纳向自然人征收的税费，其中规定："1. 采取不提交收入申报表或其他依照俄罗斯联邦的税费立法应提交的单证，以及采取将明知虚假的信息材料列入申报表或上述单证的手段，逃避交纳税费，数额巨大的，处数额为 10 万卢布以上 30 万卢布以下或被判刑人 1 年以上 2 年以下的工资或其他收入的罚金；或处 4 个月以上 6 个月以下的拘役；或处 1 年以下的剥夺自由。2. 上述行为，数额特别巨大的，处数额为 20 万卢布以上 50 万卢布以下或被判刑人 18 个月以上 3 年以下的工资或其他收入的罚金；或处 3 年以下的剥夺自由。"第 199 条规定的是逃避交纳向组织征收的税费，其中规定："1. 采取不提交收入申报表或其他依照俄罗斯联邦的税费立法应提交的单证，以及采取将明知虚假的信息材料列入申报表或上述单证的手段，逃避交纳税费，数额巨大的，处数额为 10 万卢布以上 30 万卢布以下或被判刑人 1 年以上 2 年以下的工资或其他收入的罚金；或处 4 个月以上 6 个月以下的拘役；或处 2 年以下的剥夺自由，并处或不并处 3 年以下剥夺担任一定职务或从事某种活动的权利。2. 上述行为，而有下列情形之一的：（1）有预谋的团伙实施的；（2）数额特别巨大的，处数额为 20 万卢布以上 50 万卢布以下或被判刑人 1 年以上 3 年以下的工资或其他收入的罚金；或处 6 年以下的剥夺自由，并处或不并处 3 年以下剥夺担任一定职务或从事某种活动的权利。"《俄罗斯联邦刑法典》并没有专门规定税收渎职犯罪，相关犯罪和其他职务犯罪行为一样适用的是第 10 编"反对国家政权的犯罪"中第 30 章"侵害国家政权、侵害国家公务利益和地方自治机关公务利益的犯罪"中的相关条文，例如第 285 条规定的滥用职权罪和第 286 条规定的逾越职权罪。

《朝鲜民主主义共和国刑法典》第 108 条规定了偷税漏税罪，第 109 条规定了不缴纳国家税金罪，第 116 条规定了走私罪。《蒙古国刑法典》第 166 条规定了逃税罪，第 167 条规定了违反征收、缴税和收税法规罪，第 175 条规定了走私罪。《古巴刑法典》在分则第 5 编"危害国民经济罪"第 12 章规定了"走私罪"，第 14 编"危害公共财政罪"第 1 章规定了"逃税罪"。这几个国家也没有专门的税收渎职犯罪规定。

《西班牙刑法典》第 14 集"侵犯国家财政和社会保险罪"第 305 条规定："第一项：无论纳税人有意或无意不缴或者少缴应纳税款，少列账目收入，隐瞒实物报酬以骗取退税或以同样形式获取非法财政收益，侵犯了国家、自治区、任一合法的或地方的财政收入时，凡采取上述手段透漏税金额在 1500 万比塞塔以上的，处 1 年以上 4 年以下监禁并处偷税数额六倍罚金。以下情节之一的，在法定刑幅度内，取较重半幅度处罚：1. 当事人或者中间人使用某方式隐瞒真实的赋税义务。2.涉案金额巨大或者已构成威胁或者可能威胁大量纳税义务的组织性犯罪，犯罪行为具有相当重要性或者严重性。除给予以上处罚外，另剥夺罪犯 3 年以上 6 年以下获得公共补贴或者公共资助、享受财政补助或者社会保险的资格。第二项：对于赋税、扣留（的工资）、账目收入或者退款，计算涉案金额时，如果资金具有周期性或者应定期申报的，在可能的周期或者申报的周期内计算。不足 12 个月的，按一个自然年度计算。第三项：侵犯欧盟财产达到 50000 欧元的，按照本条第一项处罚。第四项：当纳税情况与本条第一项中那种债务有关时，或者在以下情况没有发生的情况下，在财政部、政府律师或者自治政府的法定的或地方的执行代表起诉之前，或者当财政部或法官开始正式审理以前，可以在被税务部门通知自行纠正其违法行为前免于刑罚。上文的刑罚豁免同样适用于账目混乱或者其他做假账行为，特别是和欠税有关的行为，并已经在他先前的纳税情况上反映出来。"第 306 条规定："有意或无意地隐瞒收入或将收入用于其他地方透漏税款，侵犯国家财政预算或其他，金额超过 5 万比塞塔时，处以 1 年以上 4 年以下监禁，并处以偷税金额六倍罚金。"

（二）单行刑法的立法模式

单行刑法是在形式上独立于刑法典，在内容上专门规定某一类或某几类犯罪及其刑事责任和刑罚的规范性文件。单行刑法从性质上看与刑法典没有本质的区别，可以看作是"小刑法典"。世界上对税收犯罪采用这种立法模式的国家极少，只在韩国等个别国家存在。例如韩国的《税犯罪处罚法》是一部既规定了适用范围、适用对象、处罚原则等内容的总则，又规定了税收犯罪的各罪名及其法定刑的分则的一部单行刑法。其对税收犯罪的具体构成规定得非常详细的，囊括了诸多税收犯罪行为，其中甚至还涉及一些诸如非法制造或贩卖酒类罪等不属于税收犯罪的罪名。

（三）附属刑法的立法模式

附属刑法是在行政、经济等非刑事法律中附加规定的，体现国家对一定范围内的特定社会关系加以特别调整的，关于犯罪、刑事责任和刑罚的法律规范。[①] 对税收犯罪采取附属刑法的立法模式也即在本国的税收法律中规定税收犯罪。根据世界各国的立法例，附属刑法分为两种形式，即散在型立法模式和编纂型立法模式。散在型的立法模式，即在经济、行政法律法规等非刑事法律中直接规定有关犯罪及其法定刑的立法模式。编纂型立法模式，即对非刑事法律中的附属刑法规范加以编纂的立法模式。散在型又可分为依附性的散在型立法模式和独立性的散在型立法模式两种。依附性的散在型立法模式，即相应经济、行政法律法规中的刑法规范必须依附于刑法典才能适用的立法模式。独立性的散在型立法模式，即相应经济、行政法律法规中设置了具有独立罪名和法定刑、能够独立适用的刑法规范的立法模式。[②]

例如日本在其《国税征收法》规定了"非法处分财产罪"、"不实陈述罪"和"妨碍检查罪"等妨害税收的犯罪，在其《日本地方税法》中规定了"煽动不缴纳税款罪"、"抗税罪"和"税务工作人员泄露赋税秘密罪"。另外其《消费税法》、《继承税法》、《酒税法》等税法中也均对逃税罪等规定了刑罚。

美国的税收犯罪立法较为散乱，但由于美国没有联邦刑法典，其在总体上采取的是附属刑法的立法模式。美国的走私犯罪规定在《美国法典》第27篇。该篇有12条独立的规定，可大体分为两大类：一类是准备或递交虚假文件的刑事犯罪，另一类是私下进口货物的犯罪，即走私。在有些情况下，犯罪活动同时包含以上两方面的内容。[③] 由于《美国法典》事实

[①] 参见赵秉志主编：《刑法总论》，中国人民大学出版社2007年版，第72页。

[②] 参见郝守才：《附属刑法立法模式的比较与优化》，载《现代法学》1996年第4期。

[③] 参见周密主编：《美国经济犯罪和经济刑法研究》，北京大学出版社1993年版，第172页。

上只是对美国建国 200 多年以来国会制定的所有立法（除独立宣言、联邦条例和联邦宪法外）加以整理编纂的基础上形成的，其显然不属于刑法典，有关走私的规定出自《反走私法》等法律。所以有关走私罪的规定属于附属刑法。危害税收征管的犯罪也是如此，它们大多数规定在《美国联邦税法》中，该法对税收诈欺行为规定了刑事责任。其中主要的刑事条款有：第 7201 节（试图偷税或逃税）、第 7202 节（故意不征税或不代征税）、第 7208 节（故意不提交统计报告书、不提供信息资料或不交纳税金）、第 7206 节（诈欺性说明或虚假陈述）、第 7207 节（诈欺性的报告书、陈述或其他文件）。除了税法的规定之外，其他可用来指控公司税收诈欺行为的条文还有：《美国法典》第 18 篇第 287 节（虚伪陈述），第 1001 节（一般诈欺罪）、第 371 节（合谋）以及第 1341、1343 节（邮电诈欺）。[①]

德国税收犯罪的规定见于《德国税法》，《德国税法》第 369 条规定了税收犯罪的一般种类，即：（1）根据税法应当受刑罚惩罚的行为；（2）违反禁止性规定应受刑罚处罚的行为；（3）伪造或者准备伪造与税收标志有关的价值标志的行为；（4）包庇实施了以上行为的人的行为。第 370 条规定了偷逃税收犯罪。第 372 条规定了违反禁止性规定按照第 370 条偷逃税收犯罪处罚的行为。第 373 条规定了职业性、暴力性和团伙性走私行为。第 374 条规定了税收窝藏罪。[②] 除此之外，德国税法中关于税务人员渎职犯罪的种类也比较齐全。

我国的香港特别行政区、澳门特别行政区对税收刑法基本上也采取的是附属刑法的立法模式。香港在税收立法特别是所得税立法上更侧重成文法，所以其存在大量的税收法律。但由于其税种相对较少，民众税收承受能力相对较强，法律意识和纳税意识浓厚等，税收阻力小，与此相适应的

---

① 参见周密主编：《美国经济犯罪和经济刑法研究》，北京大学出版社 1993 年版，第 180 页。
② 参见王世洲著：《德国经济犯罪与经济刑法研究》，北京大学出版社 1999 年版，第 199-206 页。

税收犯罪也必然不多。① 这些为数不多的税收犯罪的规定散见于税收法律中，其中又以《香港税务条例》等为主。《香港税务条例》在其第14部分"罚则与罪项"中规定了很多违法犯罪行为。但需要注意的是，由于"在香港，违法与犯罪之间的差别，并没有严格的界限"，② 此外"在香港刑法中，罚金通称为罚款"，③ 所以条例该部分中规定的行为基本上都可以认为是税收犯罪行为，而不是有的论者认为的那样"这些违法行为除了欺诈和故意逃税等被规定为最严重的违法行为外，少报、瞒报等均属一般违法行为。而一般违法行为只处罚款，不视为犯罪追究，只有严重的违法行为才给予刑事制裁"。④ 我国台湾地区现行刑法典中与税收犯罪有关的只有第202条规定的"邮票印花税票之伪造变造与行使涂抹罪"，其他的税收犯罪绝大部分都规定在《捐税稽征法》等税收法律中。例如该法第41条的"逃漏税捐之处罚"规定了纳税义务人以诈术或其他不正当方法逃漏捐税者，处5年以下有期徒刑或并科1000元以下罚款，第42条规定了"违反代缴代扣义务罪"，第43条规定了"教唆或帮助逃漏税捐罪"等。

上述三种立法模式中，刑法典又可以称为普通刑法，单行刑法与附属刑法相应的可以合称为特别刑法。台湾学者林山田把刑法典称为主刑法，而把单行刑法与附属刑法合称为辅刑法。⑤ 有的论者在这三种立法模式之外又归纳出一种所谓的"混合模式"。⑥ 其他犯罪立法模式的相关研究成果很多也是把"混合模式"作为一种独立的立法模式单列。笔者认为，这种划分方法并不妥当，既不符合逻辑，也不便于研究。因为相关论者所指的"混合模式"事实上就是说有的国家或地区同时使用了两种以上的立法

---

① 参见黄荣康等著：《税收犯罪及司法应对研究》，人民法院出版社2005年版，第77页。

② 马克昌等主编：《刑法学全书》，上海科学技术出版社1993年版，第449页。

③ 宣炳昭著：《香港刑法导论》，中国法制出版社1997年版，第151页。

④ 黄荣康等著：《税收犯罪及司法应对研究》，人民法院出版社2005年版，第77页。

⑤ 参见林山田著：《刑法通论》（增订十版），台湾作者自版2008年版，第44页。

⑥ 参见丛中笑：《涉税犯罪论》，吉林大学法学院2006年博士学位论文，第51页。

模式，例如在刑法典和附属刑法中同时规定了税收犯罪，有的国家还对不同的立法模式有着明确的分工，即把税收犯罪的具体罪种分别规定在刑法典和附属刑法之中。任何一种刑法规范要么是规定在刑法典中，要么是规定在特别刑法中，而不可能同时规定在不同的立法模式之中。虽然就税收犯罪刑法规范的整体而言可能以不同的立法模式来体现，但所谓的"混合模式"事实上也只是不同立法模式的组合，而非一种单独的立法模式。此外，由于不同的立法模式各有其优缺点，只有单独分类才能更明确地进行分析。如果把"混合模式"单列，得出的结论很可能就是结合了多种立法模式的"混合模式"最优，因为其能做到不同模式的互补，这样研究立法模式就显得意义不大和不够精细化。因此，税收犯罪的立法模式仅包括刑法典、单行刑法和附属刑法三种，没有必要单列出一个所谓的"混合模式"。

二、我国税收犯罪立法模式的变迁

我国税收犯罪的立法模式在不同时期表现不同，这与不同时期我国刑法和税收法律的整体立法状况有着密切关系。我国税收刑法立法模式的变迁大致可以分为以下几个时期：

其一，税收犯罪立法的空白时期（1949—1979 年）。新中国成立初期，我国在相当长的时期内并没有刑法典，只有《惩治反革命条例》、《妨害国家货币治罪暂行条例》、《惩治贪污条例》等少量的几部单行刑法。这些单行刑法由于其内容所限，不可能规定走私罪和危害税收征管罪，也没有单独规定税收渎职犯罪。但这一时期的某些税收行政法规中的规定涉及税收犯罪，即规定"对偷税、抗税和征税失职等行为应当移交人民法院处理"，但并没有明确规定这些行为是否构成犯罪，更没有为之设置罪名和法定刑。例如 1950 年颁布的《新解放区农业税暂行条例》第 27 条规定："凡违犯本条例的规定，虚报人口、地亩、产量，逃避纳税者，经调查属实，除订正补交外，并得由县（市）人民政府处以逃避税额部分的百分之五十以下罚金。如有抗税或破坏征粮工作，情节重大者，得送人民法院处理。"第 28

条规定："行政人员在征粮工作中，有营私舞弊，或违法失职，致使国家、人民遭受损失者，予以行政处分；情节重大者，送人民法院处理。"同年颁布的《工商业税暂行条例》《失物税暂行条例》及1958年颁布的《农业税条例》等都有着类似的规定。从规定的内容上看，这些规定类似于后来的附属刑法，但却又不能称之为附属刑法。这一方面是因为这些规定都是规定在由中央人民政府颁布的行政法规中的，真正的附属刑法应当是体现在其他法律（由全国人大或全国人大常委会通过的法律即狭义的法律）中的刑法规范。另一方面，这些规定甚至不能算作严格的关于税收犯罪的刑法性规定，这不仅是因为其没有规定罪名和刑罚，而其所属的章节都冠以"奖惩"的名称更使得其更像一种口号式的政治宣言而不是关于法律责任的规定。相关法规中的用语也不能和后来法律中的用语等同（例如《新解放区农业税暂行条例》第27条中规定的"罚金"并不是刑法意义上的罚金，而是税法中的滞纳金）。尽管这些规范在司法实践中可能被实际适用，但无论如何不能把其和附属刑法"划等号"。在此后的30年间，税收犯罪和其他犯罪一样处于空白状态，自然也就无从谈及立法模式。

虽然这一时期我国的税收犯罪立法基本处于全无的状态，但在酝酿中的多个刑法典草案对此都有规定，这些规定可以看作是我国税收犯罪刑法典立法模式的雏形。例如《刑法指导原则草案（初稿）》第60条规定了走私罪："违反海关法令，经常进行进出口走私，伪造国家机关证件掩护走私、勾结国家机关工作人员走私或者有其他严重情节的，判处五年以下有期徒刑、劳役，或者并处罚金。进行走私活动有下列情节之一的，判处三年以上有期徒刑；情节特别严重的，判处无期徒刑或者死刑，并且都可以没收财产的一部或者全部。（一）走私集团的组织人；（二）武装走私的；（三）以暴力抗拒检查或者抗拒扣留走私物品的；（四）私运军火武器、毒品或者其他违禁品的。"第61条规定了逃税、抗税罪："一贯逃税屡犯不改的，或者显然有缴纳税款能力屡经催促而拒不缴纳的，判处二年以下有期徒刑、劳役，或者并处罚金，或者单处罚金；情节严重的，判处五年以下有期徒刑、劳役；或者并处罚金，或者单处罚金。"①《刑法草案》（初稿）（第22稿）第133条规定了走私罪："违反海关法规，进行走私，情节严重的，除按照海关法规没收走私物品并且可以处罚金外，处一年以上七年以下有期徒刑。走私集团的首要分子处七年以上有期徒刑，可以没收一部或者全部财产。"第137条规定了偷税罪："违反税收法规，偷税、漏税，情节严重的，处三年以下有期徒刑或者拘役，可以并处或者单处五千元以下罚金。"②《刑法草案（修正稿）》（第33稿）第123条规定了走私罪："违反海关法规，进行走私，情节严重的，除按照海关法规没收走私物品并且可以处罚金外，处一年以上七年以下有期徒刑，可以并处没收财产。"第130条规定了偷税罪："违反税收法规，偷税、漏税、抗税，情节严重的，除按照税收法规补税并且可以处罚金外：处七年以下有期徒刑或者拘役，可以并处或者单处没收财产。犯前款罪的首要分子或者情节特别严重的，处七年以上有期徒刑，可以并处没收财产。"③

其二，刑法典、单行刑法、附属刑法并存时期（1979—1997年）。1979年我国的第一部刑法典出台，其中的第116条规定了走私罪："违反海关法规，进行走私，情节严重的，除按照海关法规没收走私物品并且可以罚款外，处三年以下有期徒刑或者拘役，可以并处没收财产。"第121条规定了偷税罪和抗税罪："违反税收法规，偷税、抗税，情节严重的，除按照税收法规补税并且可以罚款外，对直接责任人员，处三年以下有期徒刑或者拘役。"此后由于经济形势的发展变化，一些新出现的危害税收征管的行为大量发生，对此1992年第七届全国人大常委会第27次会议审议

---

① 参见高铭暄、赵秉志编：《新中国刑法立法文献资料总览》，中国人民公安大学出版社1998年版，第185页。

② 参见高铭暄、赵秉志编：《新中国刑法立法文献资料总览》，中国人民公安大学出版社1998年版，第272-273页。

③ 参见高铭暄、赵秉志编：《新中国刑法立法文献资料总览》，中国人民公安大学出版社1998年版，第328页。

通过的《关于惩治偷税、抗税犯罪的补充规定》除了完善偷税、抗税两罪的规定之外，还增设了骗取国家出口退税罪和逃避追缴欠款罪。这是我国针对税收犯罪的第一部单行刑法。1994 年"分税制"的改革在全国推行之后，增值税成为我国第一大税种，虚开、伪造和非法出售增值税专用发票的行为大量出现，最高司法机关一度通过司法解释把这些行为明确为可以投机倒把罪定罪处刑的行为。1995 年第八届全国人大常委会第 16 次会议审议通过的《关于惩治虚开、伪造和非法出售增值税专用发票犯罪的决定》增设了虚开增值税专用发票罪等六个发票犯罪的新罪名。这是这一时期我国关于税收犯罪的另一部单行刑法。这一时期我国相继通过了几部税收法律，即 1980 年的《个人所得税法》、1991 年的《外商投资企业和外国企业所得税法》和 1992 年的《税收征收管理法》，这三部法律中均规定了税收犯罪行为。这些附属刑法规范都属于依附性的散在型立法方式，即不直接规定关于犯罪和刑罚的完整内容，而是依附于刑法典或单行刑法的相关规定。其中有的规定还带有前一时期有关规范的特色，例如 1980 年的《个人所得税法》第 12 条规定："扣缴义务人和自行申报纳税人，违反本法第九条规定的，税务机关可以酌情处以罚金。匿报所得额，偷税、抗税的，税务机关除追缴税款外，可以根据情节轻重，处以应补税款五倍以下的罚金；情节严重的，由当地人民法院依法处理。"其中《个人所得税法》在《税收征收管理法》通过之后于 1993 年进行的修订中已经取消了相关的条款，而改为"个人所得税的征收管理，依照《中华人民共和国税收征收管理法》的规定执行"的提醒式规定，故相关附属刑法在其中已经不复存在。

　　这一时期我国税收犯罪的立法模式虽然是刑法典、单行刑法、附属刑法三种模式并存，但三种模式在司法实践中的实际地位却并不相同。由于刑法典对税收犯罪的规定比较原则，且很不完善，附属刑法的规范又没有实际可操作性，有关税收犯罪的两部单行刑法明显是这一时期适用最多的税收刑法，与其他两种立法模式相比占有较为明显的优势。

　　其三，刑法典和附属刑法并存时期（1997 年至今）。1997 年我国全面修订了刑法典。这次刑法典修订在税收犯罪上的主要表现就是把两个单行刑法的规定吸收到刑法典之中，尽管两部单行刑法中有关行政处罚和行政措施的规定继续有效，但由于有关刑事责任的规定已经纳入刑法典而不再适用，故有关税收犯罪的单行刑法也就不复存在了。除了吸收两个单行刑法的规定之外，刑法典修订在税收犯罪上的另一表现就是新增了徇私舞弊不征、少征税款罪、徇私舞弊发售发票、抵扣税款、出口退税罪和违法提供出口退税凭证罪等三种税收渎职犯罪，进一步完善了税收犯罪的罪名体系。这一时期，我国相继修订了《税收征收管理法》和《个人所得税法》，并于 2007 年通过了《企业所得税法》，原有的《外商投资企业和外国企业所得税法》已经失效，而《企业所得税法》并未对税收征管作出只言片语的规定，这和修改后的《个人所得税法》类似，故相关的附属刑法规范在这一时期也只存在于《税收征收管理法》这一部税收法律之中。

这一时期，刑法典明显成为我国税收刑法立法模式的主流，附属刑法规范不仅数量减少，而且愈发显得可有可无，一定程度上说我国是单纯的刑法典式立法模式国家也并不为过。例如，储槐植教授把我国这种罪与刑的法律规范只存在于刑法典和单行刑法中，其他法律即刑法以外的行政管理和经济运行等领域的法律均不能有独立的罪刑条款立法模式的现状定义为"刑法立法单轨制"。[①] 所谓的"单轨"即意味着附属刑法的不存在。日本学者西原春夫教授也有着相同的看法，"在中国，至少在现阶段，所有的刑罚法规都集中在刑法典之中，而在刑法典之外则几乎看不见，因此，在中国不存在日本所谓的行政刑法"。[②] 只是由于相关的附属刑法事实上仍然存在，依附式的附属刑法本身也属于附属刑法的一种特殊形式，故在学理上说我国已不存在附属刑法并不严谨。

从 1999 年开始，我国采取了刑法修正案这一修法形式，即以修正案

---

① 参见储槐植:《再说刑事一体化》,载《法学》2004 年第 3 期。

② 【日】西原春夫:《日本刑法与中国刑法的本质区别》,黎宏译,载赵秉志主编:《刑法评论》(第 7 卷),法律出版社 2005 年版,第 123 页。

的形式对某一或某些条款直接予以修改或补充，并使之自动成为刑法典的一个组成部分。刑法修正案不同于单行刑法，因为其并不打乱刑法典的条文，而且自其颁行之日即失去独立性。从司法适用来看，判决中也并不需要单独引用修正案。[①] 从1999年至2011年，我国共通过了8个刑法修正案，这其中涉及税收犯罪的共有两个，即《刑法修正案（七）》和《刑法修正案（八）》，前者修改了逃税犯罪的有关规定，后者修改了增值税专用发票和普通发票犯罪的有关规定。刑法修正案本质上只是相对于全面修改的刑法典的一种修改形式，其并不是一种独立的立法模式，仍然是刑法典立法模式的一种表现形式。尽管如此，由于这种修法形式有其独立的存在价值，且其已经成为我国包括税收刑法在内的刑法的主要修法形式，"从一定意义上讲，刑法修正案这种修法模式的实行，标志着我国刑法立法方法日臻成熟，是立法技术的一大进步"，[②] 因此在研究不同立法模式的优缺点之时需要对之予以特别对待。

第二节　税收犯罪不同立法模式的比较

税收刑法的三种立法模式都有其各自的优点，但同时都存在一定的缺陷与不足。不同立法模式所具有的要素是固定的，而立法模式的这些优点与缺点都是相对于社会经济对税收刑法的要求的不同方面而言的。一种立法模式的特性能够满足一项要求，其在这个方面就表现为优点，反之则会表现为缺点。脱离了社会经济对税收刑法的要求的不同方面来谈及立法模式的优缺点往往会失之偏颇。因此，作者以下将结合影响立法模式的不同方面来讨论三种立法模式各自的优缺点。

---

① 参见赵秉志主编：《刑法总论》，中国人民大学出版社2007年版，第73页。

② 赵秉志：《改革开放30年的我国刑法立法》，载最高人民法院编：《人民法院改革开放三十年论文集1978-2008》，人民法院出版社2008年版，第90页。

一、刑法的相对稳定性要求与立法模式

社会经济生活的发展变化需要立法机关适时地制定新法或者修改旧法，但与此同时，法律不能朝令夕改，否则就会有损法律的公正性，妨碍公民的预测可能性。社会生活的多变性与法律的相对稳定性是一对始终存在的矛盾。总体来看，由于动是绝对的，静是相对的、有条件的，前者代表的是法的变动性，后者代表的是法的静止性，所以前者是矛盾的主要方面，后者往往会让位于前者，但立法者又不能不顾及后者。一方面，由于刑法是社会生活中的基本法律和其他部门法的保障法，所以，当社会经济生活出现新的违法形式或者某些违法行为的态势增多之时，把相应行为纳入刑法的调整范围予以犯罪化的要求便会随之产生。反之，当某些行为随着社会的发展已经被大众逐步接受而不再具有社会危害性之时，也会产生把相应行为移出刑法的调整范围予以非犯罪化的要求。除了犯罪化与非犯罪化的变动之外，根据社会生活的发展变化调整对原本已经入罪行为的刑罚也是难免的。这些原因都可能成为刑法修改的动因。另一方面，刑法的相对稳定性也是在任何时期都需要保持的。修法和相对稳定性这两种不同的要求如果缺少任何一者都不可能形成矛盾，但由于相对稳定性对法治社会而言是一项固定的特质，一般不会发生太大的变化，所以修法的要求是产生这一对矛盾的前提。具体到税收刑法而言也是如此。如果税收刑法一成不变可以应对税收活动的需要，自然不需要变革，也就不需要顾及刑法的相对稳定性要求，谈论各种立法模式的优缺点就失去了意义。有的犯罪类型的刑法规范，例如故意杀人罪等"自然犯"在相当长的时间内都不需要修改，立法者和学界对于其应该在刑法典这一种立法模式中规定也从无异议。所以必须首先要明确税收刑法是否存在修法的需求这一问题。

税收作为财政收入的基本来源这一事实是自税收产生以来就存在的，逃避、对抗国家税收等直接危害税收征收的行为基本上也产生得较早。

由于税收关系体现的主要是纳税方和征税方也即国家的关系，其基本形态相对而言比较稳固。在这一点上，税收关系与其他经济法律例如金融法中的社会关系不同。其他经济法律中的社会关系与社会经济形态的发展变化的联系较为密切，例如金融创新是随着现代市场经济的产生和发展而不断产生和深化的，当代的金融关系与古代的相比已经大相径庭，不仅更为复杂也更为具体。税收关系从总体上看不仅单一，而且相对变化不大。当代的税收关系和古代的相比并没有大的变化，仍然表现为纳税方和征税方即国家的关系。所以说，对税收关系进行调整的法律变动一般而言不会像其他经济法律那样大，相应的税收刑法修法的需要并不如金融刑法等频繁。但即便如此，税收刑法仍然存在修法的需要。一国税收的发展必然受到经济发展水平、经济体制、社会发展阶段等诸多因素的深刻影响。第一，国家的税收理念等也会发生变化，需要法律对相应的行为作出调整。例如，我国过去奉行的是"国家财政观"，即认为税收是在实现国家职能，为统治阶级服务，国家的本质决定了税收的本质。在这样一种税收观的支配下，立法者必然更多地强调对纳税方实施的逃税、抗税等多种与国家税收活动相对抗的行为予以刑事制裁，而较少关注对纳税方权益的保护和对征税方违法行为的刑事制裁。近年来，我国已经逐步认可了"公共财政观"，即税收活动主要是为了满足国家提供公共产品的需求。在这样一种税收观的支配下，立法者除了对那些严重妨碍税收活动的行为予以刑事制裁之外，必然会同时关注那些损害纳税方利益的行为，这就对税收渎职犯罪等的处罚范围提出了修改的要求。例如，我国现行的税收渎职犯罪都是因为不征、少征税款引起的，而没有规定对应的多征、滥征等税收渎职犯罪行为，这样在税收渎职犯罪中就存在修法的空间。第二，国家税收征管水平的提高需要法律调整税收犯罪的种类和法定刑。一国税收刑法除了传统的逃税罪和抗税罪之外还存在与之相关的一系列犯罪，这些犯罪行为往往是逃税等犯罪的前期行为，有可能会危害到国家的税收活动，所以立法者对这些行为专门立法予以制裁，例如我国的发票犯罪便是如此。我国的发票犯罪种类之多和处罚之严厉很大程度上是由我国税收征管水平不高的现状所决定的，这在过去和现在的一段时期内对于打击这些违法犯罪行为，保障税收征管起到了积极的作用。但我国的税收征管工作是在不断改进和不断提升之中的，到了将来某一时期，发票在税收征管中的作用不可能再像现今这么重要之时，削减这些罪名或者降低法定刑也是理所当然。事实上，我国立法者已经有了相应的举动（例如《刑法修正案（八）》废除相关罪名的死刑配置）。第三，国家经济的发展状况也会对某些税收犯罪的种类产生影响。国家经济的发展水平会影响税种的设置进而影响税收犯罪的设置。例如，近代社会中关税在一国税收中的地位至高无上，相应地走私罪的地位就显得较为重要，但现代社会中关税的作用已经越来越小，相应的走私罪的具体设置例如刑罚配置就需要进行调整。再如，增值税这一税种是20世纪50年代才由法国人发明的一种新型税，其在包括我国在内的发展中国家的税收中占有最为重要的比重，所以我国对待涉及增值税的犯罪行为就异常重视，增值税专用发票系列犯罪应运而生。但随着所得税等直接税地位的逐步提高，就需要立法者对涉及增值税的犯罪进行调整，并逐步完善涉及所得税的犯罪行为的规定。以上几个因素当然无法涵盖影响税收刑法变动的所有因素，但却足以说明我国税收刑法在较长时期内都存在修法的需求，自然就会对刑法的相对稳定性要求构成挑战。

修订刑法典、通过单行刑法和修改附属刑法是修改刑法的三种形式。刑法修正案这一修改刑法典的形式使得刑法典的修改避免了全面修订的不便，进而使得我国立法实践中这三项工作难易程度的差异变得很小。由于单行刑法一般是结合修法的背景才出台的，其本身一般不需要频繁修订，自然也就不存在对其稳定性的特别要求。刑法典和附属刑法都存在相对稳定性的要求，但二者所承受的稳定性要求并不一样。在一国的法律体系中，刑法典是一部基本的法律，特别是对于没有统一民法典的我国来讲其重要性是不言而喻的。如果刑法典频繁变动，则可能导致人们对刑法典的信赖感降低，对基本生活秩序判断的混乱，进而损害法律的规范功能。[①] 对刑法典稳定性的要求较之其他非基本法律相比更高。采取刑法修正案的形式，虽然表面上不会导致刑法典的大规模改动，但实质上仍然是修改刑法典。每一次修正案的出台都会导致全社会的广泛关注就证明了这一点。事实上，不同刑法修正案的重要性程度并不一致，很多修正案之所以被全社会普遍关注只不过是因为其被冠以了"刑法"之名，其对社会经济生活的实际影响可能还不及某些非基本法律例如《公司法》、《证券法》的出台和修改。如果频繁出台修正案，就无法满足刑法典所应当具有的高稳定性要求。相比较而言，附属刑法由于归属于其他非基本法律之中，其所依附的法律对稳定性的要求相对小一些。对其修改虽然属于广义刑法的修改，但其从表面上看却是相关行政、经济法律的修改。如果这种修改不是伴随着该法律本身的大幅度修改而引起的，也一般不会引起全社会的广泛关注，自然也就不会产生刑法规范变动所带来的那些不利影响。尽管附属刑法所依附的行政、经济法律也需要保持相对稳定，但相比较刑法典而言要小，故对税收刑法采取附属刑法的立法模式更能满足法的相对稳定性要求，最大限度地缓和社会生活的多变性与法律的相对稳定性这对矛盾。从刑法的相对稳定性要求来看，我国的立法者意识到了这一问题，但可以说认识得并不到位。

二、刑法的威慑力与立法模式

威慑力也即使对方感到恐惧的力量，具体到法律而言，其具备威慑力是为了确保其被遵守或不被违反。威慑力一定程度上和强制力是等同的概念，其必须要以法律责任的具备为前提。在有法律责任的法律中，以刑法为冠，刑罚的强制性较之行政处罚和民事责任更为严厉，故刑法必须具有

[①] 参见李怀胜：《论多元化刑事立法模式的构建及方向》，载中国人民大学刑事法律科学研究中心编：《"社会变迁、刑法发展与立法模式变革"学术研讨会论文集》，第275页。

一定的威慑力。刑法的威慑力就是为了促使潜在的犯罪人不去犯罪也即实现对犯罪的一般预防。具体到刑法的三种立法模式而言，一般认为，"刑法典的特点决定了其容易被人们知悉，且威慑力大，附属刑法容易被人们忽视，且威慑力小"。[①] 这样的观点基本上是可取的。之所以会形成不同的立法模式威慑力不同的局面，这其中的主要原因在于刑法典是冠以了"刑法"之名的刑法规范专门的集合体，单行刑法表面上无"刑法"之名，而附属刑法的载体本身又不是刑法性法律，从公民的心理和我国重刑轻民的传统来看，刑法典的权威性和严厉性确实使得在其中规定某一类犯罪会产生更大的威慑，从而在一定程度上达到遏制这类犯罪的目的。在刑法典中规定税收犯罪一般而言确实更能体现其威慑力，这一点是单行刑法和附属刑法都无法比拟的。但是刑法典所具有的这种特殊威慑力却不能够被夸大。这是因为：第一，立法模式只是影响刑法威慑力诸多因素中的其中之一，且是影响较小的一个因素。罪刑的配置是否合理、是否能够做到有罪必罚、刑罚及时在更大程度上决定了刑法的威慑力。如果刑罚无法适用于犯罪人，或者即便是适用于犯罪人也无法做到罪刑相适应，则不管对税收犯罪采取哪种立法模式，都无法产生相应的威慑力。过于关注立法模式在刑法威慑力中所起的作用是一种舍本逐末的做法。第二，从本质上讲，单行刑法和附属刑法中的刑法规范仍然属于广义的刑法，只要是配置有相应的刑罚也会产生相应的威慑力。我国当前的附属刑法之所以给人以威慑力不够的感觉究其原因主要在于其中没有配置具体的刑罚，这是立法模式的具体设计问题，而非立法模式的选择问题。第三，刑法的威慑力虽然必不可少但不可过分强调。我国刑法的目的固然是为了惩罚犯罪，保护人民，但刑法同时也应当是限制国家刑罚权行使的保障。对刑法的威慑力过于强调必然是假设社会大众都可能成为潜在的犯罪人，这种假设容易形成国家与社会大众之间的对立。如果一国的公民都能够自觉守法，维护法律的尊严，自然

---

① 张明楷著：《刑法学》（第3版），法律出版社2007年版，第22页。

也就不需要法的威慑力，进而刑法本身的存在也就是多余的。随着我国社会主义法治事业的逐步发展，公民对法律的认知和维护意识也会逐步提高。具体到税收领域，强调税法和税收刑法的威慑力往往是因为纳税人的纳税意识不强，所以才需要强制力作为保障。但纳税人纳税意识的淡薄只是逃税等犯罪行为发生的一个原因。如果一个国家的税制不合理，税收征管漏洞较多，其税收刑法的威慑力再大也可能无法遏制犯罪行为的发生。而且从长远看，公民的纳税意识也是在不断提高之中的，其对税法的认同感会增强，越来越多的纳税人会自觉纳税。虽然我们不能寄希望于税收违法犯罪现象因此就完全归于绝迹，但起码不应当过分倚仗税收刑法的威慑力来保障税收的征收。

与刑法的威慑力相关的一个要素是刑法的受众，也即刑法所面对的主要对象和群体。如果刑法不能够被潜在的犯罪人知悉，自然其威慑力也就无从体现。不管是刑法典还是特别刑法，除了少数对犯罪主体有特别要求的犯罪之外，其适用的对象并无太大差别，但是不同的立法模式实际面向的受众群体却存在一定差异。有论者认为，"刑法典的立法信息主要面向社会一般公民，而附属刑法的立法信息主要面向社会结构中的特殊阶层或群体"。[1] 此处所谓的"特殊阶层或群体"指的是附属刑法所依托的行政、经济法律所适用的主要群体。如果不同的立法模式的实际受众存在较大的差异，那么把相关的刑法规范规定在更容易为人所知的立法模式之中自然更有利于体现其威慑力。刑法典与附属刑法实际受众的差异，一是源于各类具体犯罪实际犯罪主体和潜在犯罪人的差异，二是源于刑法典与附属刑法立法语言的差异。一方面，由于不同的经济法律所调整的领域不同，实际可能犯相应犯罪的主体主要还是相关的从业人员。另一方面，法律语言是专业语言（又称精英语言）与大众话语的结合体，具体到刑法而言，有

---

① 赵玮：《商业贿赂犯罪立法的模式设计》，载秦瑞基、胡常龙主编：《商业贿赂犯罪问题研究》，山东大学出版社 2007 年版，第 159 页。

论者认为，"从刑法对犯罪的分类来看，对自然犯罪适宜用大众话语表述，而对法定犯罪则倾向用精英话语表述"。① 附属刑法一般而言规定的大多是法定犯罪，所以其语言的专业性较强，故而熟悉这类法律的大多是专业人士，一般公民对相关法律的了解就不如专业人士广泛、深刻，而且相关行业的专业人士对这类法律的了解甚至可能要高于对刑法典的了解。具体到税收刑法而言，由于大多数国家的税种都不是单一税收，且个税的计征依据和方法都存在较大的差异，纳税人所了解的一般只可能是与自身关系较为密切的税种及相关法律，但就此认为税收附属刑法和刑法典的实际受众存在较大差异并不妥当。这是因为税收法律与其他经济法律不同之处在于其所调整的税收关系的纳税人一方的外延极广，其可以适用的主体事实上无所谓"相关行业的从业人员"一说。在改革开放以前，由于"非税论"思想的传播导致的以利代税和税收统支、税制单一化倾向以及我国实行的低工资制等原因，使得税收与普通公民的直接联系较少，② 纳税人的群体范围较小。但随着市场经济的发展，纳税人的范围在逐步扩大，税收领域专业性与大众性的界限变得越来越模糊，加之网络等传播途径的发达，要想突破这一界限也变得更为容易。既然纳税人群体的范围极大，认为其更为知悉税收法律自然是说不通的。实际上更为知悉税收法律应当是税收筹划人员和税务机关的工作人员，但前者所能涉及的税收犯罪较为有限，后者主要涉及的是税收渎职犯罪。这些范围相比税收犯罪的总体而言只是一小部分，所以受众群体这一因素在衡量税收犯罪不同立法模式的优劣之时所起的作用越来越小，没有必要单独考虑。

三、刑事立法技术与立法模式

立法模式的选择本身属于刑事立法技术的一个方面。刑事立法技术的

---

① 郭自力、李荣：《刑事立法语言的立场》，载《北京大学学报》（哲学社会科学版）2004 年第 2 期。

② 参见申长平编著：《财政问题探索》，经济科学出版社 2006 年版，第 325 页。

各方面之间是相互联系、相互影响的，其中的某些方面也会影响到立法模式的选择。这其中至少包含两个方面的因素：第一，附属刑法与刑法典的内容从立法技术上看难以完全融合。最为理想的刑事立法状态是只有一部能够包罗万象的刑法典，这样司法实践操作会感到极大的便利。但是，这种理想的状态在现实中是不可能实现的。这一方面因为在刑法典制定之初立法者不可能预见到所有可能出现的犯罪及犯罪的发展态势，税收犯罪领域也是如此。例如，1997年刑法典对于发票犯罪的规定不可谓不完善，但当时"金税工程"尚未开始建设，这一工程给增值税发票犯罪带来的巨大影响当时的立法者也不可能预见。另一方面，即便是现有的一些犯罪也不适合规定在刑法典之中。这是因为不同法律的具体起草者不同，刑法和其他法律在某些具体术语的理解上存在偏差，从而导致适用的不便和混乱。另外，由于刑法中存在一部分空白罪状，其实质内容仍然需要其他法律填补，某些犯罪的罪状和法定刑相对分离，必须参照刑法和其他相关法律共同适用。所以强行将附属刑法规范纳入刑法典之中，容易造成适用的脱节。第二，刑法修正案这一修法模式本身存在固有的内在缺陷。一方面，随着社会的发展，现行刑法分则中体现的十大同类客体未必能包容所有的社会关系，一旦与传统犯罪相比，新的犯罪行为具有异质性，在逻辑上就难以为其安排妥当的体系性位置。如果强行将其纳入现行刑法的某一章节，势必造成法条关系的逻辑混乱。另一方面，修正案改变了刑法典原本的"章节条款项目"的序列安排，某些条文只能在性质接近的条文后以"第××条之一"的形式出现，这种条文积累到一定数量，又会破坏刑法典所追求的形式完美。[1]除此之外，对于新增加的条文，刑法修正案一般将其列为"第××条之一"，而非"××条之二"，这从用语上也不够严谨。[2]刑事立法技术的这些问题虽然相比法的相对稳定性要求、威慑力等较为宏观的

---

① 参见李怀胜：《论多元化刑事立法模式的构建及方向》，载中国人民大学刑事法律科学研究中心编：《"社会变迁、刑法发展与立法模式变革"学术研讨会论文集》，第276页。

② 参见张明楷：《日本刑法的发展及其启示》，载《当代法学》2006年第1期。

问题更为细小，但却对于实现立法的科学化存在较大影响，因此也应予以重视。除了以上两点之外，有的论者就立法技术而言对附属刑法这种模式的认识是"民刑不分、诸法合体是立法技术落后的一个表现，在非刑事法律中设置具有修改或补充刑法典功能的附属刑法条款，实际上是立法技术的倒退"。①这种观点是站不住脚的。这是因为所谓的"民刑不分、诸法合体"指的是中国古代律典的编纂方式，即在刑法典性质的律典之中制定带有民法、行政法等性质的法条，这样造成的局面是刑法这一法律部门的地位很高，而民法等私法部门不够发达。有的学者已经就传统观点对中华法系的这一特点的描述提出了质疑。②这种模式落后方面的表现并不是从表面上看不同性质的法律规定混杂在一起，而是民法等私法部门的不发达。并没有证据证明把归属于不同法律部门的法律规定编纂在一起就是一种落后的立法模式，否则我们可以说当代西方很多国家的附属刑法模式从立法技术上讲都是落后的。事实上，不同法律部门的划分主要表现为学理上的意义，不同性质的法条并不一定都要归属在不同的法律形式之中，关键是各项法律部门都应当得到健全发展。附属刑法的立法模式恰恰是改变了"民刑不分、诸法合体"的模式的实质，即原先是其他法律部门依附于刑法，而现在则是刑法的某些规定依附于其他法律部门。这种依附关系符合刑法是其他部门法保障法的特性，而且仅限于刑法分则的某些规定，并不会影响到刑法本身的地位。

四、刑法适用与立法模式

不同的立法模式在司法实践中的适用状况也存在差别。刑法典在司法实践中最大的优势在于其适用比较便利，法官不需要借用刑法典以外的法

---

① 欧锦雄：《论刑法典的修补技术》，载郎胜等编著：《改革开放三十年的刑事法治研究》，中国人民公安大学出版社 2008 年版，第 478 页。

② 参见杨一凡：《中华法系研究中的一个重大误区——"诸法合体、民刑不分"说质疑》，载《中国社会科学》2002 年第 6 期。

律就能处刑。对于工作对象一般不区分案件性质的法官而言，只在刑法典中规定经济犯罪有利于其在总体上对经济犯罪判决活动的掌握。事实上对于我国大部分地区的法官而言，由于其繁重的工作量和自身知识结构、水平的限制，不可能要求其掌握所有涉及经济犯罪的经济法律。抛开这些法律的内容不论，相关法律的具体数量也不是一个容易准确把握的数字。即便是仅了解并熟悉附属刑法而不包括其依附的经济法律本身，对法官个人而言也是一项较为浩大的工程。所以，从表面上看，只在刑法典中规定经济犯罪能够节省一定的人力和物力。具体到税收犯罪更是如此。如果把税收犯罪分散到各个税收法律之中，将会给我国相关案件的司法工作形成一定的挑战。单行刑法由于往往是针对刑法典的空白而制定出来的，其总体数量比较容易把握，且单个单行刑法的条文数量也较少，在适用中也要比附属刑法更为方便。

附属刑法在适用中所存在的上述难题事实上仅是问题的一个方面，从另一方面讲，刑法典在司法适用中也存在一些难题。这主要体现在：

一方面，大多数经济犯罪的实际定罪都离不开相关的经济法律。从表面上看，对经济犯罪的定罪处刑依靠刑法典就能完成。但准确地说依靠刑法典就能完成的仅是量刑，而很多时候并不包括定罪这一环节。就某些发案率高、犯罪构成简单的经济犯罪而言，由于其专业性较弱，法官比较容易掌握，因此审判过程中对相关经济法律的依赖较小。而对于那些发案率低、犯罪构成较为复杂的案件而言，由于法官往往事先并不一定了解相关经济领域和行业的知识，其必须借助相关的法律去了解具体行为的性质、构成等。相关经济犯罪行为的刑法规范毕竟只是代表了法律责任的一部分，试图把其和相关法律的其他部分人为地隔开是违背审判活动的基本规律的。具体到税收犯罪领域也是如此。例如我国《刑法》第 201 条规定的逃税罪的罪状在《刑法修正案（七）》通过之后由列举式的叙明罪状变成了兜底式的叙明罪状，但法官对逃税案件的审理实际上仍然离不开相关法律对具体行为的规定。最高司法机关对于类似这样案件的审理往往要出台大量的司法解释，这很大一部分原因就是单靠刑法典根本无法完成相关案件的定罪工作。最高司法机关的司法解释虽然针对性更强，但税法解释是利用法律的思维方式，运用税法学乃至法学的基本原理，根据科学的解释方法对税法进行的理解和说明，这就更需要解释者具有丰富的法律知识和起码的法律思维条件，同时还需要解释者具有丰富的财政、税收知识，甚至细化到会计学的基本操作问题都要知悉。最高司法机关在解释税法时并不欠缺法律思维，但由于税法本身的原因和自身知识结构的局限，并不一定具有正确理解税法所需要的税收、会计知识背景，而这样的解释可能正缺乏法律解释所需要的法律思维。① 所以相关的司法解释往往不如相关法律的规定更为全面和科学，事实上我国近年来的税收犯罪司法解释也较少涉及对具体行为的认定等专业问题，而大多数是对"数额较大"、"情节严重"等的明确化。正如储槐植教授指出的那样，包括税收刑法在内的经济刑法与其相关的经济法律之间事实上是"毛"和"皮"的关系。在刑事立法双轨制下，刑事犯（自然犯）规定在刑法典里，行政犯（法定犯）基本上存在于刑法以外的法律中。刑法立法单轨制不可避免地使刑法规范与其依托的相关法律形成"毛"与"皮"相分离的状态。如果这类犯罪行为的罪刑条款直接规定在有关法律中，则"毛"和"皮"才能相联附着结合为一体。② 虽然关于自然犯和法定犯的分类并非法律所明确规定的，而且二者的外延界限也并不固定。但总体而言，由于法定犯的构成是以违反相关的行政、经济法律为前提的，法定犯所对应的刑法规范实际上是相应的行政、经济规范的衍生品，使相应的刑法规范完全脱离行政、经济法律是一种本末倒置的行为。

另一方面，附属刑法所依附的经济法律修改后，刑法典不及时回应导

① 参见陈楚清：《论税收司法解释中的问题与对策》，载刘隆亨主编：《2005 财税法论坛 中国法学会财税法学研究会 2005 年年会暨第四届全国财税法学学术研讨会论文选编》，中国税务出版社 2006 年版，第 133 页。

② 参见储槐植：《再说刑事一体化》，载《法学》2004 年第 3 期。

致的"时间差"也会导致刑法适用的尴尬。由于我国立法机构依照部门法进行划分的机构设置，一般无法实现经济法律和刑法典的同步修改。借助刑法修正案进行的刑法修改，时间上往往要落后经济法律半年乃至一年。在此期间，如果发生经济法律不再作为违法行为，刑法却视之为犯罪行为的案件，在缺乏违法性基础的前提下，必然会给定罪带来困难。[1] 例如2005年我国修改了《证券法》，立法者已经不再把"相互买卖并不持有的证券"，影响证券交易价格的"卖空"行为作为违法行为对待。修改后的《证券法》从2006年1月1日起施行，但不再把"相互买卖并不持有的证券"作为操控证券市场罪构成要件的《刑法修正案（六）》直到当年的6月29日才施行，中间间隔了接近7个月的时间。把同样的行为分别规定在刑法典和附属刑法中的方式，使得很多经济法律的修改都会要求刑法典的同步修改；反之，在修改刑法典时，也往往要相应修改经济法律，这便导致立法的负担过重，稍有不慎就会导致法律之间的矛盾与冲突。修改一部法律就能完成的任务硬要分担到两部法律中，虽然可以带来一些立法者所期望的益处，但由此带来的立法负担显然是没有必要的。

　　附属刑法在适用中的不便事实上大多数也是可以克服的。首先，法律编纂等形式可以有效避免法官遗漏附属刑法的情况。且即便没有编纂工作，在现代社会中，信息的传播途径较多，法官想要查找了解相关的法律一般不会存在太大困难，唯一的问题是对于那些涉及法律较多的部门法而言，容易造成遗漏。其次，不同案件在实践中的发案率是不同的，由此附属刑法的不便对司法实践工作的实际影响是有限的。虽然改革开放以来我国的经济犯罪增长较快，但很多类经济犯罪在我国不少地方并不常见，或者说实际进入审判程序的案件数量并不多。税收犯罪案件在我国属于实际发案多但判刑少的一大类案件，其中进入司法程序的案件又多是增值税发票犯罪，这与我国对待税收犯罪的刑事政策、这类案件中行政机关与司

---

[1]　参见何帆著：《刑法修正案中的经济犯罪疑难解析》，中国法制出版社2006年版，第15页。

法的权限划分、司法机关的资源有限等因素都有关系。尽管这一现状未必合理，但起码可以说明税收犯罪案件在我国司法活动中占用的资源非常有限，即便是通过附属刑法来规定税收犯罪也不会对实际的司法工作造成太大的不便，而且即便存在不便，相比这种立法模式所带来的便利也是不值一提的。

总而言之，三种立法模式各自的利弊表现在：刑法典的稳定性较高，威慑力相对较大，相对便于民众和司法工作人员掌握，但适应性较差。单行刑法的灵活性强，但协调性较差（因单行刑法往往是根据刑事政策的需要而过分关注对某类犯罪的惩治，忽略与刑法典和其他刑法规范的协调。例如税收犯罪中的增值税专用发票犯罪曾经过重的量刑设置就与起初设置这类犯罪的立法模式是单行刑法有关，而就 1997 年刑法典对增值税专用发票犯罪的规定而言基本上是对单行刑法中相关内容的照搬）。附属刑法的适用性强，更能体现经济犯罪的特色，但稳定性较差。① 上述与立法模式有关的几个方面中提及的问题有的并非某一类立法模式本身的缺点，而是使用单一的立法模式所带来的问题，例如过于依赖刑法典忽视附属刑法而造成的不必要的修法负担。对于各种立法模式的优缺点，立法者应当全面考察而不应固步自封和矫枉过正。我国 1997 年刑法典全面修订之时的指导思想之一就是要制定一部统一的、比较完备的刑法典，将 1979 年刑法典实施 17 年中的由全国人大常委会作出的有关刑法的修改补充规定和决定研究修改编入刑法；将一些民事、经济、行政法律中"依照"、"比照"刑法有关条文追究刑事责任的规定，改为刑法的具体条款。② 这样的指导思想是在总结了三种立法模式并存所造成的弊端的基础之上形成的，在当时具有重大的积极意义。自 1999 年以来我国的历次刑法修改均以刑法修

---

① 参见卢勤忠：《中国金融刑法国际化研究》，中国人民公安大学出版社 2004 年版，第 183 页。

② 参见王汉斌：《关于〈中华人民共和国刑法（修订草案）〉的说明》，载《全国人民代表大会常务委员会公报》1997 年第 2 期。

正案的形式完成也是基于对此前的刑事立法混乱状况的反思。但与此同时，我们也应当认识到，附属刑法等立法模式即便是在 1997 年之前也发挥了积极的作用，例如《海关法》所确立的单位犯罪制度确立了我国刑法总则的一项重要的通则性规范。从附属刑法所起的现实作用来看，虽然不能否认其对刑法典的严肃性与权威性造成的巨大冲击，但其正面作用也是巨大的。① 时至今日，三种立法模式并存局面造成的很多当时存在的问题已经不复存在，我们应当重新审视附属刑法和单行刑法的积极作用，找到实现三种立法模式并存的最佳模式。

第三节　我国税收犯罪立法模式的改革

一、我国税收犯罪立法模式改革所面临的难题

刑法立法单轨制弊端重重，对于包括税收刑法在内的经济刑法而言，合理的立法方式应当是综合运用不同的立法模式，而不能过于依赖刑法典。但在我国，要想改变税收刑法立法单一依赖刑法典的做法还面临着一定困难，这些难题主要表现在以下方面：

（一）刑法立法观念的障碍

立法虽然反映的是客观规律，但其本质上还是立法者发挥自身主观能动性的活动，所以任何立法活动必然是在立法者固有的立法观念的指导下进行的。立法观念体现了所立法律的基本价值，是指导整个立法工作的基本原则。立法观念的形成不是一朝一夕的事情，一般要经过数代人的积淀。我国很多具体的立法观念对于各个部门法的立法都适用，例如"成熟

---

① 参见赵秉志主编：《海峡两岸刑法各论比较研究（上卷）》，中国人民大学出版社 2001 年版，第 217-218 页。

一个，制定一个"、"宜粗不宜细"等，但我国刑法的立法观念也具有自身的特殊性，在我国"现行部门法中，刑法的立法观念和技术明显地要比其他部门法成熟"。[①] 但由于立法观念所涉及的内容较广，因此，我国刑法立法观念总体上的成熟并不代表其在方方面面都是成熟和先进的。单轨制立法模式的观念是我国刑法立法观念的一大特色，但也是值得反思和修正的一个观念。有学者指出，刑法立法单轨制，至今迟迟未得变更，是典型的人治下的法制，因为据说是 20 世纪 70 年代有位政法界权威人士定下的规矩：刑法以外的其他法律一概不许有罚则条款。[②] 部分反对采取附属刑法规定经济犯罪的学者的一大理由就是其不符合我国一贯以来的"一典独大"、"以典为范"的观念。[③] 如果不率先扫除关于立法模式的观念障碍，一切关于立法模式改革的举措必然都是空谈。观念上的障碍不仅存在于某些立法者之中，在很多学者当中也颇具市场。一定程度上讲，在理论界率先进行观念的变革意义更为重大。对此有论者指出，"从世界立法史的经验来看，各个时期的立法观念都是由当时的法学家勾勒和确立的"。[④] 可见，刑法理论对刑法立法活动具有重大的影响力。我们固然应当反思在 1997 年之前那段时期不同立法模式并存的弊端，也应当肯定立法者和学界对于制定一部统一的刑法典所做出的辛勤工作，但不应当以此就违背立法活动的科学规律。有学者就此指出，"合久必分、分久必合也符合刑事立法发展规律"。[⑤] 因此，要想改革税收刑法的立法模式，必须要完成从单轨制立法到双轨制立法的观念转变，充分认识到不同立法模式各自的优点，以期发挥其各自的积极作用。事实上，尽管观念的转变并非易事，往往需要一段较长的时

---

① 郝铁川著：《当代中国与法制现代化》，浙江人民出版社 1999 年版，第 26 页。

② 参见储槐植：《再说刑事一体化》，载《法学》2004 年第 3 期。

③ 参见肖中华：《集中是发展方向 散在为存在形态——论经济犯罪立法模式之抉择》，载《法治研究》2010 年第 5 期。

④ 郝铁川著：《当代中国与法制现代化》，浙江人民出版社 1999 年版，第 188 页。

⑤ 陈兴良：《新旧刑法比较研究》，载徐传玺主编：《中国社会转型时期的法律发展》，法律出版社 2004 年版，第 400 页。

间，但 1997 年新的刑法典通过前后我国刑法立法模式的变革轨迹恰恰印证了立法观念是可以转变的，否则我国的刑法立法模式也不会由多种模式并存发展到单一依赖刑法典立法模式的局面。

（二）刑法修改进程的障碍

税收刑法作为经济刑法的一部分具有其独立性，经济刑法的其他部分也是如此。上述影响立法模式选择的几个方面体现在经济刑法的各个部分之中也是各不相同的，把经济刑法的所有部分统一进行研究并主张单独制定《经济犯罪法》的主张并不科学。尽管如此，经济刑法立法模式的变革却并不是其中的某一部分能够单独进行的，而应当表现为一个整体的进程。除非从整体上对经济犯罪的立法模式进行变更，任何单独一类的经济犯罪要想改革其立法模式都是不现实的。这是因为立法模式变革涉及观念的碰撞和权力的冲突。从立法观念的角度看，观念的碰撞不仅是税收刑法领域所独有的，而是在经济犯罪的整体都有表现。一直以来，关于经济犯罪的立法模式见仁见智，众说纷纭。在该问题上，目前还不存在学界的通说[①]的状况事实上就体现了刑事立法观念涉及的范围之大。从权力分配的角度来看，由于附属刑法所依附的经济法律的起草权实际上是由国务院的各部门掌握的，其中涉及较多的权力冲突。税收法律的制定中影响力较大的更多是财政和税务部门。一旦在税收法律中设置了具有实际意义的刑法规范意味着相关部门的权力有所扩张，这显然是其他行政机关所在意的。财政和税务部门想要单独获取这项权力，困难重重。以附属刑法的立法模式规定经济犯罪一定程度上讲是对立法机关和行政机关现行的立法权力分配格局的重新调整，因此需要行政机关的整体进行运作。大范围采用附属刑法的立法模式规定经济犯罪意味着大量刑法规范从刑法典中的剥离，这必然

---

① 参见涂龙科：《改革开放三十年来经济犯罪基础理论研究综述》，载《河北法学》2008 年第 6 期。

会影响到刑法典的体例结构和总体布局，需要进行刑法典的全面修订才能够完成。从刑法修正案这一修法模式的广泛采用，以及我国近年来刑法中罪名总体只增不减的实际状况来看，全面修订刑法典似乎还没有被提上立法机关的议事日程。正是由于全面修订刑法典的不确定性，才使得我们无法为税收刑法立法模式的变革提供具体的日程表。但不论这一日程如何安排，以附属刑法规定税收犯罪必然是先于刑法典全面修订的，否则就会出现立法的空档。

（三）税收法律本身存在的障碍

根据我国《立法法》的规定，对有关犯罪和刑罚的事项只能制定法律，这就意味着附属刑法规范只能体现在以（狭义的）法律的形式表现出来的那些法律之中，而不能包括任何形式的行政法规。如果某一类型的经济犯罪所对应的经济法律层级较低，缺乏以（狭义的）法律体现出来的法律，这类经济犯罪的立法模式要想转变为附属刑法就较为困难。我国的税收法律是不够完善、缺陷较多的一类法律。我国的税收法律体系中，表现为法律形式的只有三部即《个人所得税法》、《企业所得税法》和《税收征收管理法》。除此之外，我国税法中的实体法部分基本上都表现为由国务院及其主管部门制定的税收行政法规、规章。税收基本法和配套的单行税收法律的缺乏是我国税法体系存在的一大根本问题，这是因为税收基本法及其相配套的各种单行法律是税法体系的骨干和支柱，税收行政法规等只是围绕支柱而设立的各种模块。只有零散的模块结构而没有框架支柱，税法体系无论如何是建立不起来的。[①] 虽然税收刑法和税收法律之间并非一一对应的关系，也即税收刑法不一定要体现在所有的税收法律之中，但税收法律缺乏的现状无疑是制约税收刑法立法模式转变和税收刑法的具体设置的重要因素。

---

① 参见甘功仁：《我国税收立法现状评析》，载《税务研究》2003年第1期。

二、我国税收犯罪立法模式改革的构想

笔者认为，对我国税收犯罪的立法模式应当改变现行的这种以刑法典为主体，附属刑法形同虚设的状况，而代之以附属刑法为主、刑法典为辅的模式。具体改革的构想表现在以下两个方面：

一方面，税收渎职犯罪以刑法典的形式规定。之所以把税收渎职犯罪仍然保留在刑法典之中是因为这类犯罪规制的主体是国家机关工作人员，由刑法典规定相应的职务犯罪能够把所有的渎职犯罪规定在一起，更能发挥这一立法模式的威慑力。一般而言，这类犯罪在较长时期内变化不大，及时修法的需求较小，在司法适用中也相对比较简便，不需要过多借助税法规定即可进行裁判。基于税收渎职犯罪的这种特性，以附属刑法加以规定的优势并不大。就立法模式的改革而言，也应当是能不改的就不改，能保持现行模式的尽量保持，所以以刑法典规定税收渎职犯罪是较为适宜的。此外，将税收渎职犯罪规定在刑法典中也是大多数在税收犯罪中采取了附属刑法国家和地区的惯例。

另一方面，除了税收渎职犯罪以外的税收犯罪以附属刑法的形式规定。不过，就我国目前的现状而言，尚不具备把税收渎职犯罪以外的所有税收犯罪都规定在附属刑法中的条件，其中一个原因就是我国目前规模最大的一类税收犯罪即发票犯罪所对应的税法规范即《发票管理办法》的层级较低，而按照《立法法》的规定，行政法规并不能设定犯罪与刑罚。此外，虽然除了发票犯罪以外的那些危害税收征管罪虽然可以规定在《税收征收管理法》之中，但严格说来这样规定显得有些不伦不类。因为《税收征收管理法》从理论上讲属于一部规范税收征收的程序法，虽然其中规定了一些诸如税收代位权和撤销权等在内的实体性内容，但其本身并不适合规定法律责任。这一问题虽然对税收实践影响不大，但却不符合我国立法的惯例。在税收刑法中运用附属刑法最为理想的状态是在将来可能出台的《税收基本法》(《税法通则》)中规定基本的危害税收征管犯罪。这一设想是

很多研究税收基本法学者的共识，例如早在 20 世纪 90 年代中期的税收基本法起草建议中，就有学者主张在其中规定"违反税法的犯罪行为和制裁手段"。[①] 后来我国有关部门组织起草的《税收基本法》（专家建议稿）也对此作了规定。由于《税收基本法》是一部涉及财政体制等重大问题的法律，其出台还面临较大的困难，故在其出台之前可暂时以《税收征收管理法》来行使附属刑法载体的功能。

---

① 参见严振生编著：《税法理论与实务》，中国政法大学出版社 1994 年版，第 73 页。

第四章 税收犯罪的罪名体系设计与法定刑

第一节 税收犯罪的罪名体系设计

一、我国税收犯罪罪名体系的缺陷

我国当前的税收犯罪立法是由走私普通货物、物品罪、直接危害税收征管的犯罪、发票犯罪（间接危害税收征管的犯罪）和税收渎职犯罪组成的一个体系，由于走私普通货物、物品罪本质上属于直接危害税收征管的犯罪，故我国税收犯罪的罪名体系可以进一步简化为直接危害税收征管的犯罪、发票犯罪和税收渎职犯罪三部分。这样的罪名体系设计总体而言符合打击税收犯罪的需要，但仍然存在缺陷，这些缺陷主要表现在以下两个方面：

一方面，税收犯罪的罪名设计只关注对侵犯税收利益行为的规制而忽视了对税收犯罪的源头控制。我国刑法中直接危害税收征管的几个罪名都体现了对侵犯税收利益或税款行为的规制，由于税收犯罪刑事立法的根本目的在于保障国家的税收利益，故这样的立法设计体现了税收犯罪行为惩治的重点，把握住了税收刑事立法的精髓。[①] 但这样的设计过于追求税收

---

① 参见陈运光著：《税收犯罪研判》，吉林人民出版社 2004 年版，第 161 页。

违法行为的结果，而忽视了直接导致危害结果发生的行为，因此，刑法对税收违法行为的防控功能并不强。也就是说，这样的立法设计缺乏对税收违法行为的整体和全程性的规制，而没有关注对其源头行为的治理。反观国外那些税收犯罪立法较为先进的国家，其刑法往往除了关注税收利益之外，对损害税收利益的那些源头性的税收违法行为也十分关注。例如，美国的税收犯罪规范除了偷逃税罪这一直接关系税收利益的罪名之外，大量的税收犯罪罪名均为源头性犯罪，如不作为的税收欺诈罪、不提交税收报告罪、故意制作失实税收文件罪、故意提交失实税收文件罪等。设置这些罪名，并不是因为这些行为实际侵害了税收利益，而是因为其侵害了税收征管制度。日本的地方税法和国税征收法中也规定了某些源头性罪名，例如煽动不缴纳税款罪、不实陈述罪等。韩国在《税收处罚法》中规定有毁灭账目罪、多记亏损罪、虚假申报罪、煽动教唆不法罪等。正是由于源头性犯罪被大量纳入税收犯罪的立法之中，故这些国家的税收犯罪规范比我国更为严密，这在一定程度上促进了其国民依法纳税的意识。就我国而言，由于逃税行为的查处较为困难，直接危害税收征管的犯罪侦破率较低，而且即使相应的犯罪行为被查获还要进一步考虑税收利益实际损失的结果，特别是在司法机关明知行为人实施了偷税行为而无法查获其偷逃税款的情况下，行为人就会因此逃脱刑罚处罚。因此，直接危害税收征管的犯罪行为中能受到刑法制裁的实际上只是一小部分，这样的局面必然会在客观上带来鼓励更多纳税人投身到税收违法犯罪行列之中的消极影响。所以，应当改变我国税收犯罪立法在罪名设计上只关注税收利益而忽视源头控制的局面。

另一方面，税收犯罪的罪名设计过多地关注发票犯罪而疏于对账务等的规范。"以票管税"是我国税收管理活动的一大特色，因此，发票犯罪在我国税收犯罪的立法中占有较大的比重。这样的立法设计有其优点，但也存在不少问题（关于发票犯罪立法的问题后文将有专门的论述）。长期以来，税务部门固守"以票管税"的理念，以为只要管住了发票，就等同于管住了税收收入，这样的思维定式深刻地影响了税收犯罪的立法。基于此，我国的刑法过分强调对发票犯罪的规制，而忽视了与之相关联的税收违法行为。事实上，税收征管活动中除了应关注发票之外，还应当关注对发票所记录的经济活动的管理，把管票与管账、管户有机地结合起来，把触角延伸到账户账簿、税务报表等的管理活动中。作为税收犯罪的立法，应当把那些严重违反与税收有关的会计制度的违法行为纳入其中。

二、我国税收犯罪罪名体系的完善

我国税收犯罪的罪名体系设计应当注意适当地扩大犯罪圈，把那些并没有现实危害到税收利益但是对税收征管造成危害的行为纳入刑法的惩罚范围，坚持现实性与预见性相结合、全面介入的原则，注重从源头上对税收犯罪进行规制。为此，我国税收犯罪的罪名体系设计应进行以下方面的调整：

一方面，把一部分手段型的税收欺诈行为犯罪化。如前所述，我国现行税收犯罪立法只注重对危害税收利益犯罪行为的惩治，而对带有源头性的税收欺诈行为缺乏足够的重视。这种罪名体系设计，严重弱化了刑法的惩治力度，使税收犯罪立法的威慑力大打折扣，对于维护税收征管秩序，阻却税款流失也难以充分发挥应有的作用。因此，立法中应改变片面强调税款损失之行为后果的偏狭观念，强化对手段型税收欺诈行为的规制，把那些严重的手段型税收欺诈行为犯罪化。这样做事实上也就是把现行逃税罪的一些手段行为单独成罪，一定程度上是对逃税罪的"肢解"。我国刑法对逃税罪（原称"偷税罪"）的行为方式过去采取的是列举式的规定方式，其中包括了伪造、变造、隐匿、擅自销毁账簿、记账凭证、在账簿上多列支出、不列、少列收入、经税务机关通知申报而拒不申报、进行虚假申报等手段行为。但所有这些手段行为无论如何严重，如果没有造成逃税的结果，均不构成犯罪。可以说，不管刑法规定列举多少逃税的具体手段，构成犯罪仅仅取决于结果，对定罪起决定作用的只是结果这一个要件，其他手段要件基本上毫无用处可言，这也是《刑法修正案（七）》修改逃税罪行为手段表述方式的一个重要因素。把原有逃税罪立法中列举的那些手段行为单独成罪，[1]同时保留逃税罪作为总括性的犯罪，这样就能够体现刑法对手段型税收违法行为的关注，实现对税收犯罪全方位的控制。而且，由于不同行为手段的社会危害性不尽相同，分别成罪并配置相应的法定刑也有利于更好地实现罪刑的均衡。这些手段行为的罪名所配置的刑罚应当轻于逃税罪，如果行为人既实施了严重的手段型税收违法行为，又造成了逃税结果的，仍然应以逃税罪定罪处刑。至于究竟应当增设多少手段型的罪名，仍需要进一步研究。有论者认为，除了伪造、擅自销毁账簿、记账凭证的手段行为已经在《刑法修正案》中被增设为专门的罪名即隐匿、故意销毁会计凭证、会计账簿、财务会计报告罪之外，还应当增设虚假税务申报罪、拒不申报罪和制作虚假纳税账目罪等。[2]

另一方面，把一部分不作为型的税收违法行为犯罪化。我国现行刑法对税收征收过程中的不作为型违法行为缺乏关注。不作为型税收违法行为包括纳税义务主体在税收缴纳、申报过程中的不作为和负有征缴、代征或结算职责的义务主体不征缴、不结算或不履行代征义务的行为。不作为型税收违法行为事实上是一种隐性的税收流失行为，其对于税款流失的危害性并不亚于一般作为型的偷逃税行为。在税制结构以间接税为主的时期，这一问题体现得可能并不明显，但随着我国税制结构的逐步调整，所得税等直接税在税收收入中的比重越来越大，不作为型的税收违法行为的危害性也就日益凸显。例如，我国当前的个人所得税征管还比较困难，这与缺乏有效的从源头控制税收违法行为的措施和制裁手段有一定关系。我国居民个人的隐性收入所占比重较大，居民个人在取得这些收入时根本就不进行纳税申报或申报不实，税务部门也就无法如实掌握居民个人收入的收入

---

① 此时有的罪名不是单纯的税收犯罪，故其已经在一定程度上突破了上文针对税收犯罪的外延界定。但此节的研究主要是从对税收犯罪进行全方位控制的角度展开的，故在此暂不考虑税收犯罪的外延这一纯理论问题。

② 参见陈运光著：《税收犯罪研判》，吉林人民出版社 2004 年版，第 196 页。

来源和收入状况，也就无法对其征税。此外，个人所得税代扣代缴单位不依法履行代扣代缴职责，或者纳税人和代扣代缴人采用化整为零、虚报冒领的手法逃避个人所得税，导致税款流失也与缺乏有效的制裁手段有一定关联。《税收征收管理法》虽然规定了对负有代扣代缴、代收代缴义务的单位和个人不履行职责，不提供税款报告表和其他资料的由税务机关进行行政处罚，但没有刑罚做后盾的处罚规定不足以令那些不作为的税收违法行为人承担足够的法律责任。国外很多国家的刑法都有针对不作为型税收违法行为的规范。例如在美国，证明偷税罪的方法中有一种"特殊项目证明法"，根据这一方法，美国政府可以提出，被告在其财产报告中没有包含一项可以被证明的收入项目。因为这种不报告本身就构成了违反税法的其他条款的犯罪。只要证明被告没有报告该特殊项目，就可以证明被告犯有偷逃税收的犯罪。另外，《美国法典》第26篇第7202节和第7203节也设置了"不作为的税收诈欺罪"和"不提交税收报告罪"。德国刑法也规定了一些不作为型税收犯罪，例如向财政管理机关或其他机关错误地或者不完全地说明对税收有重大意义的事实；违反义务规定，不使用税收标志和税收印鉴的，上述行为只要造成税收短少或者为自己取得税收上的利益，就可以成立犯罪。为了从源头控制税收犯罪行为，维护源泉课征和代扣代缴制度，我国的税收犯罪立法应适度地借鉴其他国家的立法经验，把一些严重的危害税收征管的不作为行为犯罪化，以充分发挥刑法的效用。这不仅不违背刑法的谦抑性原则，而且体现了立法对经济生活全面而适度介入的原则，更能有效维护公平竞争秩序，保障市场经济的健康发育。

第二节　税收犯罪中的主刑

一、税收犯罪中的死刑及其反思

死刑，又称极刑、处决、生命刑，作为世界上最古老的刑罚之一，是行刑者基于法律所赋予的权力，结束一个罪犯生命的刑罚形式。死刑在我国的刑法之中曾广泛存在，在司法实践中也被一定程度上适用。我国税收犯罪立法中也在较长时期内把死刑作为其中某些罪名的最高法定刑，死刑这一刑种在税收犯罪中经历了一个从无到有再到被废除的历程。

（一）税收犯罪死刑立法的历程回顾

我国 1979 年以前只有几部单行刑法，这些法律中虽然有死刑规定，个别条例中也有与税收犯罪有关的规定，但没有规定税收犯罪可以适用死刑。1979 年刑法典中无论是偷税、抗税犯罪还是走私犯罪的最高法定刑都只是有期徒刑，而没有设置死刑。可见，在相当长的时期内，死刑根本不存在于我国税收犯罪的立法之中。

走私犯罪是税收犯罪中最早配置死刑的犯罪类型，1982 年 3 月 8 日全国人大常委会通过了《关于严惩严重破坏经济的罪犯的决定》，其中针对走私罪的条款提高了该罪的法定刑，即："走私情节特别严重的，处十年以上有期徒刑、无期徒刑或者死刑，可以并处没收财产。"1988 年 1 月 21 日全国人大常委会《关于惩治走私罪的补充规定》在进一步划分走私类型的基础之上，明确规定走私普通货物、物品罪可以适用死刑。该单行刑法第 4 条第 1 款第 1 项规定："走私货物、物品价额在 50 万元以上的，处 10 年以上有期徒刑或者无期徒刑，并处罚金或者没收财产；情节特别严重的，处死刑，并处没收财产。"1997 年刑法典基本上沿用了这一法定刑设置，其中第 153 条明确规定了走私货物、物品偷逃应缴税额在 50 万元以上，情节特别严重的，依照第 151 条第 4 款的规定（即处无期徒刑或者死刑，并处没收财产）处罚。在司法实践中，因走私普通货物、物品而被判处死刑的案例并不少见，其中比较有名的大案有湛江特大走私案和以赖昌星为首的厦门远华走私案，两案中被判处死刑的被告人均为 4 人，其中远华走私案的主犯赖昌星还因为可能被判处死刑而在较长时间内被加拿大政府拒绝遣返。除此之外，广州梁耀华特大走私集团案、连云港蔡建忠特大走私香烟案、惠州特大走私食用油案、广州郑洪钧红油走私系列案、甘肃陈浩彦走私普通货物案等大要案中也有数量不等的被告人被判处死刑。

其他税收犯罪在一定时期内并没有同样提高法定刑而引入死刑，直到发票犯罪在我国刑法中逐步受到重视，才得以打破这一局面。1992年3月16日最高人民法院、最高人民检察院发布的《关于办理偷税、抗税刑事案件具体应用法律的若干问题的解释》第13条规定倒卖发票，情节严重的，可以投机倒把罪定罪处刑，而《关于严惩严重破坏经济的罪犯的决定》同样提高了投机倒把罪的法定刑，规定其"情节特别严重的，处10年以上有期徒刑、无期徒刑或者死刑，可以并处没收财产"。这样，从理论上讲，从《关于办理偷税、抗税刑事案件具体应用法律的若干问题的解释》出台之日起，税收犯罪已经可以适用死刑。不过事实上在这一解释出台之后的司法实践中，并没有哪个行为人因为倒卖发票的行为而被处以死刑。1992年9月4日全国人大常委会颁布的《关于惩治偷税、抗税犯罪的补充规定》仍然没有明确规定税收犯罪可以适用死刑。这一补充规定中有的条款规定的行为可以适用死刑，例如其第6条第2款规定："以暴力方法抗税，致人重伤或者死亡的，按照伤害罪、杀人罪从重处罚，并依照前款规定处以罚金。"也即是说，暴力抗税行为某些情况下可以转化为故意伤害罪或故意杀人罪，而故意杀人罪和故意伤害罪都是可以判处死刑的，所以，暴力抗税的行为可能被判处死刑，但此时行为人行为的性质已经发生了变化，不再以抗税罪定罪处刑，所以不能据此认为抗税罪的最高法定刑为死刑。1994年6月3日最高人民法院、最高人民检察院《关于办理伪造、倒卖、盗窃发票刑事案件适用法律的规定》进一步扩大了投机倒把罪在发票犯罪中的适用，该司法解释第2条规定："以营利为目的，非法为他人代开、虚开发票金额累计在五万元以上的，或者非法为他人代开、虚开增值税专用发票抵扣税额累计在一万元以上的，以投机倒把罪追究刑事责任。"该规定原本就是针对税制改革之后已经出现的虚开增值税专用发票违法现象的，所以此后司法实践中出现了一些因虚开增值税专用发票而被以投机倒把罪判处死刑的案例。例如1994年在我国破获的第一起虚开案中，主犯胡明、王震、陈二头，在短短的两个月时间里，虚开增值税专用发票92份，虚开价税合计高达4.85亿元，其中胡明、王震一审被判处死刑立即执行，陈二头一审时被判处死缓，后二审时又被改判死刑立即执行。1994年10月27日，最高人民法院专门在北京召开新闻发布会，通报5起重大非法印制、倒卖、虚开增值税发票的犯罪案件，胡明、王震、陈二头、崔文瑞、邓革、李胜利6名案犯被依法判处死刑，于当日分别在当地执行死刑。这是自新税制实施以来，最高人民法院核准的第一批因增值税发票犯罪判处的死刑案件。

立法上真正在走私犯罪之外的税收犯罪中设置死刑是在1995年，当年10月30日全国人大常委会通过了《关于惩治虚开、伪造和非法出售增值税专用发票犯罪的决定》。该决定对虚开增值税专用发票和伪造、出售伪造的增值税专用发票罪两个罪名设置了死刑。其中第1条规定：虚开增值税专用发票骗取国家税款，数额特别巨大、情节特别严重、给国家利益造成特别重大损失的，处无期徒刑或者死刑，并处没收财产。第2条规定，伪造并出售伪造的增值税专用发票，数量特别巨大、情节特别严重、严重破坏经济秩序的，处无期徒刑或者死刑，并处没收财产。1997年刑法典在整合发票犯罪罪名的基础之上，对虚开增值税专用发票、用于骗取出口退税、抵扣税款发票罪和伪造、出售伪造的增值税专用发票罪两个罪名设置了死刑。其中第205条规定：有虚开增值税专用发票、用于骗取出口退税、抵扣发票的其他发票行为"骗取国家税款，数额特别巨大，情节特别严重，给国家利益造成特别重大损失的，处无期徒刑或者死刑，并处没收财产"。第206条规定：伪造并出售伪造的增值税专用发票，数量特别巨大，情节特别严重，严重破坏经济秩序的，处无期徒刑或者死刑，并处没收财产。在立法明确设置了虚开增值税专用发票、用于骗取出口退税、抵扣税款发票罪和伪造、出售伪造的增值税专用发票罪并配置了死刑之后，因为犯相应罪行而被判处死刑的案件并不少见。据统计，从1994初年至2003年12

月，有 194 人因增值税发票犯罪被一审判处死刑。其中，因伪造、倒卖增值税发票被判死刑的达 20 人；因虚开增值税发票被判死刑的有 174 人。在所有死刑案件中，共有 12 名税务人员被判死刑。[①] 在这些案件中，不乏一些震惊全国的大案要案。例如在 1998 年查处的浙江金华税案中，共有 218 家企业参与虚开增值税发票，价税合计 63.1 亿元，抵扣税款 7.4 亿元，9 人被判死刑。2002 年审结的共和国第一骗税案——"807"系列骗税案中，100 多个犯罪团伙参与虚开增值税发票，价税合计 323 亿元，涉嫌偷骗税 42 亿元，此系列案导致 19 人被判死刑。2003 年审结的全国最大的虚开增值税发票案——陈学军、吴芝刚虚开增值税发票案中，两案犯在不到 1 年的时间里，虚开增值税发票价税合计 31 亿元，造成税款流失近 4 亿元，二人均被判处死刑。针对增值税发票犯罪死刑适用的状况，有论者认为，增值税发票犯罪是我国经济犯罪中判处死刑最多的刑种之一。[②]

从税收犯罪中引入死刑之后，关于这一刑种是否合理的争论就没有停止过。综合各种因素，2011 年全国人大常委会通过的《刑法修正案（八）》取消了 13 个非暴力犯罪死刑的适用，其中就包括走私普通货物、物品罪、虚开增值税专用发票、用于骗取出口退税、抵扣税款发票罪和伪造、出售伪造的增值税专用发票罪这三种税收犯罪的死刑罪名。至此，死刑已经不再是我国税收犯罪的法定刑种。

（二）主张废除税收犯罪死刑的主要观点

死刑能够在我国税收犯罪最终得以废除，与理论界对这一问题的密切关注有着直接的关系。我国刑法学界对税收犯罪中死刑合理性问题的探讨角度广泛，研究深入，相关研究成果已经成为我国死刑理论研究的重要组成部分。纵观这些研究，相关论者对税收犯罪中死刑配置合理性的质疑主

---

① 参见王祺元：《触目惊心：一份增值税专用发票上的"死刑档案"》，载《经济参考报》2004 年 6 月 21 日第 3 版。

② 参见陈有西：《税制刑法与中国税制的重构》，载《浙江警察学院学报》2007 年第 2 期。

要包括以下方面：

1. 税收犯罪所侵犯的法益价值决定了其不应配置死刑

有论者认为，罪刑均衡是立法上设置法定刑的基本原则，刑法立法应当讲求刑质与罪质相均衡。所谓刑质就是指刑罚的性质，即刑罚所剥夺权益的内容。所谓罪质就是指犯罪的性质，也即犯罪行为对何种法益产生损害或威胁。刑质与罪质相均衡就是刑罚所剥夺的犯罪人的权益与犯罪所损害或威胁的法益相均衡或相当。在刑质与罪质相当的前提下，要进一步实现罪刑均衡，还应做到刑量与罪量相均衡。所谓刑量就是指刑罚的严厉性程度。所谓罪量就是指犯罪的社会危害性程度或犯罪损害或威胁法益的程度。刑量与罪量相均衡，也就是配置法定刑的高低应与犯罪的社会危害性程度或损害或威胁法益的程度相当。死刑是剥夺犯罪人生命的刑罚，其作为最严厉的刑罚，应当配置于最为严重的犯罪。而确定什么样的犯罪才是应配置死刑的最严重的犯罪，其最低的标准，也是唯一客观的标准，是死刑与罪名之间在所剥夺的权益的价值上具有对等性。也就是说，只有以剥夺生命为内容的犯罪才是最严重的犯罪，才可以配置死刑。那些所侵害的法益价值低于人的生命价值的犯罪，无论其危害性有多么严重，都不应配置死刑。对其配置死刑，就是以剥夺生命的刑罚去惩罚侵害法益的价值低于生命价值的犯罪，属于轻罪重罚，不具有等价性。税收犯罪所侵害的是社会主义市场经济秩序，危害的主要是国家税收征管制度和国家税收利益。税收犯罪之所以成为经济犯罪之一，也就是因为税收征管关系的经济性质。这种经济性也决定了税收犯罪所侵害的法益主要是国家的经济利益。因此，从税收犯罪所侵害法益的性质看，税收犯罪所侵害的法益价值低于人的生命价值。故对税收犯罪配置死刑不符合其罪质，对税收犯罪配置死刑有违刑质应与罪质均衡的原则。[1]

还有论者认为，我国已于 1998 年 10 月 5 日正式签署了《公民权利与

---

① 参见赵秉志等：《从实践到理论：我国税收犯罪死刑废止问题研究》，载赵秉志主编：《刑事法治发展研究报告 2004 年卷》，中国人民公安大学出版社 2005 年版，第 122 页。

政治权利国际公约》。虽然迄今全国人大常委会还没有正式批准该条约，但中国自签署《公民权利与政治权利国际公约》之日起实际上就已经承诺遵守该公约的道德义务。该公约宣告了死刑适用的应有价值取向，树立了生命权的特殊保护观念，确立了严格限制并逐步废除死刑的目标，并从实体和程序上确立了死刑适用的国际标准。税收犯罪既是经济犯罪，又是行政犯罪。一般认为，对经济犯罪和行政犯罪适用死刑有悖于刑罚等价的法律观念。我国的死刑立法应在价值选择上树立和强化刑罚等价观念，人的生命是无法用金钱来衡量的，对税收犯罪适用死刑，势必会违背罪责刑相适应原则。[①]

　　还有论者持类似观点，其认为，在税收犯罪中配置死刑不符合死刑的立法精神。我国《刑法》第 48 条规定，死刑只适用于罪行极其严重的犯罪分子。可见，死刑作为最严厉的刑罚，应当只适用于那些最严重的犯罪。而税收犯罪不属于对社会的危害性极其严重的犯罪。特别是对于发票类犯罪而言尤为如此。增值税专用发票仅仅是一种纳税的凭据，虚开等行为本身并不必然会影响到国家的税收。虚开增值税专用发票的行为，只有与用虚开的增值税专用发票去骗取出口退税款或者用其抵扣税款的行为相结合，才会危害国家的税收。骗取国家出口退税款或者抵扣税款的行为能否得逞，并不完全取决于行为人的行为，而且在很大程度上与税收管理部门的管理有关。如果国家税收部门能够严格监管，这种行为就难以直接危害到国家税收。因此，其危害性就仅仅表现为对国家税收征管秩序的破坏。这种危害性不属于"极其严重"。因此，对虚开增值税专用发票罪配置死刑，与我国刑法保留死刑的立法精神是不相符合的。[②]

---

①　参见黄芳：《谈走私普通货物、物品罪的死刑废止问题》，载赵秉志主编：《刑法评论》（第3卷），法律出版社 2004 年版，第 65-66 页。

②　参见张智辉：《虚开增值税专用发票罪的死刑应当废除》，载赵秉志主编：《刑法评论》（第3卷），法律出版社 2004 年版，第 76 页。

2. 税收犯罪的法定刑配置与相关犯罪相比较决定了其不应配置死刑

有论者认为,通过比较我国配置死刑的税收犯罪与其具有类似社会危害性犯罪的法定刑,可以得出这些犯罪的死刑配置不合理。这种不合理表现在:第一,从对国家税收征管制度的破坏程度来看,以暴力、威胁的方式破坏国家税收征管制度的行为,比虚开、伪造、出售增值税专用发票的行为,具有更为严重的社会危害性,因为前者是公然藐视甚至抵抗国家法律,而后者只是采用隐蔽的手段规避国家法律。但是,我国刑法对抗税罪所规定的最高法定刑仅为 7 年有期徒刑。从对国家税款的骗取来看,刑法对骗取出口退税罪所规定的最高法定刑也只是无期徒刑。因此,对增值税专用发票犯罪规定死刑,显然过重。第二,从《刑法》第 205 条第 1 款的规定来看,虚开增值税专用发票的行为与虚开用于骗取出口退税、抵扣税款的其他发票的行为并列规定在同一法条之中,且其法定刑完全相同,体现了增值税专用发票犯罪行为和用于骗取出口退税、抵扣税款的其他发票犯罪行为对于国家税收征管的危害完全相同。但是我国刑法对伪造、擅自制造可以用于骗取出口退税、抵扣税款的其他发票的犯罪所规定的法定刑,最高为 15 年有期徒刑,而对伪造、出售伪造的增值税专用发票犯罪却配置了死刑。从社会危害性看,伪造、擅自制造可以用于骗取出口退税、抵扣税款的其他发票的行为,同伪造增值税专用发票的行为相当,但刑法对前者规定比后者较轻的刑罚,显然不符合罪刑均衡的原则。第三,增值税专用发票在性质、功能上与汇票、本票等金融票证具有一定的类似性,都是财产性凭证,国家对其都进行严格的监管。伪造、变造金融票证的行为与伪造并出售增值税专用发票的行为相比,前者具有更大的社会危害性。因为增值税专用发票只有在进行抵扣,而且有足够的销项税额的情况下才可以抵扣,进而造成国家税款的损失。而金融票证具有可流通性、可直接兑现性等特点,与增值税专用发票相比,国家实行监管的难度更大,危害的形成来得更迅猛,因此伪造、变造金融票证的行为的实害后果更大。但在法定刑的配置上,伪造、变造金融票证罪的最高刑是无期徒刑,而增值税专用发票犯罪却配置死刑，这也明显不符合罪刑均衡原则。[①]

3. 税收犯罪相关罪名自身的构成特征决定了其不应配置死刑

有论者认为，税收犯罪相关罪名自身的构成特征和设置决定了死刑配置的不合理性。这种不合理性表现在两个方面：第一，从犯罪主体角度看，对虚开增值税专用发票、用于骗取出口退税、抵扣税款发票罪和伪造、出售伪造的增值税专用发票罪配置死刑是不合理的。因为在这两个死刑罪名中，刑法对自然人犯罪配置了死刑，而对单位犯罪中直接负责的主管人员和其他直接责任人员最高只处无期徒刑。然而，无论从犯罪的社会危害性，还是从司法实践中表现出来的危害性来看，单位犯此类罪时危害性一般比自然人犯此类罪时的危害性更大。而在犯罪数额、犯罪情节、犯罪结果相似的情况下，自然人犯此罪可能面临死刑，而单位犯罪中的直接负责的主管人员和其他直接责任人员则不能适用死刑，这是不合理的。因此，在对单位犯此罪的直接负责的主管人员和其他直接责任人员不适用死刑的情况下，对自然人犯此罪也不宜适用死刑。第二，对凡是犯虚开增值税专用发票、用于骗取出口退税、抵扣税款发票罪均按照结果加重情节适用死刑是不合理的。虚开增值税专用发票、用于骗取出口退税、抵扣税款发票罪的行为人除"为自己虚开、让他人为自己虚开发票用于骗取出口退税、抵扣税款"以外，其他两种虚开增值税专用发票或者虚开用于骗取出口退税、抵扣税款的其他发票的行为人，本身并不直接骗取或偷逃国家税款，其目的只是为了获取开票费或手续费，客观上以非法的手段为受票人或抵扣人提供增值税专用发票或者提供用于骗取出口退税、抵扣税款的其他发票。真正骗取或偷逃国家税款的是虚开发票的受票人。虽然虚开行为是国家税款被骗取或偷逃的源泉，但其只是导致国家税款被骗取或偷逃的条件之一，

---

① 参见赵秉志等：《从实践到理论：我国税收犯罪死刑废止问题研究》，载赵秉志主编：《刑事法治发展研究报告2004年卷》，中国人民公安大学出版社2005年版，第125-126页；张智辉：《虚开增值税专用发票罪的死刑应当废除》，载赵秉志主编：《刑法评论》（第3卷），法律出版社2004年版，第76页；刘剑文：《论增值税专用发票死刑之废除》，载《税务研究》2010年第10期。

而直接导致国家税款被骗取或偷逃结果的，是受票人用虚开的发票进行抵扣或骗取国家税款的行为。因此，以受票人骗取国家税款，数额特别巨大、情节特别严重、给国家利益造成特别重大损失的实际危害结果，来加重虚开发票的行为人的刑事责任并适用死刑，显然是不合理的。[①]

4. 税收犯罪的死刑配置难以达到预期的效果决定了其不应配置死刑

有论者认为，税收犯罪死刑的立法功能和司法功能的发挥均未取得立法者所预想的功效。对税收犯罪配置死刑并不能遏制税收犯罪态势，因此对税收犯罪适用死刑值得质疑。[②]

还有论者认为，刑罚的有效性不在其严厉性，而在其不可避免性。对行为人来说，即使适用的刑罚并不严厉，但只要是难以避免的，就会使行为人对之有足够的畏惧心理。相反，即便刑罚十分严酷，但只要给人留下一线能够逃避制裁的希望，就可能造成鼓励人们出于侥幸心理而冒险实施犯罪行为的恶劣效果。从司法实践来看，对税收犯罪适用死刑，并不能有效遏制这类犯罪的发展态势。我国现阶段税收犯罪屡禁不止，其主要原因不在于是否配置死刑，而在于管理制度的混乱、政策的漏洞、立法方面的缺陷、腐败现象的存在、执法的不严等。惩治和预防税收犯罪的有效措施是强化管理、堵塞漏洞、完善法律、提高案件查处率。[③]犯罪的产生有多重因素，刑罚作为遏制犯罪的一个因素同促成犯罪的众多社会因素不可能在同一水平上抗衡，所以不能对死刑控制税收犯罪的作用抱有过高的期望。犯罪者并非不知道刑法禁止相关行为，也并非不畏惧死刑，但仍然我行我素。这恰恰证明了刑罚必然性的不足。同时也证明了仅仅依靠法律本身，

---

① 参见赵秉志等：《从实践到理论：我国税收犯罪死刑废止问题研究》，载赵秉志主编：《刑事法治发展研究报告 2004 年卷》，中国人民公安大学出版社 2005 年版，第 123—125 页。

② 参见赵秉志等：《从实践到理论：我国税收犯罪死刑废止问题研究》，载赵秉志主编：《刑事法治发展研究报告 2004 年卷》，中国人民公安大学出版社 2005 年版，第 121 页。

③ 参见黄芳：《谈走私普通货物、物品罪的死刑废止问题》，载赵秉志主编：《刑法评论》（第 3 卷），法律出版社 2004 年版，第 66 页。

哪怕是死刑也不能从根本上解决问题。应对相关犯罪必须要疏堵结合、打防并举，做到综合治理。[1]

5. 我国税收征管水平的提高决定了税收犯罪不应配置死刑

有论者认为从我国税收征管制度提高之后的实际情况看，虚开增值税专用发票等犯罪行为一度十分猖獗的原因之一是监管措施不到位。而随着税收监管工作的改进和监管措施的加强，相关犯罪对于国家税收的危害已经明显减少，因而没有必然继续保留对相关犯罪的死刑规定。[2]

还有论者认为，金税工程实施之后，已经基本形成了全国性的税收征管网络，利用增值税发票实施犯罪的可能性逐步减少。今后，随着增值税的转型，以及营业税制改革的启动等税收法律制度的完善，增值税征收链条的无缝对接、环环相扣将会逐步实现，因此，实施增值税发票犯罪可能性进一步缩小。所以，取消税收犯罪的死刑配置与我国税收征管水平的提高是相适应的。[3]

除了以上五个主要方面之外，还有论者从国外立法的法定刑设置等因素来论证税收犯罪死刑配置的不合理性。[4]

（三）税收犯罪死刑配置的反思

虽然死刑在我国的税收犯罪中已经废除，对这类犯罪死刑配置合理性的讨论也已经时过境迁，但并不意味着继续研究其中的某些问题就完全没有意义。相反，对我国税收犯罪的死刑配置进行适时反思，有助于立法树

---

[1]　参见卢建平、陈宝友：《中国废除走私犯罪死刑问题研究》，载赵秉志主编：《死刑制度之现实考察与完善建言》，中国人民公安大学出版社 2006 年版，第 316 页。

[2]　参见张智辉：《虚开增值税专用发票罪的死刑应当废除》，载赵秉志主编：《刑法评论》（第 3 卷），法律出版社 2004 年版，第 78 页。

[3]　参见刘剑文：《论增值税专用发票死刑之废除》，载《税务研究》2010 年第 10 期。

[4]　参见陈有西：《税制刑法与中国税制的重构》，载《浙江警察学院学报》2007 年第 2 期；卢建平、陈宝友：《中国废除走私犯罪死刑问题研究》，载赵秉志主编：《死刑制度之现实考察与完善建言》，中国人民公安大学出版社 2006 年版，第 318-319 页。

立科学的刑罚配置观，促进税收犯罪法定刑配置的进一步合理化。从立法对税收犯罪的死刑配置及其争议至少可以得到以下两点启示：

一方面，对税收犯罪应当彻底抛弃重刑化的刑罚观。以上列举的论者关于废止税收犯罪死刑的观点有的并不能够作为支持废除死刑的理由。例如税收征管水平的提高虽然可以作为促进死刑废除的一个因素，但却无法证明对税收犯罪不应当配置死刑。大部分论者对税收犯罪中死刑配置的质疑并不是因为其在税收征管水平不断提高的今天不再有存在的必要，而是因为在这类犯罪中配置死刑从一开始就不合理。虽然在税收犯罪中废除死刑客观上与我国税收征管水平的提高相适应，但却不宜反过来根据税收征管水平的提高去推论死刑的废止。这样推论事实上是肯定了死刑可以作为一种控制税收犯罪的有效工具，在特定时期把死刑作为税收犯罪的最高法定刑是合理的，只是现在不再需要这样做了。这样的推论不符合我们质疑死刑配置的初衷。理论研究不应单纯迎合立法者的价值取舍，还应当为其提出有益的参考意见。同样，以死刑对税收犯罪控制效果来判断死刑的存废也是不可取的。因为影响犯罪态势的因素有很多，刑罚的严厉程度只是其中之一。目前的研究除了已经确认死刑在个别情形的犯罪中适用没有效果之外，还很难把这一结论推之到大多数的犯罪，税收犯罪也是如此。死刑的配置和其他遏制税收犯罪的因素客观上可以起到互补的作用，完全否认死刑在控制税收犯罪中的作用也是一种不科学的态度。死刑对很多暴力型犯罪可能也起不到立法者所预想的效果，但以此主张暴力型犯罪的死刑废止就会使相应主张面临社会舆论和民意的巨大压力，立法者却很难以此为依据就废止暴力型犯罪的死刑。事实上，立法者的预想在某些情况下是不可靠的，自然也就谈不上能不能达到预想的效果一说。就研究本身而言，主张死刑在税收犯罪控制中无效的论者的研究往往也只是以偏概全，通过简单地对比死刑适用数量与犯罪数量的变化也难以得出死刑无效的结论。

论者提出的有的影响死刑配置的因素虽然能够作为论据但是却不够充分。例如国外对税收犯罪大多没有配置死刑的立法状况一方面对我国立法具有一定的参考意义，因为任何国家的立法都是由一系列因素共同作用的结果，这些因素对我国税收犯罪的法定刑配置大多也有参照价值。但另一方面仅以国外对税收犯罪不配置死刑的现状为根据来讨论我国税收犯罪死刑的废止，又不够充分，因为不同国家的刑法立法整体状况不尽相同，相当一部分国家立法中根本没有死刑，自然在税收犯罪中也不可能设置死刑，这些国家在税收犯罪中不配置死刑似乎说明不了太大问题。但我国毕竟是一个保留死刑的国家，税收犯罪所处的立法背景就与很多国家不同。在这种情况下，把我国和某些国家放在一起进行比较就显得不够妥当。与这种论证方式相类似的是，有的论者把主张死刑废止的某些一般性原因也运用于税收犯罪之中，主张在税收犯罪中废止死刑符合国际潮流、人道主义和我国的死刑政策。这种论证方式固然不算错误，但却不合时宜。因为死刑的存与废这一问题仍然充满争议，从我国立法来看，短期内还不存在全面废止死刑的可能性。如果在论证税收犯罪死刑废止这一问题之时把死刑本身的存与废也涉入其中，只会使问题复杂化，显得无的放矢。

　　真正对税收犯罪的死刑废止有决定性意义的是死刑在经济犯罪中是否应当配置这一观念性问题。诚如相关论者所主张的那样，在对犯罪配置刑罚之时应当讲求罪质与刑质的相当性。虽然罪质和刑质并不可能完全等同，例如对财产性犯罪不可能仅适用财产刑而不适用自由刑，但不应悬殊过大，例如人的生命无论如何都比财产重要，以剥夺人的生命的方式来处罚那些本质上侵犯经济关系的犯罪显然是对不同价值重要性的误解。而我国的立法在相当长一段时期内都陷入了这样的误区。其中比较典型的例子如 1987年 7 月 14 日最高人民法院《关于依法严惩猎杀大熊猫、倒卖、走私大熊猫皮的犯罪分子的通知》（已失效）规定，大熊猫是十分珍贵稀少的野生动物。倒卖、走私一张大熊猫皮的，即应视为情节特别严重——判处 10年以上有期徒刑、无期徒刑或者死刑，可以并处没收财产。按照这一规定，一张大熊猫皮几乎就抵得上一条人命。我国学界通说认为，我国经济犯罪的死刑配置不合理，限制和减少死刑应先从经济犯罪入手。不过对究竟采取限制还是废除的态度，在学界还存在不同的意见。我国大部分学者认为，经济犯罪与普通刑事犯罪相比，在特征、危害和发生机理方面都明显有别，对经济犯罪适用死刑缺乏报应性的正当根据。因此，从长远来看，我国应该废除经济犯罪的死刑。[①] 就经济犯罪的具体类型而言，学界一般认为，对于无具体被害人的侵犯社会法益型非暴力犯罪，诸如税收犯罪、走私犯罪、金融犯罪等破坏社会主义市场经济型非暴力犯罪，可以从立法上即行废止其死刑规定。这类犯罪在司法实践中极少适用死刑。废止这些犯罪的死刑，较易为公众所接受而不至于引起较大的负面社会影响。[②] 这样的观点在废止税收犯罪死刑的立法过程中也一定程度上被立法者采纳。在《刑法修正案（八）》审议的过程中，多数意见认为，应当取消税收犯罪中的死刑，其主要理由是：第一，从近几年相关犯罪的实际发案情况来看，案件数量在逐年减小，尤其是大案要案基本上已经降到了最低点。第二，经济类犯罪和暴力型犯罪虽然都是犯罪行为，但其在性质上有区别，社会危害性程度也不同。对于经济类犯罪除了在经济上给予严厉处罚外，将最高刑设置为无期徒刑基本符合罪刑相适应的原则。第三，世界上其他国家对于经济类犯罪也基本不规定死刑，废除死刑符合世界刑罚轻缓化趋势。[③] 不过就立法者所列举的几项理由来看，真正应当肯定的是其中的第二项，也是今后立法之时应当坚持的，而第一项理由仍然把死刑当做控制经济犯罪的有效工具，是不可取的。

我们也应当看到隐藏在税收犯罪死刑立法背后的事实上是立法对税收犯罪整体上重刑化的刑罚观，彻底抛弃这种刑罚观才是当今仍要反思税收犯罪死刑配置的根本原因。我国税收犯罪法定刑配置所表现出来的问题不

---

① 参见涂龙科著：《当前金融犯罪新问题研究》，黑龙江人民出版社 2009 年版，第 268-269 页。

② 参见赵秉志著：《刑法基本理论专题研究》，法律出版社 2005 年版，第 653-654 页。

③ 全国人大常委会法制工作委员会刑法室编：《〈中华人民共和国刑法修正案（八）〉条文说明、立法理由及相关规定》，北京大学出版社 2011 年版，第 121 页。

仅仅是过去的死刑配置，死刑配置只是其整体刑罚较重的一个缩影。从世界范围来看，不仅大多数国家没有对税收犯罪配置死刑，而且税收犯罪整体的刑罚强度都不高，这样的国家包括和我国整体刑罚强度类似的一些国家（如朝鲜）。只有个别国家例如智利也和我国一样对税收犯罪处刑较重，但其在过去保留死刑的时期也没有像我国一样对税收犯罪适用死刑。[1] 在税收犯罪中配置了死刑说明立法者把这类犯罪中的某些犯罪看作是极其严重的犯罪，因此需要动用最为严厉的刑种加以处罚。而一旦在相应罪名中设置了死刑，其整体的刑罚严厉程度都相应提高了。我国税收犯罪的刑罚可以说就是在这样一种观念指导下设置的，大多数罪名的刑罚都是被某些罪名的死刑"拔高"的刑罚。而死刑已经被证明了其不合理性，那些被"拔高"的刑罚自然也就显得偏高。而即便是在税收犯罪适用死刑的时期，真正被判处死刑的犯罪人毕竟是极少数，大多数的犯罪人所承受的还是死刑之外的刑罚。在税收犯罪死刑被废止的当今如何进一步降低税收犯罪整体的刑罚强度才是更值得思考的。

另一方面，对税收犯罪刑罚的配置应注重个罪之间的协调。上述有的论者提出的发票犯罪与相关罪名法定刑不协调以及发票犯罪内部构成特征的因素也不能成为废止死刑的依据，因为如果仅仅是法定刑不协调，可以通过在相关犯罪中都配置死刑来解决这一问题。但这样的解决办法显然不仅在学界不会提出，立法者也不会予以考虑。可见，问题的关键不在于相关罪名没有配置死刑，而是配置了死刑的罪名与相关罪名的法定刑不协调。而且，如果仅仅就发票犯罪或走私普通货物、物品罪的死刑配置加以讨论，也难以保证立法今后不会在其他新增的税收犯罪中配置死刑。但通过比较原先配置死刑的罪名与相关罪名的法定刑，我们可以发现我国的立法在税收犯罪法定刑的设置中并没有实现相关个罪之间法定刑的协调。也即我国立法在对个罪配置法定刑之时有些时候显得带有随意性，受犯罪形势的影

---

[1] 参见翁礼华著：《五十而知天命：财税改革随笔》，中国税务出版社1999年版，第304页。

响较大，而不去充分考虑犯罪本身的社会危害性等影响制刑的因素。今后我国税收犯罪的立法应该从中吸取教训，尽量使得损害法益相同或相近的个罪在法定刑上保持均衡协调。

二、税收犯罪中的自由刑

我国税收犯罪中的自由刑配置幅度共有以下九种："二年以下有期徒刑、拘役或者管制"、"三年以下有期徒刑或者拘役"、"五年以下有期徒刑或者拘役"、"二年以上七年以下有期徒刑"、"三年以上七年以下有期徒刑"、"三年以上十年以下有期徒刑"、"五年以上十年以下有期徒刑"、"五年以上有期徒刑"、"十年以上有期徒刑或者无期徒刑"。税收犯罪的最高法定刑可以分为四档：第一种最高法定刑为无期徒刑，所涉及的犯罪有 5个，即走私普通货物、物品罪、骗取出口退税罪、虚开增值税专用发票、用于骗取出口退税、抵扣税款发票罪、伪造、出售伪造的增值税专用发票罪、非法出售增值税专用发票罪；第二种最高法定刑为 15 年有期徒刑，所涉及的犯罪有 6 个，即非法制造、出售非法制造的用于骗取出口退税、抵扣税款发票罪、非法出售用于骗取出口退税、抵扣税款发票罪、徇私舞弊不征、少征税款罪、徇私舞弊发售发票、抵扣税款、出口退税罪、违法提供出口退税凭证罪、放纵走私罪；第三种最高法定刑为 7 年有期徒刑，所涉及的犯罪有 7 个，即逃税罪、抗税罪、逃避追缴欠税罪、虚开发票罪、非法制造、出售非法制造的发票罪、非法出售发票罪、持有伪造的发票罪；第四种最高法定刑为 5 年有期徒刑，只有非法购买增值税专用发票、购买伪造的增值税专用发票罪。

我国税收犯罪中的自由刑配置存在两方面的问题：一方面是强度上总体偏重；另一方面是法定刑幅度配置过多，较为凌乱。这两个问题是相互关联的。就自由刑的强度而言，我国税收犯罪的最高法定刑为无期徒刑，且很多能够被判处 15 年的有期徒刑最高上限，这样的强度高于世界上很多国家税收犯罪的最高法定刑。例如，美国、日本税收犯罪的最高法定刑为 5 年监禁，德国税收犯罪的最高法定刑一般情况下为 5 年（情节特别严重时为 10 年），韩国税收犯罪的最高法定刑为 3 年。[①] 我国税收犯罪的自由刑之所以总体偏重，主要是因为走私普通货物、物品罪和增值税专用发票犯罪这两类犯罪的自由刑强度较高，而直接危害税收征管的犯罪除了骗取出口退税罪之外最高法定刑是 7 年有期徒刑，这和国外税收犯罪的自由刑强度差别并不大。笔者认为，由于税收渎职犯罪是征税主体所实施的，且其法定刑配置要考虑到与其他渎职犯罪的协调问题，因此为其配置不同于其他几类税收犯罪的法定刑是合理的，具体幅度也不需要进行专门调整。除了税收渎职犯罪之外，直接危害税收征管的犯罪作为最典型的税收犯罪，应当是其他税收犯罪设置法定刑的参照，对其他税收犯罪应当以直接危害税收征管犯罪的自由刑幅度为标准调整各自的自由刑配置。[②] 具体而言，我国税收犯罪中自由刑的调整应当分为两个方面：一方面是进一步废除无期徒刑。另一方面是进一步降低有期徒刑的期限，以 7 年为其上限。我国刑法对经济犯罪设定无期徒刑的方式主要有两种情形：一是将无期徒刑设定为法定最高刑。这种情况表明这种经济犯罪的性质比较严重，但没有必要判处死刑；二是把无期徒刑作为死刑的替代刑。这种情况下，一般是把死刑和无期徒刑规定在一起的，无期徒刑的立法规定本身有限制死刑的功能。[③] 税收犯罪中的无期徒刑配置在过去兼具以上两种情况，但随着税收犯罪死刑的废止，第二种情形已经不复存在。立法对一些税收犯罪配置无期徒刑表明这些犯罪仍然被看作是严重的犯罪，无论是死刑还是无期徒刑实际上都是我国在特定时期对待税收犯罪的制刑政策趋重化的表现，应当予以调整。此外，应当属于这些配置无期徒刑犯罪参照的直接危害税收征管的犯罪反而不算严重的犯罪，无期徒刑的配置也不符合税收犯罪各种类

---

① 参见陈运光著：《税收犯罪研判》，吉林人民出版社 2004 年版，第 245-255 页。

② 骗取出口退税罪较为特殊，其从本质上属于一种特殊的诈骗犯罪，因此法定刑的配置要和其他诈骗类犯罪相协调，故在此不考虑该罪的法定刑。

③ 参见高铭暄主编：《新型经济犯罪研究》，中国方正出版社 2000 年版，第 100-101 页。

型罪名之间的危害性程度大小关系（本书的第四章和第六章将具体就走私普通货物、物品罪以及发票犯罪与直接危害税收征管的犯罪的社会危害性大小进行比较）。同理，长期的自由刑配置也应当予以调整，以直接危害税收征管的犯罪规定的有期徒刑的最高期限即 7 年为上限。

第三节 税收犯罪中的附加刑

一、税收犯罪中的罚金刑

（一）税收犯罪中罚金刑配置的基本原则

税收犯罪所适用的刑罚是否合理，除了要考察其是否符合罪刑相适应的基本原则之外，还必须要做到其与税收违法行为所承担的行政责任的具体形式之间有机衔接。刑罚与行政责任的具体形式之间在立法上的衔接具体表现为立法模式的衔接、适用范围的衔接和适用幅度的衔接。其中，立法模式衔接的问题不仅涉及刑罚与行政责任的具体形式之间的关系，更是涉及刑法与行政法、经济法这些部门法之间的关系。适用范围的衔接涉及的实质是税收犯罪行为与税收一般违法行为的界限问题，这些问题在本书的其他章节中进行论述。从行政责任到刑事责任应是由轻到重，行政责任与刑事责任在适用幅度上的衔接就是指二者的具体设置应当体现这种由轻到重的关系。刑事责任与行政责任本是性质迥异的法律责任形式，在具体形式上存在较大的差异，具体形式上的这种差异本身就体现了两种法律责任不同的轻重幅度，故二者在适用幅度上一般并不涉及衔接问题。例如税收渎职犯罪的主体是行政主体即税务机关和海关之中的工作人员，当这些人员的违法行为尚不构成犯罪之时承担的是行政责任，行政责任在此时表现为行政处分。根据《公务员法》的规定，行政处分共有六种形式，即警告、记过、记大过、降级、撤职和开除。这六种具体的行政处分形式无论如何也不会和税收渎职犯罪中的刑罚发生适用幅度上的衔接问题。只有当刑罚与行政责任的具体形式在处罚内容上相近之时才需要考虑二者在适用幅度上的衔接。承担行政责任的具体形式分为行政处罚和行政处分两种，行政处分与刑罚在内容上相差较大，而行政处罚的大部分种类与刑罚也完全不同，只有行政处罚中的罚款与刑罚中的罚金在处罚内容上存在相似性，因此需要研究罚款与罚金的衔接问题。所以，笔者选取罚金与罚款衔接的角度来衡量我国税收犯罪的罚金刑配置现状。

有论者认为，罚金刑属于财产刑，是一种向国家支付金钱的责任承担方式，而这种责任承担方式同对行政违法行为处以"罚款"并无任何实质性区别。虽然我们可以说两种处罚的法律意义完全不同——一为"犯罪"一为"违法"，但这只是一种形式上的符号性差别。[①]虽然罚金与罚款的根本性质不同，但对于违法者而言，都意味着财产的被剥夺，对于国家而言，都意味着把违法者的财产纳入到国库之中。虽然二者的裁判和执行主体并不相同，但违法者被剥夺的财产最终的归宿都是一样的。所以认为罚款和罚金并无实质性的差别是有道理的。然二者毕竟存在质的差别，否则我们也可以因此就认为所有的财产刑如罚金刑和没收财产也没有区别。

有论者认为，根据"罚刑相当"、"过罚相当"的原则，罚款的数额应低于罚金的数额，否则就会出现两者之间的轻重失衡错位，无法体现二者质的差别。从这个意义上讲，在立法上罚金与罚款的数额必须做到过罚相当，对罚金额应规定一个比率作为处以罚金的具体标准，这个比率一般应比罚款额比率要高。[②]这样的观点有其道理，但存在把罚款和罚金的数额进行简单类比的问题。因为罚金刑的适用在我国刑法之中有单处罚金、并处罚金两种方式，并处罚金又有必处和选处两种具体方式。

---

① 参见冯亚东：《罪刑关系的反思与重构——兼谈罚金刑在中国现阶段之适用》，载《中国社会科学》2006年第5期。

② 参见涂龙力、王鸿貌主编：《税收基本法研究》，东北财经大学出版社1998年版，第248页。

如果对某一个罪名可以单处罚金刑，此时罚金刑是处罚犯罪的唯一刑罚形式，罚金刑的数额下限自然应当高于对应的一般违法行为所处罚款的上限，否则就无从体现刑罚比行政处罚更为严厉的特点。但如果对某一个罪名可以并处罚金刑，由于此时对该罪名已经适用了自由刑，相应的法定刑配置比行政处罚的严厉之处已经得到了体现，是否需要在罚金刑之中也一并体现其比罚款严厉之处便值得商榷。以逃税行为为例，一般逃税违法行为的行政处罚全部体现为罚款，而逃税罪的刑罚最低也是3年以下有期徒刑或拘役，并处罚金。如果罚金的数额下限高于罚款的数额上限，即便是罚金的数额下限刚好比罚款的数额上限高出一点，逃税犯罪行为所承担的刑罚基本上等于是在同等数额的经济惩罚基础上又多出了3年以下有期徒刑或拘役，此时不仅二者的严厉程度相差过大，而且使得自由刑的设置显得多余，因为仅仅通过罚金数额就足以体现刑罚更高程度的严厉性。但如果罚金的数额下限低于罚款的数额上限或者干脆不规定罚金的数额下限，在刑罚中设置罚金刑的意义也就会大打折扣。因为我国刑法中配置罚金刑的犯罪大多是贪利性犯罪，剥夺犯罪人的再犯能力或者让其承受经济上的重大痛苦是通过罚金刑的适用所要达到的主要目的，这与对相应的一般违法行为适用罚款的主要目的差别并不大。既然罚款要达到一定的数额，而罚金却达不到相应的数额，罚金在经济上的惩罚意义就会弱化，这会给人以金钱和自由可以相互折算的错觉。比较这两个方面的问题，后一方面的问题要更重要一些，因为犯罪与一般违法行为毕竟是两种性质截然不同的行为，所以其所承担的法律责任形式的差距也应当是全方位的，即除了具有自由刑有无的差距之外，也应当在罚金刑和罚款之间体现适当差距。

从我国刑法分则对罚金数额的规定来看，具体有三种：一是无限额制，即只规定某罪的刑罚中有罚金刑，但对数额不作具体规定，完全由司法机关在具体案件中自由裁量。二是限额制，即明确规定罚金刑的最高与最低限额，形成个罪罚金刑的具体适用的幅度。三是比例制，即根据某种参照系，规定一定的罚金比例。[①] 无限额制自然是对罚金数额的幅度不作具体规定，而限额制和比例制所确定的罚金幅度也不都是必然高于对应的行政违法行为罚款的幅度。而且对于设置了多个量刑幅度的罪名而言，其法定刑从轻到重的关系也基本上都是通过自由刑的幅度或者死刑的有无来体现的，不同幅度的法定刑之中附加罚金刑的幅度都是一样的，并不是罚金刑的幅度也随着整体法定刑幅度的变化而变化。可见，在我国，立法者并不认为罚金的比例下限一定应高于对应一般违法行为罚款的比例上限。笔者认为，罚金刑数额的幅度与对应一般违法行为的罚款数额额度的关系比较复杂，不能一概而论。罚金刑比罚款的严厉性主要是体现在司法裁判所确定的具体数额之上，立法所规定的比率上的差距是次要的。因为"根据罪刑相适应的原则，主刑重，附加刑也应当重，判处有期徒刑的主刑比较轻，罚金刑也相应比较轻一些。"[②] 尽管也有反对者持不同观点："不能简单、笼统地认为罚金作为附加刑是依附于主刑，其轻重幅度是跟着主刑走的。主刑重则罚金刑重，主刑轻则罚金刑轻的观念是片面且没有根据的。"[③] 但总体而言，我国刑法在附加刑的设置上体现了要求在司法裁判中体现主刑重则附加刑也重的理念。不同刑罚之间的关系可以用来比照刑罚和行政处罚，因为刑罚的主刑一定重于行政处罚中的人身罚，故判处的罚金数额应当高于罚款的数额（虽然罚款和人身罚之间并不存在主和辅的关系）。在司法裁判中"所处的罚金（特别是单处罚金的情形）必然应高于罚款数额。故罚款的上限可以作为对应犯罪行为应处罚金数额下限的参考。"[④] 要做

---

① 参见李洁：《罚金刑之数额规定研究》，载《吉林大学社会科学学报》2002年1月。

② 张军、姜伟、郎胜等著：《刑法纵横谈 总则部分》（增订版），北京大学出版社2008年版，第384页。

③ 王洪清：《罚金刑适用的若干问题》，载最高人民法院刑事审判第一、二、三、四、五庭主编：《刑事审判参考2006年第1辑》，法律出版社2006年版，第153页。

④ 王洪清：《罚金刑适用的若干问题》，载最高人民法院刑事审判第一、二、三、四、五庭主编：《刑事审判参考2006年第1辑》，法律出版社2006年版，第156页。

到这一点，首先立法关于罚金和罚款的规定方式应当相同，即要么都采限额制，要么都采比例制，或者同时都不规定数额限制。其次是结合具体的规定方式协调二者的关系。如果刑法对罪名设置的罚金没有限制，此时虽然从立法上赋予法官的主观裁量权较大，但应当参考行政处罚中罚款的数额，判处的罚金数额起码不应当低于一般情况下的罚款数额；如果刑法对罪名设置的罚金刑遵循的是限额制，主要是在立法上体现这一数额范围比同样一般违法行为的罚款的限额高。在立法上体现了二者的差距，在司法适用中自然就不会存在问题；如果刑法对罪名设置的罚金遵循的是比例制，由于比例的基数即某一数额的大小本身就不一样，即便是同等的比例规定也足以体现罚金比罚款的数额大。所以此时尽管可以适当扩大罚金刑的比例幅度，但也不宜与行政罚款的比例幅度相差太大。

（二）我国税收犯罪中罚金刑配置的现状

就税收犯罪而言，有的罪名所设置的罚金刑采取的是比例制，此时无论是罚金刑的比例下限还是上限一方面既不应当低于罚款的比例下限和上限（即罚金刑的幅度不能小于罚款的幅度），另一方面不应高于罚款的比例下限和上限太多，即罚金刑的比例下限可以适当的高出罚款的下限，其上限也可以适当高出罚款的上限，但不应片面地要求罚金的比例下限对应罚款的比例上限。这是因为：首先，罚金刑的数额必须要能够体现其对犯罪人经济上的惩罚意义，其程度至少不能轻于罚款，否则设置罚金刑的意义就不复存在，所以罚金刑的幅度起码不能小于罚款的幅度。其次，税收犯罪配置有罚金刑的罪名都是规定并处而没有单处罚金刑，而且都是必处而不是选处。自由刑的设置本身已经足以体现刑罚比行政处罚的严厉之处，无需再通过罚金的数额进一步体现。再次，罚金的数额规定过高面临执行困难的问题。以逃税违法行为为例，我国对逃税一般违法行为罚款的上限很高（逃税税款的 5 倍），其主要目的是为了罚得让违法人不敢轻易再犯，这也是世界各国通行做法。① 如果逃税罪的罚金刑设置以逃税税款的 5 倍为下限或起点，其上限就很难得到确定，这既是因为具体倍数的科学性难以评价，更是因为过高的倍数使得相应的罚金刑根本无法执行。纳税人逃税往往有着复杂的动机，相当一部分纳税人正是由于欠缺经济实力才去逃税的，其连偷逃的税款都未必能够缴纳，更何况几倍的罚金。即便是具有相当经济实力的纳税人，面对几倍于偷逃税款的罚金也不见得有能力缴纳，在有能力缴纳的情况下也是付出了极大的经济代价，必然会破坏其再生产和运行的能力，这实际上是不当地扩大了税收犯罪适用刑罚的负面效应。把上限定得过高固然是体现了刑罚的威慑力，但由于其难以落到实处，相应的规定就会变成一纸空文，这无疑又损害了刑法的权威性。

税收犯罪中有的罪名所设置的罚金刑遵循的是限额制（主要是发票犯罪），此时只需罚金的下限数额上高于罚款的上限即可。但就税收犯罪的各个罪名而言，其所对应的一般违法行为由法律、行政法规设定的罚款幅度和规定方式有所不同，所以此时还面临一个以行政法律还是以刑法为参照进行幅度协调的问题。笔者认为，应当以行政法律（广义的行政法律，包括行政法规、规章）为参照规定罚金的幅度，即规定罚金的幅度相当于罚款的幅度或下限略高于罚款的下限，上限也可以略高于罚款的上限。因为这样能够更有利于根据违法行为的性质确定罚款幅度，发挥罚款的作用，而不是仅仅为了限制罚款的幅度而事先给罚款设定好幅度。如果行政法律所规定的罚款幅度明显不符合处罚这类违法行为的需要，也应当首先修改行政法规，然后再对刑法进行相应的修改。

（三）完善我国税收犯罪罚金刑的具体建议

以下作者将在结合相关行政法律对罚款幅度规定的基础之上，就我国

---

① 参见李建国主编：《最新税收征收管理法释义与税法实务》，人民法院出版社 2001 年版，第 133 页。

税收刑法中设置了罚金刑的罪名之中罚金刑的幅度进行分析。

我国的《海关法》并未规定一般走私普通货物、物品行为的罚款幅度，只是规定了"可以处以罚款"或"可以并处罚款"，但《海关行政处罚实施条例》中规定：偷逃应纳税款但未逃避许可证件管理，走私依法应当缴纳税款的货物、物品的，没收走私货物、物品及违法所得，可以并处偷逃应纳税款3倍以下罚款。可见，行政法规对一般走私普通货物、物品行为的罚款幅度的规定是仅设置了上限而没有规定下限。我国刑法对走私普通货物、物品罪的财产刑基本规定的是"偷逃应缴税额一倍以上五倍以下罚金"，只有当"偷逃应缴税额特别巨大或者有其他特别严重情节的"，"并处偷逃应缴税额一倍以上五倍以下罚金或者没收财产"。这一罪名中罚金刑的幅度基本上是合理的，但"三倍"和"五倍"的差距在偷逃应缴税额不算巨大之时二者的差距和在偷逃应缴税额巨大之时二者的差距显然是巨大的。而由于行政法规并没有规定罚款的数额下限，罚金设置"一倍以上"的数额下限已经足以体现罚金的严厉性，故应当尽可能地使罚金刑这一比例幅度的上限接近于罚款比例的上限，即将"五倍"修改为"三倍"为宜。

我国的《税收征收管理法》对逃税行为罚款幅度的设置是"不缴或者少缴的税款百分之五十以上五倍以下"，这与《刑法修正案（七）》通过之前逃税罪的罚金幅度规定是一致的。但是《刑法修正案（七）》删除了"处偷税数额一倍以上五倍以下罚金"的具体罚金标准，而修改为"处罚金"的无限额规定。关于逃税罪罚金修改的主要意图，立法者并未在修正案的说明中正面提及，有论者认为，这样修改一方面是为降低对逃税罪处罚的立法提供可能性和留下空间。"一倍以上五倍以下罚金"的处罚标准太高，在司法实践中难以执行，难免成为摆设。另一方面是把罚金的具体标准留给司法机关进行解释并适时调整，有利于保障刑法的稳定性。[1] 还有的论

① 参见李恒欣：《逃税罪（原偷税罪）解读》，http://www.chinalawedu.com/web/173/wa2014110518500855956304.shtml，最后访问日期：2015年6月11日。

者认为，刑法这么修改是为了克服统一刑罚设置可能带来个案的不公，如在偷逃同样数额的税款都构成犯罪的基础上，对于大企业来说所承受的罚金可能仅为九牛一毛，而对于规模小的企业来说可能就要破产，从而会引发更多的社会问题。[①] 但另外的论者认为，这样修改事实上是在罚金力度上较以前的规定有所加重。因为根据相关司法解释的规定，罚金的最低数额不得少于 1000 元，而没有上限的规定，应当根据犯罪情节决定罚金的数额。这意味着对逃税者判处的罚金可能超过逃税数额的 5 倍以上，这能够更好地遏制纳税人实施逃避缴纳税款行为的贪利心理，让其觉得逃税的结果是得不偿失。[②] 立法者事实上在解释修正案之时表明了对待逃税罪的态度：国外对逃税行为大多采取区别于其他普通犯罪的特别处理方式，即对逃税行为往往查得严，罚款重，真正定罪的很少。中外的税收实践已经证明，单凭刑罚的威慑力并不能有效解决逃税问题，而加强税收监管并建立可供社会公众查阅的单位和个人的诚信记录档案，对促使公民自觉履行纳税义务才具有更为有效的作用。[③] 立法者对待逃税罪的态度表明了立法者是有意在抬高逃税罪的入罪门槛的同时又降低对已经入罪的逃税行为的处罚，也绝非只是为了顾及中小企业逃税者的罚金刑承受能力（事实上中小企业入罪带来的社会问题似乎还不足以引起立法者的重视），前述的第一种观点更有道理。但这一修改由此带来的问题也是显而易见的，即明显与行政法对罚款的规定方式不符，难以体现刑罚比行政处罚更高的严厉性，这一问题尤其在对比逃税数额接近临界点的数额之时更为明显。例如，逃税数额为 4.8 万元之时，最高可以处以的罚款数额是 24 万；逃税数额为 5.2 万元之时，按照现行规定，其判处罚金只要不低于 1000 元就合法，例

---

① 参见李翔：《论逃税犯罪中的初犯免责》，载《中国刑事法杂志》2009 年第 7 期。

② 参见高翼飞：《评析〈刑法修正案（七）〉对偷税罪的修改》，http://article.chinalawinfo.com/Article_Detail.asp？ArticleId=47265。

③ 参见黄太云：《〈中华人民共和国刑法修正案（七）〉的理解与适用》，载最高人民检察院公诉厅编：《刑事司法指南（2009 年第 2 集，总第 38 集）》，法律出版社 2009 年版，第 157 页。

如判处 2400 元的罚金当然合法，2400 元和 24 万相差整整 100 倍。这就意味着逃税数额高的时候反而获得的经济惩罚可能更轻，虽然构成逃税罪的主体可能被判处自由刑，但经济惩罚数额失衡的问题显然难以通过自由刑的判处就得到缓解。而且即便是要降低逃税罪的刑罚，首先应当降低的也是自由刑，其次才是财产刑，否则就是本末倒置。所以，笔者不赞成取消逃税罪罚金比例的做法。纵观我国刑法分则对罚金的规定，一般不设置限额的罪名大多都是无法衡量与行为有着密切关系的数额或以相关数额作为额度明显不合理的犯罪，逃税罪显然不在这些犯罪之列，因为行为人获益的多少与其逃税数额是密切相关的，通过罚金剥夺其再犯能力必然要求所处的罚金数额与逃税数额密切相关。[①] 完全脱离逃税数额判处罚金不仅会使其幅度难以把握而出现标准不一的问题，还会对不同地区的纳税人造成新的不公，也会使得罚金数额的科学性大打折扣。因此，应当恢复以比例制作为逃税罪罚金限制的规定，但为了克服罚金数额过大的问题，可以参照法律对走私普通货物、物品罚款幅度的规定，即把原有的"五倍"降低为"三倍"，而且应当首先在《税收征收管理法》对罚款的规定中修改相关幅度。

刑法对抗税罪、逃避追缴欠税罪设置的罚金刑比例幅度与《税收征收管理法》基本上是一致的，其"税款一倍以上五倍以下"的比例幅度和《税收征收管理法》对相应一般违法行为所设置的"税款百分之五十以上五倍以下"的比例幅度的差距只在数额的下限比例上。骗取出口退税罪设置的罚金比例幅度和一般骗取出口退税违法行为的罚款比例幅度是完全一致的，即"税款一倍以上五倍以下"。这三个罪名设置的罚金幅度是合理的。

涉及增值税专用发票和"四小票"的几类犯罪：虚开增值税专用发票、用于骗取出口退税、抵扣税款发票罪、伪造、出售伪造的增值税专用发票

---

① 也有论者对此持反对意义，其认为"不使犯罪人在经济上占到便宜，也就是要剥夺其违法所得，而这个任务不是由罚金来完成，而是应该由刑法第 64 条规定的没收和追缴来完成的。"参见李洁：《罚金刑之数额规定研究》，载《吉林大学社会科学学报》2002 年 1 月。

罪、非法出售增值税专用发票罪、非法购买增值税专用发票、购买伪造的增值税专用发票罪、非法制造、出售非法制造的用于骗取出口退税、抵扣税款发票罪、非法出售用于骗取出口退税、抵扣税款发票罪在罚金刑的设置上是一致的，即基本情节是处以"二万元以上二十万元以下"罚金，加重情节处以"五万元以上五十万元以下"罚金（其中非法购买增值税专用发票、购买伪造的增值税专用发票罪由于不存在加重情节，故罚金刑也只有一档），只是在是否并处上存在略微的不同，即非法购买增值税专用发票、购买伪造的增值税专用发票罪，可以单处罚金。发票犯罪涉案的数额一为份数（虚开犯罪中为国家税款被骗数额），二为票面额，这两个数额虽然和犯罪行为的社会危害性紧密相关，但都不宜作为罚金刑设置的参照。首先，份数代表的不是金钱的数额，不可能作为罚金刑设置的参照；其次，票面额虽然可以作为参照，但由于这几类犯罪本质上侵犯的是国家的发票管理秩序，并不是直接对国家税收造成危害，秩序的损害程度主要还是看涉案的发票份数，票面额的多少倒是其次，其票面额的多少并不能反映行为人的经济活动。所以刑法对这几类犯罪的罚金刑以限额制规定是合理的，问题只是限额的具体设置是否合理。我国《发票管理办法》第 37 条规定，违反本办法第 22 条第 2 款的规定虚开发票的，由税务机关没收违法所得；虚开金额在 1 万元以下的，可以并处 5 万元以下的罚款；虚开金额超过 1 万元的，并处 5 万元以上 50 万元以下的罚款。第 38 条规定，私自印制、伪造、变造发票的，并处 1 万元以上 5 万元以下的罚款；情节严重的，并处 5 万元以上 50 万元以下的罚款。《发票管理办法》的相关罚则规定并不区分发票的种类，但由于虚开增值税专用发票和"四小票"金额在 1 万以上的应当立案追诉，故《发票管理办法》第 37 条中规定的"虚开金额超过 1 万元的，并处 5 万元以上 50 万元以下的罚款"对虚开这两类发票的一般违法行为并不适用，虚开这两类发票的一般违法行为的罚款幅度应当是 5 万元以下。对以限额制设定罚金刑的罪名而言，其罚金刑的数额下限应以相应一般违法行为所处罚款的数额上限为参照，所以虚开增值税专用发票、用于骗取出口退税、抵扣税款发票罪的罚金下限应以 5 万元为准，原有的 2 万元下限偏少，相应的其中的加重情节的罚金下限应当同时适当调整，比如调整为 10 万元。对于伪造发票行为，《发票管理办法》规定的罚款限额为"1 万元以上 5 万元以下"，情节严重之时为"5 万元以上 50 万元以下"。《发票管理办法》并未明确规定出售、购买行为的法律责任，但可以以该办法第 39 条第 2 项所规定的"知道或者应当知道是私自印制、伪造、变造、非法取得或者废止的发票而受让、开具、存放、携带、邮寄、运输的"的相关罚则处罚，也即罚款的限额为"1 万元以上 5 万元以下"，情节严重之时为"5 万元以上 50 万元以下"。伪造、出售、购买增值税专用发票和"四小票"相关犯罪的罚金刑数额下限设置同样偏低，应当调整为 5 万元，相应的其中的加重情节的罚金下限应当同时适当调整。至于《发票管理办法》中"情节严重时"的规定虽然是该办法修订之时增加的内容，但存在适用范围不明和与刑法规定不协调的问题。因为按照现有的立案追诉标准，留给税务部门处罚的空间本来就不算大，在有限的空间内再增加一个"情节严重"的规定显得多余，但是否可以作为一个国家试图调整发票犯罪刑事政策的信号还值得研究。因此，在完善相应犯罪行为的罚金刑设置之时可以暂时不予考虑这一规定。总体而言，我国刑法对增值税和"四小票"犯罪的刑罚设置中自由刑偏重，而罚金刑的设置又偏轻，这在惩治这类扰乱经济秩序的犯罪中有本末倒置之嫌。

涉及普通发票的几类犯罪即非法制造、出售非法制造的发票罪、非法出售发票罪、虚开发票罪中除了《刑法修正案（八）》新增的虚开发票罪对罚金刑不作限额规定之外，其他两个罪名的罚金刑都采限额制，即罚金限额为"1 万元以上 5 万元以下"，情节严重之时"5 万元以上 50 万以下"。这里存在的问题和增值税专用发票、"四小票"犯罪一样，即无法体现其比对应的一般违法行为所处罚款严厉之处，而《发票管理办法》本身并不根据发票种类确定罚则，故应当把罚金刑的数额下限调整为 5 万元，其中的加重情节的罚金下限应当相应地同时适当调整。不过这样修改面临的问题就是在我国现行的发票犯罪体系之中，其无法在罚金刑设置上体现普通发票犯罪刑罚比增值税发票、"四小票"犯罪的轻缓之处。但因为相应罪名在自由刑设置上已经体现了轻重差别，不一定非要在罚金刑上也同时体现。而且在现有规定中在不同发票犯罪行为"情节严重"之时罚金刑限额本来就是一致的，这说明立法者也认可上述观点。刑法当前对"虚开普通发票罪"未设定限额，这和《刑法修正案（八）》通过之时的大背景有关，即一来关于该罪名的设置就存在争议，故其具体刑罚的设置反倒成为遭立法者忽视的"盲点"；二来修正案把逃税罪的罚金刑设置方式修改为无限额制，这种模式修改多少会影响到与之相关的普通发票犯罪。但对虚开普通发票犯罪的罚金刑不作限额既不利于司法的适用，也与发票犯罪的整体罚金刑配置方式和《发票管理办法》对一般虚开违法行为所处罚款的规定方式不协调，故应当也采取限额制，即规定"5万元以上20万元以下罚金"，情节严重的，并处"10万元以上50万以下罚金"。

持有伪造的发票罪适用的对象包括所有种类的发票。对这一犯罪所处的罚金的数额在《刑法修正案（八）》中同样没有规定，其理由大致同虚开发票罪的相关规定。故应当对其罚金数额作出限额规定，比照《发票管理办法》第39条第2项所规定的知道或者应当知道是私自印制、伪造、变造、非法取得或者废止的发票而受让、开具、存放、携带、邮寄、运输的处1万元以上5万元以下罚款的规定，明确规定明知是伪造的发票而持有，数量较大的，处5万元以上20万元以下罚金，数量巨大的，处10万元以下50万元以下罚金（同样暂时不需考虑《发票管理办法》中"情节严重"的规定）。

二、税收犯罪中的没收财产刑

在1997年刑法典中，没收财产刑被设置在70余种犯罪中，税收犯罪中配置了没收财产刑的犯罪有走私普通货物、物品罪、骗取出口退税罪、虚开增值税专用发票、用于骗取出口退税、抵扣税款发票罪、伪造、出售伪造的增值税专用发票罪、非法出售增值税专用发票罪和非法制造、出售非法制造的用于骗取出口退税、抵扣税款发票罪。学界对于没收财产刑的存与废一直存在广泛的争议。总体而言，主张应保留没收财产刑的论者认为：（1）其适用的对象不限于动产因而可以更大限度地惩治经济犯罪；（2）其作为一种重刑可以作为惩治严重犯罪的辅助措施；（3）其具有明显的经济性；（4）其在发生误判的情况下可以通过返还原物或者金钱补偿的方法予以纠正。主张应废除没收财产刑的论者认为：（1）其难以执行；（2）其具有不平等性；（3）其可能株连无辜；（4）其有碍于犯罪人的再社会化。①

没收财产刑与其他刑种一样，优点与缺点都是并存的，所以无论是主张保留还是废除没收财产刑的观点均有其道理，作者在此也不就没收财产刑整体的存废问题进行深入的探讨。没收财产刑作为一种附加刑，关于其轻重程度，虽然有论者认为对于犯罪人而言，判处附加罚金还是没收财产，并没有实质的差别，没收财产刑并不能给犯罪人带来巨大的恐惧和威慑力。② 但多数论者认为，与罚金刑相比，没收财产刑是更为严厉的财产刑，尤其是在全部没收的情况下，其对犯罪人经济权利的彻底否定功能是罚金刑所不具备的。③ 因此，只有对那些严重的犯罪配置没收财产刑尤其是没收全部财产才是合适的。我国刑法对没收财产刑的规定可以分为三种情形：一是在规定对犯罪分子判处主刑的同时，必须并处没收财产；二是规定对犯罪分子在判处主刑的同时，可以或者必须并处罚金或者没收财产；三是规定在对犯罪分子判处主刑的同时，可以并处没收财产。对于其中的第二种情况，司法机关在选处罚金刑还是没收财产刑的问题上，一般采取的做法是：如果判处被告人有期徒刑，那么只能并处罚金刑；如果判处被告人

---

① 参见陈兴良主编：《刑种通论》（第二版），中国人民大学出版社 2007 年版，第 320-321 页。

② 参见姚贝：《对没收财产刑的价值反思》，载《西南科技大学学报》（哲学社会科学版）2011 年第 4 期。

③ 参见牛忠志：《我国没收财产刑的立法完善研究》，载赵秉志主编：《刑法论丛》（第 24 卷），法律出版社 2010 年版，第 192 页。

死刑，只能并处没收财产刑；如果判处被告人无期徒刑，那么可以根据被告人的实际情况并处没收财产刑或者并处罚金刑。[①] 所以，没收财产刑所适用的应当是配置死刑或者无期徒刑的犯罪。而且，由于没收部分财产完全可以被罚金刑所取代，[②] 所以对法定刑最高幅度仅为有期徒刑的犯罪而言没有必要配置没收财产刑。

就我国的税收犯罪而言，配置没收财产刑的犯罪之中对应的主刑均为"十年以上有期徒刑或者无期徒刑"，而且此时没收财产刑也是和罚金刑选处的刑种。而正如上文所论述的那样，我国税收犯罪中已经废除了死刑，也应当进一步废除无期徒刑，所以，税收犯罪中的没收财产刑也应当被废除。

三、税收犯罪中的资格刑

（一）税收犯罪中的资格刑概述

资格刑也即剥夺罪犯所享有或行使的一定权利或资格的刑罚。"资格刑"这一概念并不是我国刑法中明确使用的法律术语，而是理论界对某些具有类似性质刑种的统称。我国刑法中存在的资格刑种类很少，只有剥夺政治权利、剥夺军衔和驱逐出境三种，其中剥夺政治权利、驱逐出境是刑法典明确规定的，而剥夺军衔是《中国人民解放军军官军衔条例》规定的。在1997年刑法典修订以前，对军人犯罪还可以适用剥夺勋章、奖章、荣誉称号的资格刑。由于驱逐出境的适用对象仅限于犯罪的外国人，剥夺军衔同样只能适用于特定对象即被依法判处剥夺政治权利或者3年以上有期徒刑的军官，故对我国普通公民可以适用的资格刑事实上只有剥夺政治权利。按照我国刑法典的规定，剥夺政治权利的对象可以分为三类：即危害国家安全的犯罪人，犯故意杀人等几类严重破坏社会秩序的暴力性犯罪的

---

① 参见张军、姜伟、郎胜等著：《刑法纵横谈 总则部分》（增订版），北京大学出版社2008年版，第384页。

② 参见王志祥、敦宁：《刑罚配置结构调整论纲》，载《法商研究》2011年第1期。

犯罪人，可独立适用剥夺政治权利的轻微犯罪人。税收犯罪的犯罪人显然不属于前两种犯罪人，而我国刑法分则规定可独立适用剥夺政治权利的个罪共有 31 个，其中也没有税收犯罪。所以，一般情况下，剥夺政治权利并不是税收犯罪的资格刑。不过由于我国刑法同时规定犯罪分子被判处死刑、无期徒刑，应当同时判处剥夺政治权利终身的附加刑，而税收犯罪的犯罪人可能被判处无期徒刑（曾经还可以被判处死刑），所以在这种情况下，税收犯罪的犯罪人也可能被判处剥夺政治权利。总之，资格刑在我国税收犯罪的刑罚中基本上是处于缺位状态的。

反观国外，很多国家对税收犯罪都规定有资格刑。例如，按照《俄罗斯刑法典》第 199 条的规定，采取不提交收入申报表或其他依照俄罗斯联邦的税费立法应提交的单证，以及采取将明知虚假的信息材料列入申报表或上述单证的手段，逃避交纳税费，数额特别巨大的，处数额为 20 万卢布以上 50 万卢布以下或被判刑人 1 年以上 3 年以下的工资或其他收入的罚金；或处 6 年以下的剥夺自由，并处或不并处 3 年以下剥夺担任一定职务或从事某种活动的权利。按照《西班牙刑法典》第 305 条的规定，纳税人有意或无意不缴或者少缴应纳税款，少列账目收入，隐瞒实物报酬以骗取退税或以同样形式获取非法财政收益，侵犯了国家、自治区、任一合法的或地方的财政收入时，如果涉案金额巨大或者已构成威胁或者可能威胁大量纳税义务的组织性犯罪，犯罪行为具有相当重要性或者严重性。除给予以上处罚外，另剥夺罪犯 3 年以上 6 年以下获得公共补贴或者公共资助、享受财政补助或者社会保险的资格。在日本，对于与犯罪组织、政界人士的偷漏税相关联，传授犯罪计谋、作为共犯而获得巨款的注册会计师、税务官员、律师等，对他们在处于严刑的同时，还给予永久的剥夺其从业资格的处罚。[①]

---

① 参见【日】加藤久雄：《税收犯罪与制裁》，载西原春夫著：《日本刑事法的重要问题 第2卷》，金兆旭等译，法律出版社、成文堂联合出版 2000 年版，第 98 页。

（二）税收犯罪增设资格刑的意义

笔者认为，应在我国税收犯罪中增设资格刑的规定，这主要是基于以下几方面的原因：

第一，增设资格刑有利于更好地预防税收犯罪。税收犯罪属于经济犯罪，经济犯罪的犯罪主体大都具有从事某项经营活动的资格和某一合法的职业，甚至还会担任某种公职。这类人之所以能够实施相应犯罪，除了其主观的贪利性之外，业务上的熟练性也是必不可少的。可以说，其具有的某种资格为其实施犯罪提供了有利的条件。行为人所实施的犯罪行为违背了自身的职业和职务要求，而且其在接受了刑罚之后如果继续从事该行业，再次实施相应犯罪的再犯可能性很大。如果对经济犯罪只适用自由刑和财产刑，而不适当地剥夺其从事与其犯罪行为有关的职业或职务的资格，那么当行为人再次产生犯意之时，由于其仍具有某种资格，加之自身丰富的业务能力，就会再次产生犯罪动力，实施新的经济犯罪。反之，如果对经济犯罪适用以剥夺犯罪人从事某种职业或担任某种职务的权利为内容的资格刑，基本上就杜绝了犯罪人再次犯罪的可能性，实现了刑罚的特殊预防功能。可见，从预防犯罪的角度讲，对包括税收犯罪在内的经济犯罪适用资格刑有着积极意义。

长期以来，"罚了不打，打了不罚"的刑罚观念影响着我国刑法理论、刑事立法和刑事司法，在对经济犯罪适用刑罚问题上也存在上述问题。不宜认为对经济犯罪适用了自由刑，已经给犯罪人以惩罚，也就没有必要剥夺其从事某种职业或担任某种公职的权利。近些年经济犯罪的事实说明了对经济犯罪只是判处自由刑而不剥夺其从事某种职业或者担任某种公职的权利，经济犯罪的再犯情况越来越严重，手段也越来越高明。这种教训使人们认识到资格刑对于经济犯罪适用的重要性。[1]

---

[1]　参见江维龙著：《经济犯罪研究》，广西师范大学出版社 2009 年版，第 101 页。

第二，增设资格刑有利于顺应税收犯罪轻刑化的需要。资格刑相比于其他种类的刑罚而言，是一种相对轻缓的刑种。税收犯罪立法应当逐步实现轻刑化，就要逐步减少自由刑的适用，扩充和完善财产刑的适用，增设资格刑。

第三，增设资格刑有利于完善我国的刑罚体系。正如上文分析，有的论者之所以主张刑罚与行政处罚能够并用，很大一部分原因是因为我国刑罚中的资格刑不足以应对打击相应犯罪的需要。也就是如果认为刑罚和行政处罚不能够并用，在某些情况下就会出现对一般违法行为的行为人可以剥夺其从事某种活动的资格，而对犯罪行为人反而无法剥夺其这些资格的现象。如果把行政处罚的适用当做一种例外，则又会混淆一般违法行为与犯罪行为的界限，用行政处罚去处罚本应由刑罚惩治的行为。因此，增设资格刑有利于我国刑罚体系的完善。

（三）税收犯罪中增设资格刑的构想

在税收犯罪中增设资格刑，应当从以下方面入手：

第一，增设针对自然人犯罪人的资格刑。税收犯罪中的自然人犯罪主体某些情况下是利用其所担任的职务或所从事职业的便利而实施犯罪，相应的行为违背了其职务要求和职业道德。如果仅对其处以自由刑和财产刑，其再犯能力就没有被剥夺。因此，从预防犯罪的角度而言，如果犯罪人是利用其职务或职业而实施犯罪，就可对其处以以剥夺从事某种活动的资格为内容的刑罚，包括担任特定职务或从事特定职业的资格。虽然与生命刑、自由刑相比，资格刑具有人道性、开放性和轻缓化的特点，但这并不意味着资格刑可以不受约束地适用。资格刑虽然属于轻刑，但仍然具有刑罚的本质属性即痛苦性，而且资格刑关乎对受刑人的政治和社会评价，其适用可能对受刑人的生活产生很大的影响。因此，资格刑的适用也应当遵循刑罚的必要性原则，即应当在犯罪的实施与特定资格有关的情况下才予以适用。[①] 例如对税务工作人员实施税收渎职犯罪的，增设附加或独立适用的取消其税务工作职业资格的资格刑；对提供虚假财务会计报告、帮助做假账、隐匿或者故意销毁会计凭证、会计账簿、财务会计报告的会计人员增设取消其会计从业资格的资格刑等。

第二，增设针对单位犯罪的资格刑。我国税收犯罪中的单位犯罪并不少见，但刑法中并没有针对单位犯罪的资格刑。事实上，对犯罪的单位处以资格刑，对于预防其再犯同样具有积极的意义。具体而言，这些资格刑应当包括以下几种：（1）暂停从业。停止营业即对犯罪的单位在一定期限内剥夺其从事营业活动的权利的一部分或全部。对于那些违反了税法规定的税收义务并构成犯罪，但情节比较轻微的单位，可适用这种资格刑。例如，单位隐匿或者故意销毁那些依法应当保存的会计凭证、会计账簿或财务会计报告构成逃税罪，但情节较轻的，可处以暂停从业的资格刑。（2）限制从业。限制从业即在一定期限内，禁止单位从事特定的业务活动，限制其业务活动的范围。在适用这种资格刑之时，要结合单位实施犯罪过程中所利用的业务资格的种类，从而做出相应的限制。例如，单位利用虚开的增值税专用发票、"四小票"抵扣税款或者骗取出口退税构成犯罪的，可剥夺其作为增值税一般纳税人的资格。（3）强制解散。强制解散即强制解散那些实施犯罪的单位，剥夺其存在的资格。这是对单位犯罪主体最严厉的一种资格刑，应当只适用于严重的单位犯罪。例如，单位伪造、变造会计凭证、会计账簿，编制虚假财务会计报告构成逃税罪，且情节严重的或再次实施同一犯罪行为的，可处以强制解散的资格刑。

第三，适时修改刑法总则中资格刑适用条件的相关规定。我国税收犯罪中资格刑缺位的状况和我国立法对待资格刑的整体态度和立法方式有密切关系。比较中外刑法关于资格刑的相关规定，我们可以发现，国

---

① 参见郭理蓉著：《刑罚政策研究》，中国人民公安大学出版社 2008 年版，第 156 页。

外的资格刑一般针对性比较强，所以其适用的范围较为具体；而我国的资格刑针对性不强，把其定位于一种政治上的否定性评价，所以其种类较为单一，适用的范围较窄，较为机械化。[①] 我国与国外资格刑的差异反映的是资格刑发展阶段的差异。从刑罚的演化史来看，刑罚进化的一般规律是资格刑由毁损犯罪人名誉的名誉刑转化为剥夺其特定资格和能力，以减少其再犯可能性的能力刑。资格刑的适用不仅仅表明对犯罪人政治上的否定和不信任，更为重要的还是为了教育改造罪犯、剥夺限制犯罪人的再犯能力，最终消灭犯罪。[②] 所以，要恰当地在税收犯罪中增设资格刑，首先是要正确地给资格刑定位。资格刑的功能最主要的就是限制犯罪人的再犯能力，这是资格刑的基本性质。对资格刑的性质予以重新定位，还其资格刑的本来面目，按照资格刑本来具有的基本性质设计资格刑的规定，这是资格刑发展和完善的出发点和归宿。[③] 从刑法总则的规定来看，应当改变由总则规定资格刑适用对象的方式，把适用资格刑的犯罪全部改为由分则的具体条文去规定。因为由总则去规定资格刑的适用对象，而总则不可能对资格刑所适用的犯罪逐一列举，不可避免地会导致模糊抽象的规定。可以说，总则作出相应规定既不全面，对资格刑的实际运用也没有太大的价值。我国刑法总则对罚金刑和没收财产刑也没有规定其适用对象，而是体现在分则的具体条文之中。因此，可由总则大体规定资格刑的内容、期限等问题，而由分则规定资格刑的适用对象。即在需要设定资格刑的犯罪的法定刑中将资格刑作为刑罚的一种加以规定，这样既可以有效地避免资格刑适用对象的模糊性，又可以确保资格刑适用的统一性和权威性。[④]

---

① 参见王俊平：《资格刑适用范围之比较》，载《河南师范大学学报》（哲学社会科学版）2002 年第 6 期。

② 参见胡鹰、沈建敏：《现代资格刑发展趋势》，载《法律科学》1991 年第 6 期。

③ 参见吴平著：《资格刑研究》，中国政法大学出版社 2000 年版，第 309 页。

④ 参见李希慧：《资格刑的反思与完善》，载《法学》1995 年第 3 期。

　　第四，增设资格刑的复权制度。所谓复权制度，即对被判处资格刑的犯罪人，当具备法律规定的条件时，依法恢复其被剥夺的资格和权利的制度。对犯罪人处以资格刑本身并不是目的，而主要是为了防止其再犯。如果犯罪人已经改造良好，不再具有再犯的可能性，自然可以恢复其享有相应的资格或权利。复权制度，有利于被处以资格刑的犯罪人的改造，有助于其复归社会。当今西方国家的刑法中普遍采用这一制度。从其他国家刑法关于复权制度的规定来看，复权有法律上的复权和裁判上的复权两种具体方式。法律上的复权，即由法律明确规定复权的条件，当犯罪人具备这些条件之时，犯罪人被剥夺的权利就自动恢复，而不需要经过法院的裁判。裁判上的复权，即在犯罪人符合了法律规定的条件之时，犯罪人被剥夺的权利也不能自动恢复，而必须经过法院的裁定确认。当前只有个别国家同时规定了这两种复权方式，如法国。大多数国家都只规定其中的一种，如日本只规定了法律上的复权，德国只规定了裁判上的复权。笔者认为，我国应采用裁判上的复权，因为裁判上的复权更能保证复权的严肃性和权威性。不过，即便是采取裁判上的复权方式，刑法也应该明确规定复权的具体条件和程序。就复权的具体条件而言，其包括时间条件和犯罪人个体的表现条件。时间条件也就是资格刑在执行多长时间以后方可复权。笔者认为，我国的复权时间条件应设定为已执行判决中所确定的资格刑期限的二分之一。这样，既能使这一期限不至于太短而丧失必要的惩罚性和权威，又不至于过长而失去复权的意义。表现条件也就是犯罪人在法定的期限内应符合何种行为要件方可适用复权。笔者认为，只要犯罪人在法定的期间内没有再犯新罪，且履行了应当履行的义务，即可以适用复权。就复权的程序而言，刑法应明确规定：需由犯罪人向原审法院提出复权申请，由原审法院结合具体的条件作出裁决。在建立复权制度的同时，刑法还应相应地规定撤销复权制度，即犯罪人在复权以后，如发现其复权之前犯有罪行或者复权之后原判资格刑执行期限尚未完毕时又犯新罪的，撤销复权判决，恢复对其相应资格或权利的剥夺。

第五章　走私类税收犯罪（走私普通货物、物品罪）的立法问题

第一节　走私普通货物、物品罪的立法沿革

一、走私普通货物、物品罪立法的初创时期

1979 年以前，我国没有专门的刑法典，涉及走私犯罪的规定仅在某些行政法规中有所体现。例如 1951 年发布的《暂行海关法》第 176 条规定了重大走私行为，第 178 条规定对于"其情节重大者，并移交司法机关究办"。但这一时期的相关规定非常模糊，并不具有真正意义上的刑法条款的性质。

1979 年刑法典结束了我国没有走私犯罪专门刑事立法的历史，其中涉及走私犯罪的条款有 3 个，分别规定了一般走私犯罪、重大走私犯罪和国家工作人员利用职务上的便利进行走私犯罪的处罚。第 116 条规定："违反海关法规，进行走私，情节严重的，除按照海关法规没收走私物品并且可以罚款外，处三年以下有期徒刑或者拘役，可以并处没收财产。"第 118 条规定："以走私、投机倒把为常业的，走私、投机倒把数额巨大的或者走私、投机倒把集团的首要分子，处三年以上十年以下有期徒刑，可以并

处没收财产。"第 119 条规定："国家工作人员利用职务上的便利，犯走私、投机倒把罪的，从重处罚。"不过，这时期的走私罪立法并未区分走私的对象是普通货物、物品还是特殊物品。

二、走私普通货物、物品罪立法的逐步成型时期

1982 年 3 月 8 日全国人大常委会通过了《关于严惩严重破坏经济的罪犯的决定》，其中针对走私罪的条款提高了该罪的法定刑，规定："走私情节特别严重的，处十年以上有期徒刑、无期徒刑或者死刑，可以并处没收财产"。这一修改针对的是我国开放过程中出现的第一次走私犯罪高潮，体现了走私犯罪的从严打击。不过此时，走私罪的立法总体显得过于原则、抽象，缺乏可操作性。鉴于此，1987 年 1 月 22 日全国人大常委会在其通过的《海关法》中对走私犯罪的具体类型作了详细的规定，并且补充了准走私和单位可以成为走私罪主体的内容，该法也是我国第一部规定单位可以成为犯罪主体的法律。《海关法》把走私行为的对象进行了较为细致的区分，明确规定走私国家禁止进出口的毒品、武器、伪造货币、淫秽物品、禁止出口的文物和国家禁止进出口的其他物品的可以构成走私罪，实际上已经把走私普通货物、物品的行为和特殊物品的行为区分开来。不过受附属刑法这种立法模式的限制，《海关法》并未针对不同走私对象设定不同的法定刑。针对这一问题，1988 年 1 月 21 日全国人大常委会通过的《关于惩治走私罪的补充规定》，进一步完善了走私罪的立法。《关于惩治走私罪的补充规定》首次针对走私行为不同的对象设定了不同的法定刑，体现了区别对待的原则。但是《关于惩治走私罪的补充规定》仍然把走私罪作为一个具体个罪的罪名保留下来，并没有进一步根据走私的不同行为对象设定具体的罪名。1990 年 12 月 28 日全国人民代表大会常务委员会通过的《关于禁毒的决定》等单行刑法先后从走私罪中分离出了走私毒品罪、走私制毒物品罪、走私淫秽物品罪、走私珍贵文物罪，但仍然没有针对走私普通货物、物品罪的规定罪名。

1997 年修订后的刑法典将原有的走私罪上升为一个类罪名，单独设置了走私普通货物、物品罪，并且将该罪名原有"走私货物、物品价额"的定罪量刑标准修改为"走私货物、物品偷逃应缴税额"，将所有单位走私行为的定罪标准都修改为同自然人犯罪相同的条件，改变了对单位走私普通货物、物品行为惩治不力的现象。1997 年刑法典第 155 条第 2 项当时的规定是："在内海、领海运输、收购、贩卖国家禁止进出口物品的，或者运输、收购、贩卖国家限制进出口货物、物品，数额较大，没有合法证明的"，以走私罪论处。

三、走私普通货物、物品罪立法的进一步完善时期

2002 年 12 月 28 日通过的《刑法修正案（四）》对该《刑法》第 155 条第 2 项作了修改：在运输、收购、贩卖国家禁止、限制进出口货物物品的地点中，增加了"界河、界湖"。这主要是考虑到 2000 年全国人大常委会对《海关法》作了修改，针对实践中出现的在界河、界湖等边境水域走私的行为，增加了界河、界湖的规定。

2011 年 2 月 25 日通过的《刑法修正案（八）》针对走私普通货物、物品罪进行了较大的修改：一是取消了该罪的量刑具体数额标准，将《刑法》第 153 条第 1 款修改为："走私本法第一百五十一条、第一百五十二条、第三百四十七条规定以外的货物、物品的，根据情节轻重，分别依照下列规定处罚：（一）走私货物、物品偷逃应缴税额较大或者一年内曾因走私被给予二次行政处罚后又走私的，处三年以下有期徒刑或者拘役，并处偷逃应缴税额一倍以上五倍以下罚金。（二）走私货物、物品偷逃应缴税额巨大或者有其他严重情节的，处三年以上十年以下有期徒刑，并处偷逃应缴税额一倍以上五倍以下罚金。（三）走私货物、物品偷逃应缴税额特别巨大或者有其他特别严重情节的，处十年以上有期徒刑或者无期徒刑，并处偷逃应缴税额一倍以上五倍以下罚金或者没收财产。"二是增加了"蚂蚁搬家"式小额多次走私普通货物、物品行为入罪的规定。按照《刑法》第

153 条规定，走私普通货物偷逃关税数额必须在 5 万元以上的才构成犯罪，这样规定无法给蚂蚁搬家式的小额走私者定罪。根据《刑法修正案（八）》的规定，一年内因走私被罚两次再从事走私活动者，将以走私罪处以 3 年以下有期徒刑。根据上述规定，常年活跃于港澳与内地间以蚂蚁搬家形式进行走私活动的职业水客将有可能被追究刑事责任。三是取消了犯该罪又有"武装掩护走私的"情节的，适用走私武器、弹药罪、走私核材料罪、走私假币罪的相关条款中"情节特别严重的，处无期徒刑或者死刑，并处没收财产"的规定，由此取消了这一罪名法定刑中的死刑。

第二节　走私普通货物、物品罪的立法完善

一、走私普通货物、物品罪的体例安排

由于针对走私普通货物、物品罪的立法属于税收刑法的一部分，从本质上讲和税收刑法的其他部分，尤其是我国刑法分则中"危害税收征管罪"一节具有共通性，因此，该罪的体例安排，也即在刑法的哪一部分中设置该罪，关系到其与税收刑法的其他部分是否协调以及从立法技术上讲，税收刑法的体例整体是否得当的问题。

我国刑法理论对这一问题关注甚少，这其中的原因可能出自两个方面：一是很多论者把走私普通货物、物品罪排除在税收犯罪的外延之外，自然不会把该罪如何放置的问题考虑在税收刑法的体例安排中；二是我国的走私罪一直都是作为一个独立的部分存在于税收刑法之外的，这种体例安排已经成为我国的一个立法传统，因此质疑这一体例安排的论者很少。有部分学者认为，我国税收刑法在体例安排、设置种类和分布上存在某些不合理之处，如将"走私普通货物、物品罪"设置于"走私罪"一节中。应当在刑法中始终坚持以犯罪客体为分类标准的立法方法，而走私普通货物、物品罪的客体与其他税收犯罪具有统一性，因此走私普通货物、物品罪往

往与逃税罪等其他税收犯罪发生实质的一罪罪数的认定问题。应当将"走私普通货物、物品罪"从"走私罪"一节中分离出来，与其他税收犯罪安排在一起，使税收刑法在体例结构上更加科学和完整。①

笔者认为，无论是把走私普通货物、物品罪设置在走私罪这一节中，还是把其归入危害税收征管罪都各有利弊。一方面，把走私普通货物、物品罪从"走私罪"一节中分离出来的主张有其道理，且在现阶段具有可行性。但另一方面，从长远来看，由于税收刑法立法模式也有必要改革，因此仍应将走私普通货物、物品罪与其他走私犯罪放置在一起。

把走私普通货物、物品罪从"走私罪"一节中分离出来，与"危害税收征管罪"的其他罪名放置在一起的优点在于：由于该罪与其他税收犯罪在客体上具有共通性，因此能够保持税收刑法整体的相对完整性。

把走私普通货物、物品罪和其他走私犯罪归在"走私罪"一节中的优点在于：一方面，体现了立法对对外贸易和海关管理制度的重视。我国刑法分则在体例安排上采用的主要是大章制，只在第三章和第六章中设有分节，而大章制下各章的体例安排依据的标准是犯罪客体。虽然走私普通货物、物品罪与逃税罪等其他税收犯罪具有共同的客体，但走私罪这一类罪同样具有共同的客体即对外贸易管理制度或海关管理制度。刑法分则把走私罪设置为单独的一节所基于的即是行为的手段即走私行为，又是同一的客体。可见，由于犯罪客体的多样性，基于同样的分类方法，刑法分则可以有不同的体例安排。只不过，我国刑法分则并没有坚持以犯罪客体作为罪名分类标准的立法方法，较为明显的就是立法把走私毒品罪、走私制毒物品罪放置在走私、贩卖、运输、制造毒品罪这一节中，而没有把这两个罪名放置在走私罪这一节之中。毒品显然和武器、弹药、核材料、假币等一样都属于违禁品。如果按照对外贸易管理制度或海关管理制度这一客体的划分方法，走私毒品罪也应该放置在走私罪这一节之中。如果以行为的

---

① 参见丛中笑：《涉税犯罪论》，吉林大学法学院 2006 年博士论文，第 169 页。

对象作为犯罪客体，走私假币罪等罪名也应当被设置在相应的类罪中。立法对走私毒品罪的特殊体例安排体现的是国家对毒品犯罪的特别重视，而包括税收、货币管理秩序等在内的客体显然没有受到同等的对待。相反，把走私罪设置为单独的一节显然体现了立法对对外贸易和海关管理制度的特别重视。另一方面，有利于体现税务部门和海关的不同职能分工。虽然无论是关税还是进口环节的增值税、消费税都属于国家税收的一部分，但由于不同税种各自征收的机关和过程存在差别，因此在刑法中把由海关和由税务部门分别负责执行的事务分开，能够更好地与相应的行政违法行为对应起来，而我国刑法分则第三章中规定的犯罪行为在移交司法机关之前基本上都是由不同的行政管理机关负责处理的。立法把走私作为独立的一类犯罪很大程度上便是出于这种考虑。不过，严格说来，走私普通货物、物品罪体例安排的这种积极作用是很小的，因为即便是关税之外的税种，在我国省级以下也是由国税和地税两套不同的行政机关负责征收的。如果严格按照行政权限的划分来安排罪名，我国立法也可以根据税种设置不同的税收犯罪罪名，某些国家如日本存在这种立法例。

但真正决定我国不适合将走私普通货物、物品罪放置在危害税收征管罪之中的却不是以上任何一种因素，而是我国税收刑法立法模式变革的需要。现有针对走私普通货物、物品罪立法体例这一问题的研究都是在我国税收刑法立法模式采取单一刑法典模式的前提下展开的，显然不具有前瞻性。正如上文的分析，我国的税收刑法应当采取附属刑法的立法模式。逃税罪等现有的税收犯罪应当被放置在《税收征收管理法》而不是刑法典之中，而按照我国《税收征收管理法》第90条规定，"关税及海关代征税收的征收管理，依照法律、行政法规的有关规定执行"。可见，对由海关征收和代征的税种的征管不适用《税收征收管理法》，而适用《海关法》、《进出口关税条例》等专门法律法规。由于对走私行为的处罚根本就不适用《税收征收管理法》，在其中设置走私普通货物、物品罪自然也就不具有可能性。相反，正是由于对走私普通货物、物品的行为处罚所适用的是《海关法》等专门法律法规，故应当在这些法律法规中设置相应的罪名。世界上大多数采取附属刑法立法模式的国家也是按照这种体例安排来设置走私罪中的涉税罪名的。例如美国的《海关法》等行政性法律对私下进口货物的走私行为或虚报货物的，均要处以没收财产。德国在其 1961 年的《海关和关税法》第 401 条 a 款中规定："未将物品向海关当局作相应出示以接受检查和监督，而企图带入、带出或者运输物品者"为走私。对走私者，可处 3 个月以上期限的剥夺自由，以及没收商品和运输工具。[①]

二、走私普通货物、物品罪的法定刑设置

我国刑法对走私普通货物、物品罪的法定刑设置了三档的法定刑："走私货物、物品偷逃应缴税额较大或者一年内曾因走私被给予二次行政处罚后又走私的，处三年以下有期徒刑或者拘役，并处偷逃应缴税额一倍以上五倍以下罚金"；"走私货物、物品偷逃应缴税额巨大或者有其他严重情节的，处三年以上十年以下有期徒刑，并处偷逃应缴税额一倍以上五倍以下罚金"；"走私货物、物品偷逃应缴税额特别巨大或者有其他特别严重情节的，处十年以上有期徒刑或者无期徒刑，并处偷逃应缴税额一倍以上五倍以下罚金或者没收财产"。而刑法对逃税罪设置了两档的法定刑："逃税数额较大并且占应纳税额的百分之十以上的，处三年以下有期徒刑或者拘役，并处罚金"；"逃税数额占应纳税额的百分之三十以上的，处三年以上七年以下有期徒刑，并处罚金"。

刑法对走私普通货物、物品罪和逃税罪的法定刑设置的不同主要有两处：一是就前者而言，针对逃税数额巨大行为，自由刑的幅度更大，上限更重，为"三年以上十年以下有期徒刑"，而就逃税罪而言只是"三年以上七年以下有期徒刑"；二是比逃税罪多了一档的法定刑，即设置了专门针对"偷逃应缴税额特别巨大或者有其他特别严重情节的"行为的法定刑。

---

① 参见莫开勤、颜茂昆主编：《走私犯罪》，中国人民公安大学出版社 2003 年版，第 10—11 页。

两罪在入罪和法定刑"升格"的具体标准上存在一定的差别，例如逃税罪除了数额之外还有逃税比例的要求；《刑法修正案（七）》和《刑法修正案（八）》分别修改其数额标准之前，两罪在不同法定刑幅度所对应的具体数额上也不完全相同。因此，在逃避缴纳同样数额税款的前提下，两罪对应的法定刑幅度并不一致，但总体来讲，走私普通货物、物品罪的法定刑重于逃税罪。笔者认为，立法对该罪法定刑的设置不够合理，不利于税收刑法内部罪名之间法定刑的协调，应当予以修改，其主要理由有以下几点：

一方面，关税在我国税制中的地位和重要性程度决定了不需要为其设置重于一般逃税罪的特别法定刑。走私普通货物、物品罪和逃税罪本质上都属于逃税犯罪，只是在行为人逃避的具体税种和面对的具体机关上存在差异。走私普通货物、物品的行为逃避的主要税种是关税，而逃税行为逃避的是其他税种。关税在我国的现行税制体系中只是流转税中的一个较小的税种，其占我国财政收入的比例相比其他重点税种要小得多。数据表明，改革开放以来，我国的关税收入所占税收收入的比例大体经历了一个由低到高再到逐步下降的过程。1978 年我国各项税种合计是 519.28 亿元，其中关税收入 28.76 亿元，占税收收入的 5.53%；1985 年我国各项税种合计是 2040.79 亿元，关税收入 205.21 亿元，占税收收入的 10.05%，而当时国内增值税尚处于试点阶段，收入仅有 147.70 亿元；1990 年我国各项税种合计是 2821.86 亿元，关税收入 159.01 亿元，占税收收入的比例下降到 5.63%；1998 年我国各项税种合计是 9262.80 亿元，关税收入 313.04 亿元，占税收收入的比例降至 3.37%，国内增值税收入 3628.46 亿元，占税收收入的比例已经升至接近 40%；2008 年我国各项税种合计是 52223.79 亿元，关税收入 1769.95 亿元，占税收收入的 3.38%，国内增值税收入 17996.94 亿元，所占比例虽有所下降，但仍然超过 30%。[1] 虽然从绝对数额来看，我国的关税收入总体上来讲仍然在不断增加，但促使我国关税收入仍然保持在一

---

① 参见《中国统计年鉴 2009》，中国统计出版社 2009 年版，第 262 页。

定水平的主要因素是我国进出口贸易的稳步增长，^①由此并不能说明其对税收收入的作用也随之增加，相反，其所占比例减小反映出了其重要性总体而言处于下降状态中。

关税在税收收入中的重要性下降是由多方面因素决定的。这一方面是国内税制改革的结果，如增值税的普遍推广及其固有的税源广泛的特点决定了其在相当长一段时期内会是我国的主要税种，而相比之下，关税的税源本身要小得多。另一方面这是世界各国为推动贸易自由化所作出的一系列举措作用的结果。无论是早期的关贸总协定还是后来的世界贸易组织，其都以降低贸易壁垒尤其是关税壁垒为主要宗旨。降低关税水平是我国加入世界贸易组织的必然结果。例如从 1950 年到 1985 年的 35 年间，我国的关税水平下降了 28.2%，1985 年到 1994 年的 10 年间，仅下降了 3.2%。仅在我国的复关和"入世"谈判过程中，我国的关税水平就从 1992 年的 43.2% 下降到了 15.3%。^②"入世"之后，我国的关税水平进一步下降到了 2011 年的 9.8%。关税水平的下降也是导致关税重要性下降的一大因素。从世界主要国家税制的发展历史来看，关税在税收收入中作用的下降也基本是世界主要国家税制改革历程中的一大共性特点。同样是逃避税款的行为，走私普通货物、物品罪中，无非是行为人逃避的税种具有一定的特殊性，虽然具有特殊性，但其对于国家税收的影响却远不如主体的国内税种。所以说，从税种的重要性程度这一因素来看，走私普通货物、物品罪的法定刑不应当高于逃税罪。

另一方面，走私普通货物、物品行为的实际危害并不比一般逃税行为大。关税在我国税制中的重要性程度不高仅是决定立法不需要为其设立特殊法定刑的因素之一，因为走私普通货物、物品的行为不仅侵犯到一国的

---

① 参见汤贡亮：《走向市场经济的中国税制改革研究》，中国财政经济出版社 1999 年版，第 232 页。

② 参见冯宪宗等主编：《国际贸易理论、政策与实务》，西安交通大学出版社 2004 年版，第 650-651 页。

关税利益，还危害到外贸管理的其他方面。一国开征关税的目的除了增加税收之外，还包括保护国内产业等其他目的，以提高税收收入为目的而课征的关税被称为财政关税，以保护国内产业等为主要目的而课征的关税被称为保护关税。尽管从税收收入的角度讲，二者没有太大的差别，但当今大多数国家实行的都是保护关税而不是财政关税。[①] 所以，获取税收收入一般只是一国课征关税的附带效果，而不一定是其主要目的，相应的，立法中设置走私普通货物、物品罪的目的除了保护关税之外，还考虑到了走私普通货物、物品行为的其他危害，除了损害关税利益之外的危害也是影响该罪法定刑设置的重要因素。一般认为，走私普通货物、物品行为的其他危害还包括：损害国家主权和尊严、危害国家经济安全；破坏市场经济秩序，严重威胁民族工业的生存和发展；腐蚀人们的思想、败坏社会风气、诱发其他犯罪。[②] 我国官方也曾经明确指出，"打击走私犯罪活动，既是一场重大的经济斗争，也是一场严肃的政治斗争"。[③] 我国在相当长的时间内一直是把走私犯罪作为"严打"的对象，这一点可以从走私犯罪统计数据和立法沿革上看出来。而国家也始终强调走私使国家经济和税收蒙受巨大损失，可见其中打击的重点事实上集中在贸易类走私也即走私普通货物、物品罪上。我国对待该罪严厉的刑事政策直接影响到该罪的法定刑设置。1997 年刑法典通过之前，早在 1988 年的《关于惩治走私罪的补充规定》中就已经全面提高了该罪的法定刑，而 1997 年刑法基本上是沿袭该单行刑法的法定刑设置。

我国在特定时期内对贸易类走私采取严打的刑事政策有力地打击了走私犯罪，提高了关税的征收率，具有积极的意义。但时至今日，仍然对之

---

① 参见国家税务总局税收科学研究所编著：《西方税收理论》，中国财政经济出版社 1997 年版，第 69-70 页。

② 参见陈晖著：《走私犯罪论》，法律出版社 2002 年版，第 27-29 页。

③ 参见朱镕基：《统一思想加强领导迅速而严厉地打击走私犯罪活动——在全国打击走私工作会议上的讲话》，载《人民日报》1998 年 9 月 1 日。

采取严厉的刑事政策并不合适，应当适时进行调整。之所以要调整对贸易类走私的刑事政策，除了关税的地位在整体税制中的重要性程度不高之外，还因为我们不能过分夸大贸易类走私的危害性。近年来，我国官方在强调开展反走私斗争的意义时指出："首先，打击走私有利于防止国家税收流失。其次，打击走私有利于维护社会主义市场经济秩序。第三，打击走私有利于合理保护国内市场和国内产业、增加就业岗位和促进经济发展，堵塞非法的进口渠道，有利于保证进口合理增长。第四，打击走私有利于惩治腐败，加强廉政建设"。① 打击走私的这些积极意义对应的都是贸易类走私的社会危害性。如果对这些意义进行仔细分析，可以发现，其中的"有利于维护社会主义市场经济秩序"和"有利于惩治腐败，加强廉政建设"并非是打击贸易类走私特有的作用，包括逃税罪在内的其他经济犯罪一般都会造成相应的危害，故在配置走私普通货物、物品罪的法定刑之时没有必要专门考虑其对社会主义市场经济秩序和廉政建设的影响，真正的决定性因素应当是该罪对关税和国内产业的危害程度。

走私带来的货物因其价格等方面具有优势会对一国国内产业造成一定程度的危害，这也是国家课征保护关税的起因。但随着我国的"入世"，对普通的货物、物品设置的各种壁垒日益降低，也就是说，关税等壁垒对于保护民族工业的作用已经逐步减小，贸易类走私对于民族工业的冲击必然也随之减小。我国在相当长的一段时期内都把走私对国内产业的这种危害上升到一定高度，这与我国国内民族工业在过去整体发展水平不高有关，此外也与我国近代历史上饱受走私之困有关。可以说，一国对走私犯罪的刑事政策能够反映出一国在一定时期内外贸管理的严厉程度。在崇尚贸易自由化的当今社会，继续夸大走私对国内产业的不利影响不仅与实际情况不符，而且不利于从根本上促进民族工业的发展。如果说走私犯罪对国内产业真正有严重的不利影响，其影响到的主要还是那些限制进口类货物对

① 参见温家宝 2003 年 8 月 15 日在全国打击走私工作会议上的讲话。

应的产业，而不是所有的国内产业。包括金融业在内的特殊行业都已经随着我国的"入世"而逐步放开，那些并不涉及特殊产品的正常贸易对国内产业的影响更是不必特意加以强调。而且，和基于逃避关税而危害税收利益不同的是，任何一起孤立的贸易类走私对国内产业的不利影响都不是直接和即时的，把走私整体归咎于独立的犯罪人是不公正的。且官方在强调打击走私犯罪的意义之时历来也都是把关税的因素放在首位的，可见立法也不宜因为走私对国内产业的不利影响而为之配置高于逃税罪的法定刑。1979 年刑法中走私罪的法定刑除了对"以走私为常业的，走私数额巨大的或者走私集团的首要分子"的处罚之外，和当时刑法中偷税罪的法定刑是完全一致的，而当时走私犯罪的总体危害和今天相比并没有太大的变化，这说明后来立法也并不是完全基于走私对国内产业的危害而配置法定刑的。

　　影响贸易类走私刑事政策的因素还包括该类犯罪在一定时期的严重程度。我国走私犯罪的态势自 20 世纪 80 年代以来可以分成四个阶段：一是 20 世纪 80 年代初东南沿海地区的走私；二是 20 纪 80 年代中后期的单位走私；三是 1992 下半年开始的某些基层地方政府默许、纵容甚至直接参与、组织走私；四是 1999 年前后以湛江、厦门远华特大走私案为代表的大规模走私。而国家针对走私的行政和立法活动也基本上与走私犯罪的发展态势相对应。走私形势在一段时期内的严重程度直接推动了国家层面的打击走私专项活动和相关立法活动。例如，1981 年国务院成立打击走私领导小组，1989 年成立全国打击走私协调小组，1993 年成立全国打击走私领导小组。1997 年全国人大常委会在审议新刑法的报告中，特别指出走私等犯罪日益严重，必须重新立法。1997 年刑法典在"破坏社会主义市场经济秩序罪"一章中专门设立"走私罪"一节，显示了立法者对打击走私问题的关切。1998 年召开全国打击走私工作会议，组建了专门的缉私警察队伍。[1]

————————

　　[1]　参见陈晖：《从"宽严相济"刑事政策看走私罪的法律修正》，载《政治与法律》2009 年第 1 期。

在我国走私犯罪最为严重的时期，据一份研究报告指出，严重的走私活动不仅逃避的关税收入超过了当时海关实际征收的关税收入，而且已经达到了事实上支撑着沿海某些地区经济和内地部分产业的地步。[①] 在走私犯罪如此猖獗的态势下对之采取严厉的刑事政策是必要的，也确实在客观上起到了一定的积极作用。而且随着我国"入世"带来的关税水平下降等效果，走私犯罪存在的经济因素已经受到了较大的影响，很难再出现 20 世纪 90 年代中后期那样的严重态势。虽然在一定时期内，贸易类走私仍然会存在，特别是某些关税水平变化不大的商品的走私因为仍然有着丰厚的利润并不会有太大的变化。但总体而言，涉税的贸易类走私案件会逐步下降。事实上，我国的走私犯罪连续多年已经呈下降趋势，只是在短期内会因为国内外经济形势的变化，例如 2008 年爆发的国际金融危机的影响，短暂地出现过增长的情况。[②] 而只有那些针对特殊物品的走私案件呈现上升趋势。在西方发达国家，走私犯罪涉及的主要物品就是毒品、军火、文物、珍贵动物等。随着时间的推移，我国走私犯罪的重点物品变化也会出现这种趋势。[③] 对一种已经不再泛滥的经济犯罪采取严厉的刑事政策不仅不利于对这类犯罪正确定罪处罚，而且是对司法资源的浪费。故我国当今仍然对贸易类走私采取严厉的刑事政策已经不合时宜，应当适当予以调整，不再把其作为一类严厉的刑事犯罪，立法也应当有相应的体现尤其是在法定刑的配置上应当有所改变。

具体而言，应当比照逃税罪修改走私普通货物、物品罪的法定刑：首先，降低法定刑档，删除"走私货物、物品偷逃应缴税额特别巨大或者有其他特别严重情节的，处十年以上有期徒刑或者无期徒刑，并处偷逃应缴税额一倍以上五倍以下罚金或者没收财产"的现有规定；其次，修改余下

---

① 参见陈功主编：《大转折——中国加入 WTO 十大预测》，中国城市出版社 1999 年版，第 109 页。

② 参见《走私刑案又现增长势头　办案司法解正抓紧制定》，载《法制日报》2010 年 3 月 4 日。

③ 参见张军强、蔺剑著：《走私犯罪侦查》，中国海关出版社 2005 年版，第 19 页。

的法定刑档对应的法定刑幅度，规定"走私货物、物品偷逃应缴税额较大或者一年内曾因走私被给予二次行政处罚后又走私的，处三年以下有期徒刑或者拘役，并处偷逃应缴税额一倍以上三倍以下罚金；走私货物、物品偷逃应缴税额巨大或者有其他严重情节的，处三年以上七年以下有期徒刑，并处偷逃应缴税额一倍以上三倍以下罚金"。

第六章　直接危害税收征管犯罪的立法问题

第一节　直接危害税收征管犯罪的立法沿革

一、直接危害税收征管犯罪立法的初创时期

逃税罪（旧称偷税罪）和抗税罪都是税收犯罪中较为古老的罪名。新中国成立之初，我国没有针对直接危害税收征管犯罪的立法，只在政务院颁布的一些税收法规中规定了对情节严重的偷税、抗税行为，送人民法院处理的内容。在当时的单行刑法中也没有直接危害税收征管犯罪的规定。

对危害税收征管犯罪正式作出规定的是 1979 年刑法典。1979 年《刑法》第 121 条规定："违反税收法规，偷税、抗税，情节严重的，除按照税收法规补税并且可以罚款外，对直接责任人员，处三年以下有期徒刑或者拘役。"1979 年刑法典对偷税、抗税罪均采取简单罪状的立法方式。而当时的税收法规对偷税、抗税的具体行为方式也未作出具体规定。直到 1986 年颁布的《税收征收管理暂行条例》才对偷税、抗税的行为方式作出了规定。《税收征收管理暂行条例》第 37 条规定："偷税，是指纳税人使用欺骗、隐瞒等手段逃避纳税的行为。……抗税，是指纳税人拒绝遵照税收法规履行纳税义务的行为。"同年 3 月 24 日最高人民检察院颁布的《人民检察院直接受理的经济检察案件立案标准的规定（试行）》在采纳了《税收征收

管理暂行条例》对偷税罪、抗税罪行为方式规定的基础之上，还对"情节严重"作了具体解释。

1992年3月16日最高人民法院、最高人民检察院颁布的《关于办理偷税、抗税刑事案件具体应用法律的若干问题的解释》进一步明确了偷税罪、抗税罪的概念和手段："负有纳税义务的单位和个人（简称纳税人），违反税收法律、法规，采取欺骗、隐瞒等手段，少缴或者不缴应纳税款，逃避履行纳税义务，情节严重的，以偷税罪对直接责任人员追究刑事责任。偷税通常采用的手段有：伪造、涂改、隐匿、销毁账册、票据、凭证；转移资金、财产、账户；不报或者谎报应税项目、数量、所得额、收入额；虚增成本、多报费用、减少利润；虚构事实骗取减税、免税等。""纳税人违反税收法律、法规，采取公开对抗或者其他手段，抗拒履行纳税义务，情节严重的，以抗税罪对直接责任人员追究刑事责任。抗税通常采用的手段有：拒绝按照税收法律、法规缴纳税款、滞纳金；以各种借口拖延不缴或者抵制缴纳税款；拒绝按照法定手续办理税务登记、纳税申报和提供纳税资料；拒绝接受税务机关依法进行的税务检查；冲击、打砸税务机关，殴打、污辱税务人员（包括税务助征员、代征员）等。"

二、直接危害税收征管犯罪立法的逐步成型时期

1992年9月4日全国人大常委会通过了《税收征收管理法》，并同时通过了《关于惩治偷税、抗税犯罪的补充规定》。《关于惩治偷税、抗税犯罪的补充规定》规定的偷税概念与《税收征收管理法》规定的偷税的概念是一致的。《关于惩治偷税、抗税犯罪的补充规定》第1条规定："纳税人采取伪造、变造、隐匿、擅自销毁账簿、记账凭证，在账簿上多列支出或者不列、少列收入，或者进行虚假的纳税申报的手段，不缴或者少缴应纳税款的，是偷税。偷税数额占应纳税额的百分之十以上并且偷

税数额在一万元以上的，或者因偷税被税务机关给予二次行政处罚又偷税的，处三年以下有期徒刑或者拘役，并处偷税数额五倍以下的罚金；偷税数额占应纳税额的百分之三十以上并且偷税数额在十万元以上的，处三年以上七年以下有期徒刑，并处偷税数额五倍以下的罚金。扣缴义务人采取前款所列手段，不缴或者少缴已扣、已收税款，数额占应缴税额的百分之十以上并且数额在一万元以上的，依照前款规定处罚。对多次犯有前两款规定的违法行为未经处罚的，按照累计数额计算。"与1979年刑法典相比，《关于惩治偷税、抗税犯罪的补充规定》对偷税罪的补充主要是明确了偷税的概念，界定了构成偷税罪的标准，提高了法定刑，增加单位犯罪，设置了罚金刑。对于抗税罪，《税收征收管理法》和《关于惩治偷税、抗税犯罪的补充规定》都规定，"以暴力、威胁方法拒不缴纳税款的，是抗税"。这种规定使抗税罪的概念与以往法律规定相比有了很大的变化。按照这种规定，行为人只有使用暴力、威胁方法拒不缴纳税款方能构成抗税罪。行为人使用暴力、威胁以外的方法抗拒缴纳税款的，已不再视为抗税。《关于惩治偷税、抗税犯罪的补充规定》专门对非暴力、秘密地抵制追缴欠税的行为作出了规定，设立了逃避追缴欠税罪。《关于惩治偷税、抗税犯罪的补充规定》第2条规定："纳税人欠缴应纳税款，采取转移或者隐匿财产的手段，致使税务机关无法追缴欠缴的税款，数额在一万元以上不满十万元的，处三年以下有期徒刑或者拘役，并处欠缴税款五倍以下的罚金；数额在十万元以上的，处三年以上七年以下有期徒刑，并处欠缴税款五倍以下的罚金。"针对20世纪80年代我国确立出口退税制度之后，骗取出口退税违法行为日益增多的现象，《关于惩治偷税、抗税犯罪的补充规定》专门规定了骗取出口退税罪。《关于惩治偷税、抗税犯罪的补充规定》第5条第1款规定："企事业单位采取对所生产或者经营的商品假报出口等欺骗手段，骗取国家出口退税款，数额在一万元以上的，处骗取税款五倍以下的罚金，并对负有直接责任的主管人员和其他直接责任人员，处三年以下有期徒刑或者拘役。"第 2 款规定：
"前款规定以外的单位或者个人骗取国家出口退税款的，按照诈骗罪追究
刑事责任，并处骗取税款五倍以下的罚金；单位犯本款罪的，除处以罚金
外，对负有直接责任的主管人员和其他直接责任人员，按照诈骗罪追究
刑事责任。"

1997 年刑法典对直接危害税收征管犯罪的规定基本上沿袭自《关于惩
治偷税、抗税犯罪的补充规定》，不同之处是：对偷税罪的行为方式增加了
"经税务机关通知申报而拒不申报"的规定，且进一步细化了罚金刑适用
幅度的规定；在逃避追缴欠税罪的规定中增加了罚金刑的下限，即把"并
处欠缴税款五倍以下的罚金"修改为"并处或者单处欠缴税款一倍以上五
倍以下罚金"；对骗取出口退税罪的规定作了如下修改：一是将犯罪主体由
特殊主体修改为一般主体；二是将《关于惩治偷税、抗税犯罪的补充规定》
中按诈骗罪追究刑事责任的一些行为（即纳税人缴纳税款后骗取出口退税
税款超过所缴纳的税款部分）变为按骗取出口退税罪定罪处罚；三是提高
了骗取出口退税罪的法定刑，规定了多档次法定刑，并采取倍比罚金制。

三、直接危害税收征管犯罪立法的进一步完善时期

2009 年 2 月 28 日全国人大常委会通过的《刑法修正案（七）》第 3
条对偷税罪作了重大修改。该条规定："将刑法第二百零一条修改为：'纳
税人采取欺骗、隐瞒手段进行虚假纳税申报或者不申报，逃避缴纳税款
数额较大并且占应纳税额百分之十以上的，处三年以下有期徒刑或者拘
役，并处罚金；数额巨大并且占应纳税额百分之三十以上的，处三年以上
七年以下有期徒刑，并处罚金。扣缴义务人采取前款所列手段，不缴或
者少缴已扣、已收税款，数额较大的，依照前款的规定处罚。对多次实
施前两款行为，未经处理的，按照累计数额计算。有第一款行为，经税
务机关依法下达追缴通知后，补缴应纳税款，缴纳滞纳金，已受行政处

罚的，不予追究刑事责任；但是，五年内因逃避缴纳税款受过刑事处罚或者被税务机关给予二次以上行政处罚的除外。"这里的修改体现在四个方面：（1）将逃税的手段由列举式改为概括式。1997 年刑法典第 201 条和第 204 条列举了以下行为方式：伪造、变造、隐匿、擅自销毁账簿、记账凭证；在账簿上多列支出或者不列、少列收入；经税务机关通知申报而拒不申报纳税；进行虚假纳税申报；缴纳税款后，以假报出口或者其他欺骗手段，骗取所缴纳的税款。《刑法修正案（七）》将逃税的手段规定为"采取欺骗、隐瞒手段进行虚假纳税申报或者不申报"。（2）废除了具体金额规定。1997 年刑法典第 201 条规定了两种程度不同的偷税具体金额：偷税数额占应纳税额的 10% 以上不满 30% 并且偷税数额在 1 万元以上不满 10 万元的；偷税数额占应纳税额的 30% 以上并且偷税数额在 10 万元以上的。按照原有规定，有两种行为无法涵盖在"偷税数额占应纳税额的 10% 以上并且数额在 1 万元以上"的范围内：一种是行为人偷税数额在 1 万元以上 10 万元以下，但偷税比例高，即超过 30%，甚至 100% 的；另一种是行为人偷税数额占应纳税额 10% 以上不满 30%，但偷税额比较高，超过 10 万元的。《刑法修正案（七）》的相关规定解决了以前具体规定的不足。（3）倍比罚金制被取消。原来的规定对偷税罪采取倍比罚金制，即并处偷税数额 1 倍以上 5 倍以下罚金。《刑法修正案（七）》则只规定为并处罚金，具体罚金由法官根据具体案情确定。（4）规定了不予追究刑事责任的情形，即"初犯免责条款"："经税务机关依法下达追缴通知后，补缴应纳税款，缴纳滞纳金，已受行政处罚的，不予追究刑事责任；但是，五年内因逃避缴纳税款受过刑事处罚或者被税务机关给予二次以上行政处罚的除外。"在对犯罪性质的描述上，《刑法修正案（七）》也将原有的"偷税"修改为"逃避缴纳税款"。2009 年 10 月 14 日最高人民法院、最高人民检察院发布的《关于执行〈中华人民共和国刑法〉确定罪名的补充规定（四）》结合《刑法修正案（七）》的规定，将"偷税罪"变更为"逃税罪"。

第二节　直接危害税收征管犯罪的立法完善

一、直接危害税收征管犯罪的主体规定的完善

（一）税务代理人违法行为的犯罪化问题

随着我国税制改革的深化和社会中介组织的发展完善，税务代理作为一种特殊的税务服务活动也随之得到了发展。所谓税务代理，按照我国《税务代理试行办法》的规定，是指"税务代理人在法律规定的代理范围内，受纳税人、扣缴义务人的委托，代为办理税务事宜的各项行为的总称"。也即税务代理是以税务事宜作为代理范围的一种具体代理形式，其本质上属于民事委托代理。税务代理在发达国家已有很多年的历史。我国《税收征收管理法》第 89 条明确确立了这一制度："纳税人、扣缴义务人可以委托税务代理人代为办理税务事宜。"税务代理的存在和发展，使得税收征收活动中过去直线型的征纳关系演变为三角形的征收——税务代理——缴纳关系。税务代理人处于中介地位，依法行使其税务代理的权利和义务，其应站在公正客观的立场上，在为纳税人代理税务事宜的过程中，维护纳税人和扣缴义务人的合法权益，同时还应当维护国家的税收利益。其既要监督纳税人依法纳税，又要监督税务机关依法征税，促使征纳双方充分理解对方的要求，协调征纳矛盾，解决纠纷和问题。[1] 为了充分发挥税务代理的积极作用，一方面必须进一步完善相关法律制度对其进行规范，另一方面也需要完善税务代理人法律责任的相关规定。税务代理人涉及的法律责任除了因违反代理义务产生的民事责任之外，还包括行政责任。例如《税务代理试行办法》第 43 条规定的"税务师未按照委托代理协议书的规定进行代理或违反税收法律、行政法规的规

---

[1]　参见易运和主编：《最新税务百科辞典（第 3 卷）》，中国财政经济出版社 2002 年版，第 1938 页。

定进行代理，而由县以上国家税务局处以 2000 元以下的罚款"就是其违法之时承担行政责任的一种形式。但在我国的相关法律之中并没有明确针对税务代理人刑事责任的规定。为此，有论者建议，随着我国经济的发展和税制改革的进一步深化，税务代理人的大量出现，如何处理其违法犯罪行为成为一个突出的问题。所以，应该增设税务代理人逃税罪。[①]

税务代理人的业务范围广泛，包括办理、变更和注销税务登记、办理发票领购手续、办理纳税申报或扣缴税款报告、缴纳税款和申请退税；制作涉税文书、审查纳税情况、建账建制，办理账务、开展税务咨询、受聘税务顾问、申请税务行政复议或税务行政诉讼等。其中有的业务体现的是纯粹的民事代理，并不会违反税收法律法规，例如开展税务咨询、受聘税务顾问等，这些行为不需要纳入刑法的处罚范围。但当税务代理人从事那些比较核心的、涉及税收征纳的业务，例如办理纳税申报或扣缴税款报告、缴纳税款等之时，可能会违反税收法律法规，直接危害税收征管。当税务代理人有逃税等行为之时，应视代理的授权内容、代理人的主观意图、行为之客观后果及委托人事后是否追认而定。有论者认为，税务代理人的刑事责任具体可分为以下几种情况：（1）委托人授权税务代理人全权处理其财务及税务事宜的，此时税务代理人与单位之财会人员没有差别，其逃税行为应视同委托人逃税，税务代理人是逃税之直接责任人员；（2）委托人授权税务代理人仅全权处理其税务事宜，如委托人提供虚假的应税事实，代理人按委托人提供之应税事实进行代理，则构成委托人逃税，其责任由委托人自负；（3）委托人授权税务代理人全权处理其税务事宜，如委托人向代理人提供的各项应税事实资料无误，而税务代理人单方采取虚假申报等逃税方式不缴、少缴应缴税款，在事后又为委托人追认，则税务代理人的性质发生转变，即委托人已追认其隐瞒、改变应税事实之效力，税务代

[①] 参见吴郑光、周洪波：《税收刑事立法比较与我国税收刑事立法的完善》，载《国家检察官学院学报》2002 年 12 月。

理人因委托人追认而责任归属于委托人。因此，委托人构成逃税，税务代理人则成为逃税之直接责任人员；如果事后委托人不知而税务代理人将所逃税款据为己有的，则税务代理人构成诈骗罪。这主要是因为，税务代理本质上还是一种民事法律行为，即税务代理人通过委托人的授权以委托人的名义进行税务事宜的代理，在授权代理的范畴内其法律效果直接归属于委托人；代理人越权代理的法律效果则依委托人事后是否追认而定，对于事后委托人追认的，其法律效果也及于委托人，委托人事后不追认的，委托代理人独自承担法律责任。[①] 也就是说，从理论上讲，税务代理人在司法实践中可以成为逃税罪中共同犯罪的主体，而当税务代理人单独从事逃税行为而委托人不予追认之时，对其行为则只能以诈骗罪论处。但此时税务代理人的行为也同时侵害了国家的税收征收秩序，如果仅以诈骗罪论处难以对其行为准确定性。因此，从完善逃税罪主体的角度而言，应当把税务代理人纳入逃税罪的主体范围。

（二）单位纳入抗税罪主体的问题

关于单位能否成为抗税罪的主体这一问题，理论上曾有着不同认识：肯定单位可以成为抗税罪主体的观点认为，暴力、威胁手段与单位主体并非不相容，且在实践中存在由单位实施的抗税行为，因此应考虑确立单位为抗税罪的主体。否定单位可以成为抗税罪主体的观点认为，暴力、威胁是为自然人主体设立的犯罪要件。且从刑法条文的具体规定来看，条文明确规定了单位可以成为其他税收犯罪的主体，唯独对抗税罪没有规定，这表明立法否认单位可以构成抗税罪。[②] 目前，支持否定说的论者是大多数，笔者也认为在司法层面上单位不能成为抗税罪的主体。抗税罪的立法沿革

---

① 于志刚主编：《热点犯罪法律疑难问题解析》（第四辑），中国人民公安大学出版社2001年版，第312—313页。

② 参见周洪波著：《危害税收征管罪立法追诉标准与司法认定实务》，中国人民公安大学出版社2010年版，第88页。

也印证了这一点。《关于办理偷税、抗税刑事案件具体应用法律的若干问题的解释》（已失效）中肯定了单位可以成为抗税罪的主体，但在当时，抗税罪的行为手段并不限于暴力、威胁手段。《关于惩治偷税、抗税犯罪的补充规定》（已失效）明确把抗税的手段行为规定为暴力、威胁手段之后，相关条文均不再明确规定抗税罪的主体，而与之形成对比的是，相关规定均肯定从抗税罪中分离出去的逃避追缴欠税罪可以由单位构成。1994 年 3 月 17 日最高人民检察院发布的《关于加强法人犯罪检察工作的通知》（已失效）整理了我国从 1988 年 1 月到 1994 年 3 月间颁布的单行刑法中所有可以由单位构成的犯罪，其中也没有列出抗税罪。所有这些都表明，按照我国当前的立法，单位不能成为抗税罪的主体。

在司法实践中，存在着一些单位实施的抗税行为，理论上对于这类行为应当如何处理有着不同的见解：有的观点认为，对于这类行为应当追究单位的直接责任人员的刑事责任，但论者对追究相关人员何种刑事责任并未言明；[①] 有的观点认为，对抗税的发动者、组织者、主要参加者可以抗税罪论处；[②] 还有的观点认为，对于这类行为只能以妨害公务罪论处。[③] 由于抗税罪的主体并不包括单位，对抗税的发动者、组织者、主要参加者以抗税罪论处是不妥的。因为按照最高人民法院《关于审理偷税抗税刑事案件具体应用法律若干问题的解释》的相关规定，抗税罪的主体应是纳税人和扣缴义务人，而单位抗税行为中的纳税人是单位，不是实施抗税行为的个人，因此个人此时不能成为抗税罪的主体，对这类行为只能按照妨害公务罪论处。但这样的处理方式显然是不合理的，因为由个人代表单位实施的抗税行为本质上代表的是单位的意志，个人的行为等于单位的行为，这完全符合单位犯罪的构成特征。刑法明文规定了抗税罪，而由单位实施的抗税行为却只能以妨害公务罪论处，这显然违背了刑法设立抗税罪的初衷。

---

① 参见黄京平主编：《破坏市场经济秩序罪研究》，中国人民大学出版社 1999 年版，第 553 页。

② 参见曹康、黄河主编：《危害税收征管罪》，中国人民公安大学出版社 2003 年版，第 55 页。

③ 参见郑飞、王晓红：《抗税罪的认定》，载《长白学刊》1999 年第 5 期。

　　立法把单位排除在抗税罪的主体之外主要是受单位犯罪的相关理论所限。传统刑法理论认为，暴力、威胁是专门针对自然人的危害行为而设立的犯罪要件，单位自身不可能具有实施这两种行为的能力。从各国的立法例中，也难以找到以暴力、威胁作为单位犯罪构成要件的规定。但刑法在抗税罪中固守单位不会实施"暴力、威胁"行为的传统刑法理论，而在走私罪和强迫交易罪中却背弃了这一理论。刑法中所有的走私犯罪均规定了单位可以成为犯罪主体。《刑法》第157条第2款规定："以暴力、威胁方法抗拒缉私的，以走私罪和本法第二百七十七条规定的阻碍国家机关工作人员依法执行职务罪，依照数罪并罚的规定处罚。"由于所有犯走私罪的单位均可能以"暴力、威胁"方法抗拒缉私，所以在走私犯罪的相关规定中，刑法并没有否认单位可以实施"暴力、威胁"行为。在强迫交易罪的相关规定中，刑法同样承认单位的主体资格。[1]事实上，关于单位的行为能力，刑法理论对此并没有定论。因为单位的行为归根到底都是由单位中的自然人实施的，单位的行为能力与自然人的行为能力密切相关，抛开自然人的行为能力来界定单位的行为能力是不科学的。单位能否实施某种行为，关键是看自然人实施的行为能否归责于单位，凡是能归责于单位的自然人行为均可视为单位行为。自然人毫无疑问能够实施暴力、威胁行为，而只要是为单位利益实施的暴力、威胁行为就是单位行为，故单位也应当可以实施暴力、威胁行为。所以，刑法应当将单位纳入抗税罪的主体范围。

　　从立法技术和实际执行来看，确立单位为抗税罪的主体也具备可行性。按照我国对单位犯罪的处罚惯例，在单位抗税罪的处罚上仍采用双罚制：即对抗税的发动者、组织者、主要参加者定抗税罪，处以与个人抗税同等的自由刑，对单位则处以1倍以上5倍以下的罚金。如实施抗税行为致人重伤或死亡的，对上述人员应按故意伤害罪或故意杀人定罪处罚。

---

　　[1]　参见岳向阳、刘新林：《单位可以实施暴力、威胁行为，相关罪状应统一》，载《检察日报》2008年3月9日。

二、直接危害税收征管犯罪入罪标准规定方式的完善

（一）直接危害税收征管犯罪入罪标准规定方式的现状

在我国，有相当一部分税收违法行为都已经纳入了刑法的调整范围，也即在税收违法行为与税收犯罪行为之间存在一定的界限或某一个决定罪与非罪的"临界点"，决定二者各自范围的是这一"临界点"，而这一"临界点"的表现形式是由刑法规定的。我国刑法对直接危害税收征管犯罪与相应违法行为界限的规定方式主要有以下几种：

1. 以"数额"（"数量"）作为罪与非罪的界限

以数额作为罪与非罪的界限的条款在我国刑法分则中广泛存在，在直接危害税收征管犯罪的相关条款中也是如此。刑法条款中规定的行为在税收法律中都有相应的规定，刑法中涉及的税收犯罪行为和税收违法行为区别是数额的大小不同。具体而言，以数额作为罪与非罪界限的规定方式又分为两种，即直接规定具体数额和只规定"数额较大"。

（1）直接规定达到某一具体数额构成犯罪

我国刑法中直接规定构成税收犯罪具体数额的情形目前只有逃避追缴欠税罪。《刑法》第203条规定："纳税人欠缴应纳税款，采取转移或者隐匿财产的手段，致使税务机关无法追缴欠缴的税款，数额在一万元以上不满十万元的，处三年以下有期徒刑或者拘役，并处或者单处欠缴税款一倍以上五倍以下罚金；数额在十万元以上的，处三年以上七年以下有期徒刑，并处欠缴税款一倍以上五倍以下罚金。"而税法对一般逃避追缴欠税行为的规定体现在《税收征收管理法》第65条之中。该条规定："纳税人欠缴应纳税款，采取转移或者隐匿财产的手段，妨碍税务机关追缴欠缴的税款的，由税务机关追缴欠缴的税款、滞纳金，并处欠缴税款百分之五十以上五倍以下的罚款；构成犯罪的，依法追究刑事责任。"《刑法》第203条的规定实际上就是对《税收征收管理法》第65条中"构成犯罪的，依法追

究刑事责任"这一附属刑法条款的具体化。无法追缴欠缴的税款数额超过了刑法规定的具体数额即 1 万元人民币的，构成逃避追缴欠税罪，反之则属于一般逃避追缴欠税违法行为。

（2）规定"数额较大"的构成犯罪

规定"数额较大"的构成犯罪是以数额界定税收犯罪的罪与非罪界限常见的一种方式，只是不同的罪名之中"数额"的具体内容有所不同，具体使用的名称也有"数额"和"数量"等差别。至于具体何为"数额较大"，则通常是由司法机关的司法解释来加以规定。在直接危害税收征管的犯罪中采这种规定方式的有扣缴义务人构成的逃税罪和骗取出口退税罪。

我国《刑法》第 201 条第 2 款规定："扣缴义务人采取前款所列手段，不缴或者少缴已扣、已收税款，数额较大的，依照前款的规定处罚。"按照最高人民检察院、公安部《关于公安机关管辖的刑事案件立案追诉标准的规定（二）》，此处的"数额较大"是指数额在 5 万元以上。

我国《刑法》第 204 条规定："以假报出口或者其他欺骗手段，骗取国家出口退税款，数额较大的，处五年以下有期徒刑或者拘役，并处骗取税款一倍以上五倍以下罚金；数额巨大或者有其他严重情节的，处五年以上十年以下有期徒刑，并处骗取税款一倍以上五倍以下罚金；数额特别巨大或者有其他特别严重情节的，处十年以上有期徒刑或者无期徒刑，并处骗取税款一倍以上五倍以下罚金或者没收财产。"这一条款对应的是《税收征收管理法》第 66 条第 1 款的规定："以假报出口或者其他欺骗手段，骗取国家出口退税款的，由税务机关追缴其骗取的退税款，并处骗取税款一倍以上五倍以下的罚款；构成犯罪的，依法追究刑事责任。"按照最高人民法院《关于审理骗取出口退税刑事案件具体应用法律若干问题的解释》，其中的"数额较大"是指骗取国家出口退税款 5 万元以上。

2. 以"数额加比例"作为罪与非罪的界限

以"数额加比例"作为罪与非罪的界限在税收犯罪中体现在刑法对逃税罪的规定之中。《刑法》第 201 条第 1 款规定："纳税人采取欺骗、隐瞒手段进行虚假纳税申报或者不申报，逃避缴纳税款数额较大并且占应纳税额百分之十以上的，处三年以下有期徒刑或者拘役，并处罚金；数额巨大并且占应纳税额百分之三十以上的，处三年以上七年以下有期徒刑，并处罚金。"此条款对应的是《税收征收管理法》第 63 条第 1 款的规定："纳税人伪造、变造、隐匿、擅自销毁帐簿、记帐凭证，或者在帐簿上多列支出或者不列、少列收入，或者经税务机关通知申报而拒不申报或者进行虚假的纳税申报，不缴或者少缴应纳税款的，是偷税。对纳税人偷税的，由税务机关追缴其不缴或者少缴的税款、滞纳金，并处不缴或者少缴的税款百分之五十以上五倍以下的罚款；构成犯罪的，依法追究刑事责任。"可见，对于纳税义务人而言，构成逃税罪，不仅要求逃避缴纳税款数额较大而且要求逃避缴纳税款占到应纳税款的 10% 以上。逃税数额没有达到"数额较大"或者占应纳税额不足 10% 的，均属于一般违法行为。根据最高人民检察院、公安部《关于公安机关管辖的刑事案件立案追诉标准的规定（二）》规定，此处的"数额较大"是指数额在 5 万元以上。

3. 以"情节"作为罪与非罪的界限

以"情节"作为罪与非罪的界限在直接危害税收征管的犯罪之中体现在抗税罪中。《刑法》第 202 条规定："以暴力、威胁方法拒不缴纳税款的，处三年以下有期徒刑或者拘役，并处拒缴税款一倍以上五倍以下罚金；情节严重的，处三年以上七年以下有期徒刑，并处拒缴税款一倍以上五倍以下罚金。"虽然该条文本身并没有明确把"情节严重"作为抗税行为入罪的标准，相反，"情节严重"只是量刑的一个情节。但《税收征收管理法》第 67 条规定："以暴力、威胁方法拒不缴纳税款的，是抗税，除由税务机关追缴其拒缴的税款、滞纳金外，依法追究刑事责任。情节轻微，未构成犯罪的，由税务机关追缴其拒缴的税款、滞纳金，并处拒缴税款一倍以上五倍以下的罚款"。由此可以看出，当抗税行为系"情节轻微"之时，其只是一般违法行为而不构成犯罪。言外之意，只有当抗税行为"情节不够轻微"之时才构成抗税罪。对此，最高人民检察院、公安部《关于公安机关管辖的刑事案件立案追诉标准的规定（二）》规定，以暴力、威胁方法拒不缴纳税款，涉嫌下列情形之一的，应予立案追诉：（1）造成税务工作人员轻微伤以上的；（2）以给税务工作人员及其亲友的生命、健康、财产等造成损害为威胁，抗拒缴纳税款的；（3）聚众抗拒缴纳税款的；（4）以其他暴力、威胁方法拒不缴纳税款的。

（二）对直接危害税收征管犯罪入罪标准规定方式的取舍

在直接危害税收征管犯罪入罪的几个标准之中，"情节"作为罪与非罪界限的方式有其独立的存在价值，以情节作为罪与非罪界限的罪名即抗税罪的客体是复杂客体，其除了侵犯国家税收管理秩序之外，还侵犯了税收工作人员的人身权利。税收秩序或者税收利益之外的客体往往在抗税罪之中占有了重要的位置，而这些客体又无法通过数额去评判进而衡量行为社会危害性的大小。因此，在抗税罪之中以情节来界定罪与非罪或者把情节作为界定罪与非罪的标准之一是必要的，在理论和实务中争议并不大。但是，除情节之外的几个标准均面临着不同的问题，需要在今后的立法之中予以适当的取舍和完善。

1. "数额加比例"入罪标准的存与废

以"数额加比例"作为区分税收犯罪与税收违法行为的标准是我国刑法中逃税罪（原偷税罪）规定的一大特色。1979 年刑法典对偷税罪入罪的规定较为模糊。其中第 121 条规定："违反税收法规，偷税、抗税，情节严重的，除按照税收法规补税并且可以罚款外，对直接责任人员，处三年以下有期徒刑或者拘役。"尽管从广义上讲，"数额"属于"情节"的一种，但仅仅以"情节严重"界定逃税行为的罪与非罪显然不够准确，也不利于司法实践中具体案件的操作。为此，1986 年 3 月 24 日《人民检察院直接受理的经济检察案件立案标准的规定（试行）》中对何为"情节严重"作出了解释，即单位偷税金额 1 万元以上，且偷税额占该单位同期应纳该税种税款总额的 30% 以上的，属于情节严重；单位偷税金额 5 万元以上，且偷税额占该单位同期应纳该税种税款总额的 20% 以上的，以及单位偷税 30 万元以上或者个人偷税 2000 元以上的也属于情节严重。这一解释首创了偷税罪"数额加比例"的入罪标准。1992 年 3 月 16 日最高人民法院、最高人民检察院《关于办理偷税、抗税刑事案件具体应用法律的若干问题的解释》对"情节严重"又作出了更为详细的规定，即，认定个人偷税"情节严重"的数额起点为 2000 元至 5000 元；认定单位偷税"情节严重"的数额标准为下列情形之一：（1）偷税 5000 元以上不满 1 万元，且达到该单位同期应纳该税种税款总额的 40% 的；（2）偷税 1 万元以上不满 5 万元，且达到该单位同期应纳该税种税款总额的 30% 的；（3）偷税 5 万元以上不满 10 万元，且达到该单位同期应纳该税种税款总额的 20% 的；（4）偷税 10 万元以上不满 30 万元，且达到该单位同期应纳该税种税款总额的 10% 的；（5）偷税总额达 30 万元以上的。1997 年刑法典第 201 条中"偷税数额占应纳税额的百分之十以上不满百分之三十并且偷税数额在一万元以上不满十万元"的规定是对上述两个司法解释的有限吸纳，因为司法解释中采取的是"数额加比例"和"数额"双重的入罪标准，即在相关规定的最后设置一个兜底性的数额条款，只要偷税数额超过规定标准就不再考虑比例的标准，且司法解释对个人和单位进行了区分。1997 年刑法典的规定完全舍弃了"数额"这一标准，只在规定之后设置了一个"次数"条款兜底，且不再区分个人和单位构成偷税罪的标准。不过在该 1997 年刑法典关于偷税罪的法条之中出现了定罪的空档，对偷税数额占应纳税额的 10% 以上不满 30% 但超过 10 万元的或者偷税数额占应纳税额的 30% 以上但不满 10 万元的这两种情形不能以偷税罪论处。为了弥补这一漏洞，2002 年 11 月 5 日最高人民法院发布的《关于审理偷税抗税刑事案件具体应用法律若干问题的解释》对 1997 年刑法典第 201 条的规定进行了一定的变通，把偷税罪的成立标准修改为"纳税人实施下列行为之一，不缴或者少缴应纳税款，偷税数额占应纳税款的百分之十以上且偷税数额在一万元以上的，依照刑法第二百零一条第一款的规定定罪处罚……"当时，理论上有人认为这种司法解释的规定虽然对打击偷税罪更为有利，但是明显有违罪刑法定原则，所以最好的解决办法应当是颁布修正案来解决这一立法上的疏漏。[①] 这一问题随着《刑法修正案（七）》对逃税罪入罪标准的修改已经得到了解决。

《刑法修正案（七）》虽然解决了原有法条入罪所存在的定罪空挡问题，但并没有解决"数额加比例"这一入罪标准所存在的更为深层次的问题，甚至有意回避了这些问题。刑法对逃税罪之所以设置"数额加比例"的入罪标准，按照一般的说法是基于对大额纳税人和小额纳税人的均衡对待：即采用比例制，不至于使大额纳税人很轻易因偷税行为构成犯罪；采用数额制，同样不至于使小额纳税人轻易构成偷税罪。[②] 对同一个罪名而言，设置较多的入罪标准对该罪的犯罪圈的划定所起到的作用是不同的：如果这些标准之间是选择性的关系，即成立其一就入罪，则标准越多行为越容易入罪；反之，如果这些标准之间是并列、递进式的关系，即同时具备才能入罪，则标准越多行为越不容易入罪。偷税罪"数额加比例"的入罪模式就属于后一种情况，这一犯罪的成立范围由此得以限缩。从节省司法资源和限制刑罚适用的角度，这样的入罪模式有其积极的意义，特别是对于大额纳税人而言，尽可能地避免了因企业被定偷税罪而使得其直接负责的主管人员被判刑导致的企业亏损、国家税源减少等局面，同时也减少了国家和政府因安置企业下岗工人等带来的新的负担。[③] 因此，在特定的时期，例如国家发展经济的初期急需扩大税源之时，这样的模式有其存在的价值。但是，不可否认的是，这种模式也存在一定的问题。这些问题主要表现在

---

① 参见王作富主编：《刑法分则实务研究（上）》（第三版），中国方正出版社 2006 年版，第 669 页。

② 参见赵秉志主编：《中国刑法案例与学理研究》分则篇（二），法律出版社 2001 年版，第 169 页。

③ 参见黄太云：《〈中华人民共和国刑法修正案（七）〉的理解与适用》，载最高人民检察院公诉厅编：《刑事司法指南》（2009 年第 2 集），法律出版社 2009 年版，第 157 页。

以下几个方面：

第一，违背了以社会危害性大小作为罪与非罪区分标准的原则。关于犯罪的特征，我国刑法理论的通说主张犯罪具有社会危害性、刑事违法性和应受惩罚性三个特征，而相当的社会危害性是犯罪的本质特征。[①]一般违法行为同样具有社会危害性，但是其所具有的社会危害性程度与犯罪行为不可同日而语。税收违法行为达到一定的严重程度之后，就转化为税收犯罪行为。就社会危害性的衡量而言需要考虑多重因素，行为导致的结果只是影响社会危害性程度的因素之一。从衡量税收违法行为社会危害性程度的标准来看，国家税收遭受损害的数额不是也不应当是唯一标准，但逃税数额占应纳税额的比例却不应当是其中的标准之一。应纳税额的多少反映的是纳税人纳税义务的大小，逃税数额则反映的是纳税人违反纳税义务的程度。这一比例的不同对不同的纳税人而言确实能够反映出其对自身纳税义务的履行程度，但反过来却无法反映其对整个国家税收秩序的破坏程度，因为国家税款损失的结果与纳税人的身份和规模的大小之间并没有必然的关系。虽然大额纳税人创造的税源一般要多于小额纳税人，但如果来源于这些税源的税款不能及时缴纳，其对国家税收的贡献便是无法兑现的。"数额加比例"这一入罪模式会使偷逃同样税额的纳税人面临不同的处遇：不同的纳税人因为同一纳税期间内应纳税额的不同，逃税数额大的不一定就构成逃税罪，逃税数额小的不一定就不构成逃税罪；不同纳税人因为在不同纳税期间应纳税额的不同，逃税持续时间长、次数多的可能不构成逃税罪，逃税持续时间短、次数少的反而可能构成逃税罪；同一纳税人在不同纳税期内偷逃同样数额的税款，也可能因应纳税额的不同而处遇不同。[②]这事实上是否定了逃税数额作为判定逃税行为社会危害性大小的功能，进而否定了社会危害性的大小这一决定罪与非罪的因素。最终的判定结果是

---

① 参见高铭暄主编：《刑法专论》（第二版），高等教育出版社 2006 年版，第 124 页。

② 参见周洪波著：《危害税收征管罪立案追诉标准与司法认定实务》，中国人民公安大学出版社 2010 年版，第 61-62 页。

不适当地夸大了纳税人主体上所存在的差异，这显然违背了以社会危害性大小作为罪与非罪标准的原则。此外，有论者认为单纯以数额作为入罪标准而完全忽略对纳税人主观恶性的考量，有客观归罪之嫌。比例标准确实可以在一定程度上反映行为人主观恶性的大小。[①] 这样的观点有其道理。当行为人逃税数额多、逃税比例也较大之时行为人的主观恶性一般也就较大，但是，在行为人逃税数额多，但逃税比例较小或者逃税数额较少，但逃税比例大这两种场合中，我们就难以判断哪种情况下行为人的主观恶性更大。因为逃税数额也同样能够反映行为人的主观恶性，甚至更应当作为主观恶性外化的表现。对于企业纳税人而言，其追求的是经济利益，逃税是一种获取经济利益的非法手段，能够真实地反映获得利益大小的是逃税数额的多少。如果数额足够大，哪怕是其所占应纳税额的比例较小，也足以给纳税人带来可观的利益。因此，逃税者注重的是逃税数额的多少，而一般并不关注这一数额占应纳税额的比例大小。所以，比例在反映纳税人主观恶性上所能起到的作用是十分有限的。

第二，不利于对纳税主体的平等保护。退一步讲，即便是大额纳税人在给国家缴纳了巨大的税收收入之后逃税，也不能因此就认为其逃税行为的社会危害性小于小额纳税人同样税额的逃税行为。虽然"刑法面前人人平等"指的是刑法适用中的平等，但在税法和相关法律中也应当注重贯彻税收平等主义。平等在法学上有两重意义：一是法律的平等保护，即"法律面前人人平等"（守法平等和司法平等）；二是平等的法律保护，即"立法平等"。税法的平等也相应包括两层含义，即税法给纳税人以平等对待和对待纳税人的税法本身是平等的税法。税法的平等对待只是在既定的税收权利义务格局之中强调纳税人遵守税法和税务行政机关、司法机关适用税法的平等。而平等的税法对待则要求税法在分配权利义务时对所有的纳税人都平等对待，不给予任何主体以优越地位。税法的平等对待是税法实

---

① 参见周少华:《偷税罪的立法缺陷》，载《法学》2002 年第 11 期。

施中的平等，平等的税法对待是税收立法的平等。[①]税收刑法从广义上讲仍属于税法的一部分，理应贯彻税收平等主义。"数额加比例"的入罪模式并不违背"刑法面前人人平等"的基本原则，但却不利于在立法中贯彻税收平等主义，是一种不折不扣的立法"歧视"。逃税罪入罪的规定体现了刑法对纳税人逃税行为的惩罚性，刑法的惩罚性却因为纳税人规模和纳税义务的差别而有所不同，由此就造成了刑罚追诉的不公平。[②]这样的立法设计在客观上确实能够起到限制大额纳税人尤其是大型企业构成逃税罪的机会的作用，对于规避立法者所担忧的税源和社会负担等问题有着积极意义。但对于大额自然人纳税人而言，其并不存在这些问题，此时该入罪模式所具有的主要积极意义也不复存在，反而是在立法上把大额纳税人和小额纳税人（即通常所谓的"富人"和"穷人"）划分了不同的层级。我国税法在客观上存在的税负不公等问题已经有所显现，公众对部分税制的设置及其"逆向调节"作用已经颇有微词。以个人所得税为例，白领阶层（类似于国外的中产阶层）成为纳税主体，而大企业家、富豪则很容易通过少拿工资、家庭成本列入公司账户抵税的方式避税。在国内的一线城市，出现了所谓的"白领贫困化"现象。[③]执法不严本来就是我国税收法治建设的一大问题。当大额自然人纳税人有逃税行为之时，如果对其行为的处罚力度还不及小额自然人纳税人，就会使得我国税法的这个问题更为突出，甚至起到变相鼓励"富人"逃税的消极作用。这一问题在所得税制度和征收不健全的时期可能并不严重，但随着我国税制的改革和征收水平的提高，其弊端在将来的某个时期就会逐步暴露。对于单位纳税人而言，"数额加比例"的入罪模式也具有消极作用。税收活动是国家整体经济活动过程之

---

① 参见攀丽明等著：《税收法治研究》，经济科学出版社 2004 年版，第 163-164 页。

② 参见中国法学会财税法学研究会：《〈关于刑法修正案（七）〉草案中逃税罪条款的修改建议》，载刘剑文著：《追寻财税法的真谛：刘剑文教授访谈录》，法律出版社 2009 年版，第 255 页。

③ 参见刘胜军：《"隐性税收"加剧分配不公》，载 FT 中文网 http://www.ftchinese.com/story/001040868，最后访问日期：2015 年 6 月 11 日。

中的一个重要链条，考量其作用必须从其对社会经济整体的影响入手，而不能是仅仅局限于某一个纳税人或某一类纳税人。立法者考虑大型企业构成犯罪之后对社会经济生活的不良影响是从宏观经济运行的全局着眼的。这种刑事政策和立法思路有其值得肯定的一面，但与此同时也存在考虑不周之处。国家通过税收活动取得税款固然重要，但在现代国民经济运行的过程之中，税收是国家进行宏观经济调控的基本手段之一。税收所具有的这一功能使得现代刑法对逃税罪的惩处具有了不同于古代、近代社会的另一个层面的意义。例如，国家对某些高污染、高能耗的企业征收资源税等税种，并在其他税种的政策上给予其较为苛刻的待遇，其主要目的是为了实现税收的调节作用，促进产业结构的优化和升级。这样的税收政策制定初衷是好的，但还必须依赖严格的执法和有效的司法活动。在逃税罪现有的入罪模式下，计算逃税比例的根据是所有税种的应纳税款总额，这样大型企业构成逃税罪的机会就较少，其违法活动的成本也因此就较低，其也便敢于去冒逃税的风险，特定税收所具有的调节作用就会大打折扣。相反那些中小型企业就更容易受到国家宏观经济调控的影响，而这些企业事实上对国民经济运行的整体影响远不及大型企业，国家通过税收进行宏观调控的初衷就难以得到贯彻。这样的结果是，一方面立法刻意限制大额纳税人逃税罪的成立范围是从宏观着眼，但另一方面又忽视了这样的立法设计对宏观经济运行的消极影响，可以说是顾此失彼或者对税收所具有的宏观调控职能认识不足。尽管逃税活动具有复杂的成因，不能把其全部归因于纳税人，但从守法的可能性上讲，大型企业的财务制度等往往更为健全，各项管理活动更为规范，其自觉守法的可能性相比中小企业更大，更应当自觉履行企业的社会责任，及时缴纳税款。在特定的历史时期，立法者可以容忍大额纳税人的逃税行为以换取税源的稳定和社会稳定，但在国民经济高速发展、国家税收收入日益增加的今天，仍然一味容忍或在刑法设计中有所偏向则会带来弊大于利的后果。

第三，增加了不必要的适用难题。"逃税数额占应纳税额的比例"从字面上看似乎并不复杂，但在其具体认定中却存在很多适用中的难题，以致在学理上出现了多种针对"应纳税额"应如何理解的观点，即依据纳税人发生一项应税经济行为所应缴纳的税款为准计算；依据逃税行为起止时间内应当缴纳的税款为准计算；依据纳税人实施逃税行为所属的纳税期间内实际应纳的税款为准计算；依据纳税人应税经济行为决定的应纳税款的总额为准计算。① 事实上，每一种观点都有其各自的道理，也都存在自身的问题，不论是立法还是司法解释涉及的都只是一个选择的问题。面对这些难题，有的学者甚至得出了这样的结论："当法律规范变得越来越明确、越来越具体的时候，它给司法实践带来的障碍却越来越多；法律的可操作性并没有随着规范文本的细化而得到增强。"② 虽然笔者不能赞同相关论者的观点，但是这种观点反映出逃税罪"数额加比例"入罪模式在司法适用中的困局，而这些难题又恰恰是可以避免的。逃税罪在我国本来就属于一项追诉率较低的犯罪，继续坚持这种既复杂又问题诸多的模式只会对这一罪名在司法实践中的适用设置更多的障碍，这恰恰又忽视了逃税罪这一税收犯罪中最根本的罪名的重要性。

总之，我国逃税罪的入罪模式带有特殊历史时期注重保护税源，给予大型企业特殊照顾的痕迹，但是事到如今这种立法上的倾向已经不合时宜，既不利于大型企业的健康、可持续发展，也不利于中小企业的发展壮大。逃税罪的适用固然有其影响企业运行的不良效应，但这些效应完全可以依靠企业自身完善运行方式、加强危机公关等举措去缓解甚至抵消。法律制度也无需一直刻意保护那些管理方式落后、缺乏社会责任的企业。而且，即便是逃税罪有其负面影响，这种影响也不能够被无限夸大，否则我们就可以以此为由进一步去限制其他能够成立单位犯罪的罪名。所以，在立法上应当取消"数额加比例"的规定方式，而只以数额作为逃税行为罪与非罪的判定标准。

---

① 参见陈运光著：《税收犯罪研判》，吉林人民出版社 2004 年版，第 380 页。

② 周少华：《偷税罪的立法缺陷》，载《法学》2002 年第 11 期。

2. "次数" 标准的存与废

就逃税罪的入罪标准而言，1997 年刑法典在采取 "数额加比例" 这一基本标准的同时，尚有 "或者因偷税被税务机关给予二次行政处罚又偷税的" 这一标准，而《刑法修正案（七）》删除了这一选择性标准。关于处罚次数标准删除的理由，立法机关在对修正案的说明之中并未涉及。总体而言，次数的入罪标准存在以下问题：

一方面，处罚次数标准在考虑了偷税和被处罚的次数的基础上，反映了纳税人的主观恶性，这是对 "数额加比例" 入罪标准缺陷的一种弥补，但却因此忽略了逃税数额对定罪的影响，这是一种舍本逐末、矫枉过正的做法。由此，在《刑法修正案（七）》出台之前，理论界对这一入罪标准的适用存在三种不同的观点：即认为 "又偷税" 必须达到行政处罚的标准才能构成该罪；凡是 "因偷税被税务机关给予二次行政处罚又偷税的" 不区分情节和数额一律入罪；"又偷税" 的数额必须达到 1 万元以上（但比例无需达到 10%）才能入罪。[①] 如果完全不考虑逃税数额等客观因素，就会使得数额在逃税罪成立中的作用无限地被缩小，这不仅不符合区分逃税罪与一般逃税违法行为的初衷，也不符合我国刑法对犯罪行为在立法上既定性又定量的基本模式。鉴于此，最高人民法院的司法解释肯定了第三种观点。[②] 这样的做法虽然具有可操作性较强的优点，但事实上变相更改了立法设置次数标准的初衷，无非是把 "数额加比例" 的标准在特定情况下简化为单纯的数额标准，淡化了主观恶性这一入罪的影响因素。在这样的背景下，继续维持 "次数" 标准已经失去了意义。

另一方面，处罚次数标准在税务机关移送案件时存在操作上的困难。1994 年分税制改革之后，我国分设了国税和地税两套系统进行税收征收和管理，多数纳税人同时由两套系统同时管理。至于所谓的 "次数" 是国税

---

① 参见王作富主编：《刑法分则实务研究》（第三版），中国方正出版社 2006 年版，第 671 页。

② 最高人民法院《关于审理偷税抗税刑事案件具体应用法律若干问题的解释》第 4 条规定："两年内因偷税受过二次行政处罚，又偷税且数额在一万元以上的，应当以偷税罪定罪处罚。"

和地税行政处罚的次数分别计算还是合并计算，刑法和司法解释都没有作出规定。国税与地税系统工作的区别事实上只在于征收税种的不同，这些税种所带来的税款从本质上并无不同。如果分别计算，显得毫无依据；如果是合并计算，国税或地税很难掌握对方是否已经作出过逃税的行政处罚的相关信息，相关案件就难以移送至司法机关。

总体而言，对逃税罪设置次数的标准虽然从客观上能起到减弱"数额加比例"入罪标准弊端的作用，尽可能地体现行为人主观恶性对犯罪成立的影响，但其带来的问题要比其所具有的积极意义更多，因此，立法上取消这一标准是必要的。"数额加比例"入罪标准的弊端归根结底是这种标准本身造成的，不能也不需要依靠其他标准的介入来消除这一弊端，最为根本的解决之道就是废除这种标准本身。

与逃税罪入罪次数标准一样，走私普通货物、物品罪的入罪也不应当继续保留次数这一标准，因为走私普通货物、物品从本质上无非是逃税行为的一种特殊形态。在世界贸易日益发展和关税壁垒越来越弱的今日，立法无需给走私普通货物、物品罪设置更为严厉的入罪标准。

3. "数额较大"标准的存与废

数额大小是界定税收犯罪行为与税收违法行为界限的基本标准，这一标准取决于我国刑法对不法行为犯罪化所采取的"立法定性加定量"的立法模式，体现在多种犯罪之中。一般认为，"立法定性加定量"的模式与我国的主流犯罪构成理论有着密切的关系，总体而言是一种利大于弊的选择，应当继续坚持并进一步完善。[①] 我们无需重构现行刑法理论的犯罪构成理论，自然也就需要坚持"立法定性加定量"的模式。税收犯罪无非是具体犯罪的一类，其入罪的基本标准无需也根本不可能另起炉灶。在确立以数额作为入罪标准这一基调的前提下，我们需要进一步思考的问题就是怎么规定入罪的数额以及对数额的具体确定。

---

① 参见梁根林：《论犯罪化及其限制》，载《中外法学》1998 年第 3 期。

（1）界定直接危害税收征管犯罪入罪数额的规定方式的选择

以数额为标准界定罪与非罪在我国刑法中具体有两种规定方式：以具体数额作为标准和以"数额较大"作为标准，也即具体规定式和概括规定式两种方式。这两种规定方式的优缺点都是显而易见的：以具体数额作为入罪标准最便于司法实践的适用，也不会出现适用标准不统一的问题。但由于社会经济生活处于不断的发展变化之中，同样的数额背后所体现的社会危害性程度在不同的时期是不同的。如果在立法中固守一个静态的数额标准，就会使得刑法的调整范围无法及时跟上社会经济的发展步伐，容易枉轻纵重。而且我国不同的地区经济发展水平存在较大的差异，在入罪上同样的数额规定也无法准确地反映这些差异。如果及时在立法中修改数额标准，虽然解决了上述问题，但又会使得刑法的稳定性大打折扣。以"数额较大"作为入罪标准能够保持相应标准的灵活性，避免了入罪数额与经济发展水平不相适应的问题。但在我国现行的司法体制下，"数额较大"不可能在具体的案件中才具体加以认定，而必须借助相关的司法解释提前确定具体的数额，事实上无非是把决定具体数额的权力由立法机关转移到了最高司法机关。过于依赖司法解释同样是对司法资源的过度耗费，而且会使得最高司法机关成为真正能够决定某些行为入罪与否的主体，由此最高司法机关分享了部分立法权，这样的局面使得最高司法机关有越权的嫌疑。针对数额标准的两种具体模式各自的弊端，有很多论者提出了其他标准，即根据某一参照系数来规定入罪的数额标准。如结合物价指数变动的因素来确定犯罪的经济价值，也就是在计算犯罪的数额后，将其犯罪数额参照物价变动因素进行折算，用折算得出的经济价值，比照其相应罪种的犯罪数额标准来定罪量刑；[1]以当年人均国民收入的若干分之几或若干倍作为数额较大的标准；[2]结合我国的最低工资保障制度，参照俄罗斯联邦刑法

---

[1]　参见陆云：《经济犯罪数额价值的科学折算方法》，载《法学》1996 年第 4 期。

[2]　参见张锡江：《刑法中的犯罪数额规定研究》，载《新疆公安司法管理干部学院学报》2000 年第 1 期。

典的数额立法，以最低劳动标准作为参照系数表达犯罪数额；[①] 以最低生活保障收入结合上年度人均年收入为参照系，确定经济犯罪的数额标准。[②] 这些主张或繁或简，但总体的思路都是论者各自提出的标准更能准确反映达到相应数额行为的社会危害性程度，更能与社会经济的发展相适应，同时又能克服现行立法对入罪数额两种规定方式的弊端。

我国现行立法中针对入罪数额的具体规定式、概括规定式和学者提出的其他规定方式从实质上讲并没有区别。因为无论采用哪种方式都相当于在立法中确定了一个具体的数额标准，所不同的只是具体的数额规定在何处，是在刑法典之中、司法解释之中还是在国家发布的权威统计数据之中。但无论如何，这一具体的数额都是在案件进入司法程序之前就已经确定了的，而且在不同的案件之中是统一适用的。笔者更倾向于最简单明了的具体规定式，其理由主要有以下两点：

一方面，并没有足够的论据能够证明同一数额所反映的经济意义一定会大幅度变化。我们之所以认定同一数额体现的社会危害性程度在不同时期有所不同，无非是因为我们确信同一数额背后所反映的经济意义是不同的。以逃税罪原有的入罪标准 1 万元为例，在 1997 年以前和《刑法修正案（七）》出台的 2009 年，1 万元能为居民提供的购买力、为企业提供的再生产能力有着几乎可以说天壤之别的差异。在整个社会经济总量迅速扩张的背景下，纳税人的数量和规模都迅速增长。在原有的 1 万元入罪标准下，税收征管过程中的税收执法面临一个两难选择：税务部门查处的大量案件基本都达到了偷税罪的定罪立案标准，如果都移送公安机关，以公安机关的办案能力则很难承受；如果不移送，税务部门自己又面临渎职的责任追

---

① 参见尹海英：《论犯罪数额的立法》，载马松建、史卫忠主编：《刑法理论与司法认定问题研究》，中国检察出版社 2001 年版，第 442 页。

② 参见李辉：《社会转型时期经济犯罪数额立法之修正》，载褚红军主编：《司法前沿》（2007年第 1 辑），人民法院出版社 2007 年版，第 264 页。

究。① 类似的数额规定在我国刑法典之中还有很多处，以今天的标准去衡量那些数额其都显得偏低。这种局面的发生与我国经济体制改革有着莫大的关系，即在计划经济逐步转向市场经济的过程中，伴随着经济的高速增长，特别是某些年份的经济过热，在我国经济运行中出现了较高幅度的通货膨胀，由此同样的数额（即人民币数量）所代表的经济指数差别也就较大。随着我国经济体制改革的推进，我国经济的发展也会逐步进入一个相对平稳的时期，不太可能会出现大起大落的局面，所以同样的数额所代表的经济指数未必会随着时间的推移而发生较大的变化。除此之外，经济结构不平衡、储蓄和投资倾向强于消费倾向、贸易顺差过大等都是导致我国通货膨胀发生的重要因素。事实上，在经济学当中，经济发展与通货膨胀的关系历来是一个充满争议的论题，经济的高速发展是否一定会伴随高额通货膨胀、通货膨胀对经济发展是否有益等都没有定论。例如，有研究表明，"我国自 1979 年以来，通货膨胀和经济增长的关系也经历了不同的阶段性的转变，即由 1979—1984 年的低高型（低通货膨胀率与高经济增长）转向 1985—1988 年直至 1997 年以前的双高型（高通货膨胀率与高经济增长，仅经历了 1990 年前后短暂的双低过渡期），1997 年—2007 年间我国经济发展又呈现出连续 11 年的低高型特征。"② 可见，我国经济发展并不是一直都伴随着高额的通货膨胀。而且，通货膨胀的发生与否与一国政府的宏观调控能力也存在重要关系。只要在一个较短的时期内，我国不会发生大幅度的通货膨胀，同一数额所反映的经济指数就不会存在大幅度的变化，不足以成为影响行为入罪与否的决定性因素，此时根本不需要修改数额的具体规定。目前无论是刑法的立法者还是研究者对规定具体数额模式的担忧主要是着眼于特定的历史时期，即简单地以 1997 年刑法典颁布之时（或者说 1986 年《人民检察院直接受理的经济检察案件立案标准的规定（试

---

① 参见郭勇平：《〈刑法修正案（七）〉对〈税收征管法〉第六十三条的影响》，载《税务研究》2009 年第 12 期。

② 曹龙骐主编：《金融学》，高等教育出版社 2010 年版，第 337 页。

行）》颁布之时，因为 1997 年刑法典对逃税罪入罪数额的规定事实上来源于这一司法解释）的经济状况和今天的经济状况加以比较，而缺乏前瞻性的思考。我们可以说 1997 年刑法典颁布之时或以前年份的经济状况与《刑法修正案（七）》颁布之时的 2009 年经济状况差别较大，但却很难说 2009 年与未来的 2021 年（同样取 12 年的年份间隔）的差别也是如此之大。只要物价水平等经济变量在一个较长的时期内不出现过大幅度的变化，同样的数额背后所反映的社会危害性程度就没有质的差别，也就无需通过修改立法来改变具体的数额。除了通货膨胀之外，国民经济运行之中也可能出现通货紧缩的现象，此时同样的数额所反映的经济指数随着时间的推移会变大。事实上，大多数发达国家近年来所面临的已不再是通货膨胀而是通货紧缩。可以预见，21 世纪初中期，由于全球几乎都处于"过剩经济"之中，而且随着现代科学和信息技术的发展，企业的生产成本和销售成本都有下降之趋势，通货紧缩的趋势很难以逆转。[①] 因此，我国也不能完全排除发生诸如 20 世纪 90 年代末至 2002 年一样的通货紧缩的可能性。但和应对通货膨胀的举措同理，只要通货紧缩幅度处在一个可以控制的范围之内，也就没有必要修改法律。纳税人的数量和规模等和一国经济运行的整体状况密切相关，在未来的时间内也会趋于平稳，而不会出现太大幅度的变化。

另一方面，具体规定某一数额的方式可能导致的刑法典不稳定性可以通过其他方式加以解决。社会经济的发展变化是具有周期性的，而不可能是瞬息变化。当一个国家处于相对平稳的经济运行周期之时，在一个较长的时间段内，社会经济状况的差别并不大。同样的数额背后体现的行为社会危害性可能会存在细小的差异，但这种差异在刑法立法中是可以忽略不计的。在一个经济周期转向另一个经济周期之后，同样的数额背后体现的

---

① 参见刘溶沧、赵志耘主编：《税制改革的国际比较研究》，中国财政经济出版社 2002 年版，第 13 页。

行为社会危害性可能会发生质变，但是此时修改立法也是理所当然的。任何法律的稳定性都是相对的，不能为了单纯地保持法律的稳定性而不修改法律。当一个国家处于经济的震荡期之时，经济的发展变化速度较快，但这种状况并不能反映社会常态，此时的法律无需也不可能完全随之变化。如果以刑法的相对稳定性来否定具体规定数额模式，我们完全可以以同样的理由来否定概括规定的模式，因为即便是司法解释也不应当朝令夕改，特别是已经起到了实质立法作用的司法解释更是如此。此外，对刑法相对稳定性的担忧更多的是基于对我国这种单一刑法典立法模式的考察。如果这种立法模式能够转变为刑法典和附属刑法并存的模式，相关论者对这一问题的忧虑自然可以得到解决。

如果具体规定式的模式不够灵活的问题得到解决，其所存在的最大不足也就不成为问题。相比其他两种模式而言，这种模式便于适用的优点就使其具备了最大的优势。在这种情况下，再通过司法解释去具体规定具体的入罪数额完全就是大费周折，实际上是不当地增加了最高司法机关的权力。理论界还有的观点主张把诸如逃税罪等犯罪的起点数额通过全国人大常委会的立法解释进行确定，而不宜借助最高司法机关的司法解释。[1] 这种论点存在同样的问题。既然在立法中问题能够得到解决，自然也就不需要借助于其他解释。而且通过立法解释和通过修改法律固然存在程序上的差别，但都是全国人大常委会在行使确定具体入罪数额的权力，从实质上并没有区别。我们没有必要回避刑法的修改（何况以数额为入罪标准犯罪的规定也不一定需要经常修改），任何试图一劳永逸地解决立法问题的思路都是不可取的，也不可能达到立法者预期的效果。总之，我国税收犯罪中以数额作为罪与非罪标准的罪名涉及的具体规定都应当回归到规定具体数额而不是概括地规定"数额较大"的模式。

---

① 参见中国法学会财税法学研究会：《关于〈刑法修正案（七）（草案）〉中逃税罪条款的修改建议》，载刘剑文著：《追寻财税法的真谛：刘剑文教授访谈录》，法律出版社 2009 年版，第256 页。

（2）直接危害税收征管犯罪入罪具体数额的确立

相比以不同方式规定入罪数额这一问题，如何确定税收犯罪罪与非罪的具体数额显得更为重要和迫切。因为就我国对这一具体数额的规定来看，虽然当前由司法解释确立的具体数额也综合考虑了多种因素，但这一数额对有关机关进行权限划分的功能体现得比较明显，而体现税收犯罪行为与税收一般违法行为社会危害性差异的功能却不足。税收犯罪行为与税收一般违法行为社会危害性差异才应当是真正影响入罪数额的决定性因素。如果这一差异无法从入罪数额上得到足够的反映，具体数额的科学性就值得怀疑。为了使具体的数额标准更为科学，立法者一方面必须参照大量的经济指标，上文介绍的有论者提出的以某一个或某几个经济指数作为参照系数的主张在此时应当才予以考虑。具体到税收犯罪而言，国内生产总值、总体税负水平、纳税人应纳税额的平均水平等诸多指标都可能成为影响入罪数额的因素。由于这些因素数量众多且相互之间的关系复杂，如何把这些因素与犯罪的入罪数额对应起来是一项艰巨的工作，需要社会多个部门的配合才能完成。另一方面，税收违法案件的发案数量、每起案件涉案的平均数额等指标也是影响入罪数额科学性的依据。只不过就我国目前税收征管工作的实际情况来看，某些案件如逃税的查处率并不高，因此当前要想准确地获得这些指标并非易事。国家有关机关既要进一步完善各项税收征管制度，又需要在必要的时候对发案数量等指标有一定的估量和预判。

税收犯罪入罪数额的确定除了要体现科学性之外，还必然涉及立法者的价值判断和对相关犯罪形势的评估问题。例如，当一个特定的时期某一类犯罪大量涌现、需要重点打击之时，立法者往往选择降低入罪数额以应对这种局面，20世纪90年代中后期虚开增值税发票犯罪的规定即是如此。但是，价值判断和对犯罪形势的评估应当服从于科学性的要求，不能单纯为了打击某一类犯罪就刻意降低其入罪数额，否则就会顾此失彼，难以体现不同行为社会危害性程度的差异。而且，刑罚的主要目的应是建立在对犯罪的惩戒基础之上的特殊预防，而一般预防只是第二位的。过于强调刑法对犯罪的震慑功能意味着对刑法作用的不切实际的夸大，并不是把越多的行为纳入犯罪圈就越能打击和遏制这些行为。例如，虚开增值税专用发票犯罪的入罪门槛较低，这固然使这类犯罪得以有效打击，但却造成了我国应对税收犯罪的司法资源过于集中于发票犯罪的局面，反而忽视了更具有根本性的逃税犯罪。近年来，虚开增值税专用发票犯罪的逐步减少也主要不是得益于刑法的偏向，而是得益于相关税收制度建设（如"金税工程"的建立）的完善。

第三节　直接危害税收征管犯罪中的非犯罪化问题

《刑法修正案（七）》在《刑法》第 201 条之中增加了一款规定，即："有第一款行为，经税务机关依法下达追缴通知后，补缴应纳税款，缴纳滞纳金，已受行政处罚的，不予追究刑事责任；但是，五年内因逃避追缴税款受过刑事处罚或者被税务机关给予二次以上行政处罚的除外"。这一条款在理论上被称为逃税罪的"初犯免责条款"。

一、逃税罪"初犯免责条款"的性质

对符合逃税罪"初犯免责条款"规定要件的行为究竟是不视为犯罪还是虽然构成犯罪仅仅不追究其刑事责任？按照立法机关有关人士的解释，该条款是"对本已构成犯罪、本应追究刑事责任的逃税人作出宽大处理的特别规定"。[①] 但其对于符合这一条款行为的性质并未作出明确说明。为此我们需要准确把握该条款所规定的"不予追究刑事责任"的内涵。按照我国刑法理论的通说，犯罪与刑事责任具有质的一致性，刑事责任是犯罪的必然法律后果，行为人只要实施了犯罪，就必然产生刑事责任。[②] 但有刑

---

① 黄太云：《偷税罪重大修改的背景及解读》，载《中国税务》2009 年第 4 期。
② 参见马克昌：《刑事责任的若干问题》，载《郑州大学学报》（哲学社会科学版）1999 年第 5 期。

事责任不代表一定需要追究其刑事责任，只有司法机关追究刑事责任，才能使客观存在的刑事责任变为现实。在某些特殊的情况下，存在"不予追究刑事责任"的可能性。根据我国《刑事诉讼法》第15条的规定，有下列情形之一的，不予追究刑事责任：（1）情节显著轻微、危害不大，不认为是犯罪的；（2）犯罪已过追诉时效期限的；（3）经特赦令免除刑罚的；（4）依照刑法告诉才处理的犯罪，没有告诉或者撤回告诉的；（5）犯罪嫌疑人、被告人死亡的；（6）其他法律规定免予追究刑事责任的。这6种情形既有实际上不构成犯罪的情形，也包含虽然构成犯罪但不追究刑事责任的情形。我国的刑法之中并未出现"不予追究刑事责任"的用语，只有类似的用语出现在某些条款之中，例如第18条、第20条、第21条规定的"不负刑事责任"，第241条规定的"可以不追究刑事责任"。这些条款的用语从字面上看区别不大，但意义不同。第18条、第20条、第21条规定的"不负刑事责任"事实上是"不构成犯罪"的同义语，第241条规定的"可以不追究刑事责任"言外之意是也可以追究刑事责任，事实上也就是行为虽然构成犯罪，但不予处罚。所以，仅从"不予追究刑事责任"的字面含义上理解难以把握这一条款的真实含义。

有论者认为，从"不予追究刑事责任"导致不能进入刑事诉讼程序的法律效果上讲，"不予追究刑事责任"相当于不构成犯罪。但在行为人消除犯罪行为造成的危害之前，犯罪已经成立，后来的补救措施消除了原来的犯罪。故此处的"不予追究刑事责任"事实上就是指不构成犯罪。[①]这样的说明不够充分，因为《刑事诉讼法》第15条涉及的情形明显包含虽然构成犯罪但不追究刑事责任的情形。事实上，我们不可能从理论的层面去说明"不予追究刑事责任"的具体含义是行为不构成犯罪还是构成犯罪但不追究刑事责任。只是从《刑法修正案（七）》对逃税

---

① 参见齐文远、魏汉涛：《"解除刑事责任的事由"之立法价值——从〈刑法修正案（七）〉对偷税罪的修改切入》，载赵秉志、陈忠林、齐文远主编：《中国刑法学年会文集（2009年度 下）》，中国人民公安大学出版社2009年版，第1090页。

罪修改的立法背景来看，其主要是为了体现对这一犯罪的从宽处理，认为这一规定是把本来构成犯罪的行为非犯罪化，即这种情况下根本不构成犯罪更有利于贯彻修正案的精神。而且这样的理解能够减少理论上不必要的麻烦和司法资源的浪费。例如按照《刑事诉讼法》的规定，不追究刑事责任的几种情形不应当进入刑事诉讼程序，但已经追究的，应当撤销案件，或者不起诉，或者终止审理，或者宣告无罪。在审判阶段，对于其中的第一种情形，人民法院应当判决宣告无罪，对于其余五种情形一般应裁定终止审理，但是根据已经查明的案件事实和认定的证据材料，能够确认已经死亡的被告人无罪的，人民法院应当判决宣告被告人无罪，还被告人以清白。如果认为符合逃税罪"初犯免责条款"规定情形的行为根本就不构成犯罪，相关案件在行政查处阶段就予以终结，根本不需要考虑一旦进入诉讼阶段的其他问题。但由于"不予追究刑事责任"的规定容易给人造成"此类行为构成犯罪，但不予以刑罚处罚，即定罪而免刑"的歧义，因此有论者建议此处的规定应规定为"不以犯罪论处"为宜。[①]

二、逃税罪"初犯免责条款"的积极意义

按照我国刑法的传统理论，已经发生危害结果的犯罪行为不会因为行为人事后的补救措施而影响犯罪的成立，一般只是把这些补救措施作为酌定的量刑情节独立考虑，特定情形下基于法律的特别规定会成为法定量刑情节。也即我国刑法的理论从不承认有成立犯罪之后因为事后的补救行为而不再视之为犯罪的可能性。逃税罪的"初犯免责条款"无疑是对刑法传统理论的违背或修正，但又不可否认这一条款同时具有一些积极的意义。这些积极意义主要表现在以下方面：

[①]　参见赵秉志、王东阳、彭新林：《关于〈中华人民共和国刑法修正案（七）（草案）〉的讨论意见》，载赵秉志主编：《刑事法治发展研究报告 2007——2008 年卷》，中国人民公安大学出版社 2009 年版，第 75 页。

第一，有利于贯彻宽严相济的基本刑事政策，分化瓦解犯罪。对于补缴了应纳税款，缴纳滞纳金并且接受行政处罚的行为人而言，其原本在构成犯罪的情况下就属于主观恶性较轻的一类。把这一部分行为人排除出犯罪圈是契合了宽严相济中"宽"的一面，体现了国家对这部分行为人的宽容和促使其及时补缴税款的一种"回报"。将这部分行为人排除在犯罪人之外也避免了其被贴上犯罪分子的标签，有利于减少社会的对立冲突，反映了立法者在宽严相济刑事政策要求下，构建和谐社会的最终目的。[①]

第二，有利于节约司法资源，符合市场经济所要求的效率原则。作为刑罚的适用来讲固然要以公平作为其实施的评价标准和理念，但完全不考虑效率的刑罚对于国家有限的司法资源来说是一项沉重的负担。对犯罪人而言要经受刑事诉讼的煎熬，在诉讼和服刑期间不仅不能为社会创造财富，反而会给家庭和社会带来不利影响。按照经济学的基本假设，决策者都是理性的人，一般都会选择对自己更为有利的行为。刑法将补缴了应纳税款、缴纳滞纳金并且接受行政处罚的行为人排除在犯罪人之外，任何理性的人都会选择主动补缴税款，缴纳滞纳金并且接受行政处罚这样的结果而避开因犯罪而承担刑罚的不利后果。同等情况下，行政处罚的效率肯定是高于司法活动的。在以获取税款为同样目的的前提下，选择行政处罚更有效率是毫无疑问的。

第三，有利于缓解我国逃税犯罪立法严厉执法宽松的现实问题，减少刑法权威性遭受的不良影响。实践当中，我国的逃税现象并不少见，但就在我国因此触犯刑法的行为而言，很多没有受到刑事追究，这其中既有执法机关主观上的原因，也与我国税收征收制度在客观上的不健全有关，也即逃税罪呈现出立法严厉执法宽松的现象，影响了刑法适用的

---

① 参见翁凯一:《宽严相济在刑事立法中的适用及前景——以〈刑法修正案（七）〉为例》，载《法学杂志》2009 年第 6 期。

严肃性。① 从执法质量的角度来讲，有关机关并不能够公平地适用法律，简单说来就是实际查处了哪些行为人这部分人就构成犯罪，反之没有查处到就不构成犯罪，这在刑法的实施中是不公平的。② 同时，基于立法和执法之间的矛盾，对税务部门的行政管理造成了困难。很多地方的税务部门为了保护税源、保障税收任务，就不能对那些纳税大户做到完全查处，而是留有余地，其这么做虽然有合理的成分，但又是违反法律规定的，情节严重的还可能涉嫌税收渎职犯罪。从实际情况来看，我国每年由税务部门查处的逃税违法案件并不少，但真正移交到公安机关进入刑事诉讼程序的数量却极少。为了缓解逃税罪立法严厉执法宽松的问题，无非有两种选择：使立法变得宽缓和使执法变得同样严厉，刑法修改的过程中立法者选择了前者。不管怎样，这种选择肯定能起到缓解立法与执法之间矛盾的作用。

三、逃税罪"初犯免责条款"所存在的问题

逃税罪"初犯免责条款"的设置固然有其积极的意义，但也绝非某些论者鼓吹的那样完美，不可否认其难免存在一些问题。这些问题主要表现在：

第一，不利于保持刑法的体系性和刑事政策的协调性。刑法理论虽然也是在不断发展变化之中的，而不是僵死不变的，但因为理论所影响的往往不限于个罪，故立法对于刑法基本理论的修正必须慎之又慎。在现行刑法相关理论不更改的情况下，只能以特殊性和例外来解释逃税罪"初犯免责条款"的存在理由。然而这一条款的出现必然影响到对其他类似犯罪的

---

① 参见裴广川、李玉宝：《偷税罪：不再立法严厉执法宽松》，载《检察日报》2008 年 9 月 25 日第 3 版。

② 参见雷建斌：《〈刑法修正案（七）〉的法条争议及解析》，载京师刑事法治网，http：//www.criminallawbnu.cn/criminal/info/showpage.asp？ProgramID=&pkID=22285&keyword=%C0%D7%BD%A8，最后访问日期：2015 年 6 月 11 日。

立法。立法者固然可以以逃税罪所存在的负面影响和我国税收征管存在的问题作为设置这一条款的理由，但却很难证明逃税罪在刑法之中具有独一无二的特殊价值。因为任何类罪乃至个罪事实上都具有自身的特殊性，也即都可以要求立法者对其特殊对待。例如，走私普通货物、物品罪从本质上讲属于一种特殊的逃税犯罪，既然其所依附的逃税罪的规定中设置了"初犯免责条款"，按照同样的理由完全可以在走私普通货物、物品罪之中也设置这么一个条款，而现实是立法者并没有这么做。再如，逃避追缴欠税罪和逃税罪从本质上讲区别也不大，欠缴税款的纳税人补缴税款，缴纳滞纳金并接受行政处罚的，无论从对国家税款征收的实际影响还是从行为人的主观恶性上（该罪行为人的主观恶性一般更小）讲都与符合逃税罪"初犯免责条款"的行为人差别不大，但立法也没有在该罪的规定中设置相应条款。解释不在其他类似条款中设置同样例外条款或者说立法者为何"厚此薄彼"可以说远比解释在逃税罪之中设置这么一个条款的难度大。所以，这一条款的出现显然有损刑法的体系性。如果立法者有意以逃税罪作为修正刑法理论的"试点"，这种修改的微观效果确实使得个罪实现了宽缓，但却付出了过高的宏观代价。从立法模式上看，也更应该把例外条款设置在单行刑法或附属刑法之中而不是以修正案的形式来修改刑法典。① 如果仅仅是以此作为国家调整对逃税罪刑事政策的"信号"，我们同样有理由认为，对于其他经济犯罪，只要最终的结果是国家或社会未遭受实际损失，都应当给予其非犯罪化的待遇，"不予追究刑事责任"，否则就会破坏刑事政策对待经济犯罪的共通性与协调性。就逃税罪的规定而言，其根本不可能承担起修正刑法基本理论和国家对待经济犯罪整体刑事政策的"重任"，立法者可能也无意让其充当这种改革的"急先锋"角色。笔者不认同把逃税罪"初犯免责条款"的作用无限夸大，即认为其"开启了

---

① 参见刘远：《〈刑法修正案（七）（草案）〉的刑事政策评析》，载《法学》2008 年第 12 期。此处涉及我国刑法立法模式的问题，对此笔者在第二章有详细论述，以我国刑法立法的现状来看，立法者不会采纳这种建议。

我国刑事立法的非犯罪化之门，一定意义上也昭示了未来刑事立法的发展方向"① 或为使我国刑法更有理性、更注实效的改革开启了大门② 的观点。

第二，不利于良好的税收法治秩序的建立和纳税人自觉纳税意识的培养。单纯从逃税罪所侵犯的法益来看，确实是国家税收征管秩序和税收利益，但这里所谓的"税收征管秩序"着眼的是微观意义上的秩序即具体的、针对某一纳税人而言的征管秩序而不是宏观意义上的、针对国家税收工作整体而言的征管秩序。立法者和支持"初犯免责条款"的论者无不认为国家的税款重于一切，只要最终的税款得到保障就可以作为行为不入罪的理由。对于一个税收法制健全、公民纳税意识浓厚的国度而言，这样的理念并无太大的问题，而现实是我国并不是这样一个国度。"初犯免责条款"的出现可能会使那部分逃税行为被查处的行为人及时补缴税款，但同样还会存在相当一部分逃税行为未被查处的行为人。在立法对逃税行为这样一种宽缓的取向引导下，那部分未被查处的行为人不仅不会收敛自己的行为甚至还会变本加厉，因为即便被发现其充其量是和那部分已被发现的行为人一样补缴税款。国家刑罚固然有其负面效应，但通过刑罚保持对犯罪行为的威慑力，体现国家对待犯罪行为人的政策却是不可缺少的，行政处罚同样不能起到刑罚在这方面的作用，认为把刑罚换作行政处罚就万无一失的观点是不可取的。如果国家保住了这部分已经被查处的行为人的应纳税款而失去了更多的未被查处行为人的应纳税款，很难说保住的这部分就比失去的部分重要。从我国近些年税收发展的情况来看，其之所以能连续多年保持高速增长，除了经济发展所带来的税源增长之外，税收秩序和征管的完善也是不可或缺的一个因素。仅以税款的多少来作为衡量税收工作成

---

① 姚兵：《解读〈刑法修正案（七）〉逃税罪的除罪条款——兼论非犯罪化路径的中国选择》，载赵秉志主编：《当代刑事科学探索》（上），北京大学出版社 2010 年版，第 600 页。

② 参见齐文远、魏汉涛：《"解除刑事责任的事由"之立法价值——从〈刑法修正案（七）〉对偷税罪的修改切入》，载赵秉志、陈忠林、齐文远主编：《中国刑法学年会文集（2009 年度　下）》，中国人民公安大学出版社 2009 年版，第 1095 页。

效的标准对于一个税制不健全的国家而言是不科学的。除此之外，逃税罪"初犯免责条款"的出现必然使相当一部分原本构成犯罪的行为不再被视为犯罪，逃税罪的数量会在本来就不多的情况下更为稀少。而逃税罪在一国的税收犯罪之中本是一个最基础的罪名，这也就同时意味着我国税收犯罪的整体地位会大大减弱，甚至其刑事立法的正当性就值得质疑，是否还需要继续存在也值得研究。执法和司法部门所关注的重点也会进一步转向本来就已经很重视的发票犯罪，这对于我国税收犯罪体系的科学化而言也是不利的。

第三，不利于促进税收执法的完善和公平。如前所述，为了缓解逃税罪立法严厉执法宽松的问题，无非有两种选择：使立法变得宽缓和使执法变得同样严厉，刑法修改的过程中立法者选择了前者，回避了后者。本来，在我国，执法不严的问题远比立法的问题要严重，立法却进一步回避重点来试图缓和立法和执法之间的矛盾，这无疑是因为使立法宽缓远比使执法严格更容易做到。尽管执法不严是一个系统性的问题，并不是立法部门就能解决的，但立法者一味顾及执法部门的利益而作出让步，显然是不利于对其进行严格要求的。我国当前的现状也不需要过分强调所谓的发达国家同样不可能做到税款完全得到缴纳，税收征管工作难免有疏漏的论断。从一定意义上讲，税务部门在刑法修正中的提议不是在试图缓和立法和执法的矛盾，而是在推卸自身的责任。对于因查处不全面带来的刑罚适用不公的问题，即便在把刑罚改为行政处罚的情况下也同样会存在，不会丝毫得到缓解，因为决定其适用的是执法的情况而不是法律责任的具体形式（所以适用不公事实上难以作为支持"初犯免责条款"的一个依据）。而且该条款可能会产生刑罚适用中新的不公，即对于规模较大的纳税人而言，其逃税一般无关乎企业的生存而只是影响其利润，在第一次行为之时即便是行为被发现只要补缴税款，缴纳滞纳金，接受行政处罚即可避免入罪。对于规模较小的纳税人而言，虽然其逃税未必是出于生计的需要，即便只是接受行政处罚对其也是一笔不小的负担，结果也可能是破产。有论者更是认为，"这样的规定可能带来的后果就是将刑法变成富人的法律"。[①] 虽然因经济状况的不同带来的财产罚执行不公是一个难免的现象，但仍然需要正视这种现象。

　　总之，逃税罪"初犯免责条款"的设置在具有积极意义的同时，也存在诸多理论和实践的问题。其设置的初衷有利于我国税收刑法乃至刑法整体的发展完善，但对于亟须继续完善税收征管秩序，加强税收法治的我国而言多少显得不合时宜，属于立法过分超前的一种表现。这一条款所面临的这种困境反映出了立法过程中存在的利益博弈格局和立法工作的复杂性。

---

　　① 蒋苏淮：《〈刑法修正案（七）〉第 3 条第 4 款之质疑》，载赵秉志、陈忠林、齐文远主编：《中国刑法学年会文集（2009 年度　下）》，中国人民公安大学出版社 2009 年版，第 1148 页。

第七章　间接危害税收征管的犯罪（发票犯罪）的立法问题

第一节　我国发票犯罪的立法沿革

发票，是指在购销商品、提供或者接受服务以及从事其他经营活动中，开具、收取的收付款凭证，是用以记载经营业务活动发生状况的书面证明。发票作为购销双方经济责任的书面证明，在我国的经济活动中具有特殊的地位。一方面，会计核算必须有记录经济业务和明确经济责任的书面原始凭证，发票是会计核算中重要的外来原始凭证。购货方——发票持有方据此进行资金付出、实物运输和验收入库等方面的核算；销货方——发票开具方据此进行资金收进、检查实物出库、销售费用摊销、成本结算和纳税义务发生等方面的核算。另一方面，发票又是税务机关征收税款和进行税务稽查的重要依据，是税源监控的主要手段。我国对发票实行严格的管理，税务机关依法对发票的印制、领购、使用等全过程进行组织、协调和监督，发票管理由此成为税务管理的重要组成部分。

我国的发票可以分为增值税专用发票和普通发票两大类。顾名思义，增值税专用发票是为了增值税征收管理的需要而设定的一种专用发票，其特点在于其不仅具有普通发票所具有的记载商品或劳务的销售额以作为收支记账凭证的功能，而且同时记载了销货方纳税义务和购货方的进项税额，因此又是购货方据以抵扣税款的证明。增值税专用发票以外的发票都是普通发票，二者的主要区别在于：（1）发票的印制主体不同。增值税专用发票由国务院税务主管部门指定的企业印制；其他发票，按照国务院主管部门的规定，分别由省、自治区、直辖市国家税务局、地方税务局指定企业印制。（2）发票使用的主体不同。增值税专用发票一般只能由增值税一般纳税人领购使用，小规模纳税人需要使用的，只能经税务机关代开；普通发票则可以由从事经营活动并办理税务登记的各种纳税人领购使用，未办理税务登记的纳税人也可以到税务机关申请代开普通发票。（3）发票的内容不同。增值税专用发票除了具备购买单位、销售单位、商品或者服务的名称、商品或者劳务的数量和计量单位、单价和价款、开票单位、收款人、开票日期等普通发票所具备的内容外，还包括纳税人税务登记号、不含增值税金额、适用税率、应纳增值税额等内容。（4）发票的联次不同。增值税专用发票有四个联，第一联为存根联（用于留存备查），第二联为发票联（用于购买方记账），第三联为抵扣联（用作购买方扣税凭证），第四联为记账联（用于销售方记账）；普通发票则只有三联，第一联为存根联，第二联为发票联，第三联为记账联。由于我国对某些行业采用特殊的增值税政策，故在普通发票之中，也存在个别能够用于出口退税、抵扣税款的发票，其中主要包括农林牧渔产品的收购发票、废旧物资的收购发票、运输发票。此外，由于海关负责代征进口环节的增值税，增值税一般纳税人取得所有需抵扣增值税进项税额的海关进口增值税专用缴款书（即海关完税凭证）也是抵扣增值税税款的凭证之一。海关完税凭证虽不属于发票，但由于其在增值税征收中具有和农产品收购发票、废旧物资发票、运输发票相同的功能，也可以视为一种特殊的发票，所以税收工作中把这四种增值税专用发票以外可以用于增值税抵扣的发票和凭证合称之为"四小票"。

行为人违反发票管理制度的需要承担相应的法律责任。发票违法行为按照其情节轻重分别承担行政责任和刑事责任，某些严重违反发票管理制度的行为可以构成犯罪。而由于发票与我国的税收有着密切的关系，与之有关的发票犯罪也往往被纳入税收犯罪的范畴。我国关于发票犯罪的立法经历了一个由无到有、由不完善到逐步完善的历程，从沿革上看大致可以分为三个时期：

一、无发票犯罪专门立法时期

1979 年刑法典出台之前，我国只有个别几部单行刑法，其中并没有规定发票犯罪。1979 年刑法典也没有针对发票的专门规定，此时我国并未将发票违法行为纳入刑法的处罚范围。

但与此相关的是，1979 年刑法典第 124 条规定了伪造有价票证罪，该罪的犯罪对象是车票、船票、邮票、税票、货票。其中所谓的"税票"也即完税凭证，是税务机关根据税法向纳税人收取税款时使用的专用凭证和纳税人依法履行纳税义务的合法证明。税票包括通用完税证、定额完税证和印花税票等。"伪造税票，是指仿照法定税票式样、内容制造虚假的税票，并怀着欺诈的故意把它当作真实的税票使用（即以假充真、无中生有）的行为。"[①] 对这一罪名中的伪造税票犯罪行为的规定在我国新中国成立之初的某些法律法规中即有体现。例如 1950 年政务院通过的《印花税暂行条例》第 22 条中规定，拒绝检查，不接受处罚或伪造印花税票者，送人民法院处理。有的观点认为根据税票的用途、作用，其应当属于发票的一种，故伪造有价票证罪可以视为是一种特殊的发票犯罪。[②] 这种观点曲解了税票的性质和用途，虽然在某些方面有一定的道理，但总体而言并不正确。税票作为纳税凭证除了个别种类如"四小票"中的海关完税凭证和印花税票等之外并不具有直接影响税收的功能，伪造税票行为所侵犯的客体一般只是单纯的税票管理秩序。此外，由于税票具有收藏价值，有的行为人利用伪造

---

① 国家税务总局编：《中国税收知识问答》，中国税务出版社 1996 年版，第 576 页。

② 参见吴亚荣主编：《中国税收犯罪通论》，中国税务出版社 1999 年版，第 280 页。

的税票可以从事某些诈骗活动。但在 1979 年刑法典出台之时，海关完税凭证等专用税票尚不具有抵扣税款的功能，只有印花税票与税收有直接的关系，立法者不可能预见到税票影响税收的功能，所以伪造有价票证罪中的伪造税票行为很难说是一种税收犯罪行为，更不可能是后来才出现的发票犯罪行为。此后，1994 年 6 月 3 日最高人民法院、最高人民检察院《关于办理伪造、倒卖、盗窃发票刑事案件适用法律的规定》之中 "以营利为目的，伪造、变造增值税专用发票的，依照刑法第一百二十四条的规定，以伪造税票罪追究刑事责任" 的规定属于一种类推解释，这样的规定是不合理的。且税票虽然记载有纳税金额，但大多数情况下并不具有直接的经济价值（只有印花税票等具有一定的经济价值），从性质上讲被定义为有价票证是不妥当的。故 1997 年刑法典中虽然保留了伪造有价票证罪这一罪名，但在该罪对象的规定中删除了税票。该罪名中的 "货票" 在我国专指铁路内部采用的一种财务性质的票据。它是根据铁路与发货人缔结的运输契约（即货物运单）记载的内容填制的。货票的作用主要表现在以下两个方面：对外在发站是向发货人核收运输费用的收款收据，在到站是与收货人办理货物交付手续的一种凭证；对内则是清算运输费用，确定货物运到的实际期间，统计铁路完成的运输工作量、货运进款、运输里程以及有关货运工作指标的依据。货票虽然不属于严格意义的发票，但在现行税制下可以作为抵扣增值税税款的凭证，因此其作用类似于发票。不过，和某些种类的税票的原理相同，在 1979 年刑法典出台之时，货票并不具有这样的功能，因此同样不能认为伪造货票的行为属于发票犯罪行为。1997 年刑法典在对伪造有价票证罪对象的规定中同样删除了货票。总之，在我国新中国成立之后相当长的一段时期内，我国并没有针对发票犯罪的相关立法。

二、发票犯罪立法逐步成型时期

随着我国经济体制的改革，发票在市场经济中的用途日益广泛，不法分子利用发票实施犯罪的现象逐年增加，有关机关针对相应的行为也作出了相应的规定。

针对倒买倒卖发票行为屡禁不止的情况，最高人民法院、最高人民检察院 1992 年 3 月 16 日在《关于办理偷税、抗税刑事案件具体应用法律的若干问题的解释》规定，以营利为目的，倒卖发票，情节严重的，以投机倒把罪论处。由此，"两高"以司法解释的形式，将倒卖发票犯罪纳入投机倒把罪的范畴。

1993 年 12 月 23 日发布的《发票管理办法》明确禁止私自印制、伪造变造、倒买倒卖发票，禁止私自制作发票监制章、发票防伪专用品，并规定构成犯罪的，依法追究刑事责任。但当时除了对倒卖发票、伪造发票监制章的行为可以投机倒把罪、伪造印章罪处罚外，对其他违反发票管理法规的行为无法予以刑事制裁。

1994 年我国实行了大规模的税制改革，增值税专用发票抵扣税款制度是税制改革的重要环节。增值税专用发票可以抵扣税款的特点，大大刺激了不法分子利用增值税专用发票和其他发票牟取暴利的欲望，伪造、倒卖发票、盗窃发票的违法犯罪行为一时间大量涌现。利用发票实施犯罪，尤其是利用增值税专用发票实施犯罪的新类型案件大规模出现。这类发票犯罪不仅造成税款抵扣秩序的混乱，而且为偷税、骗税、贪污等犯罪提供了条件，严重扰乱了经济秩序和税制改革，使国家税收和财产蒙受巨大损失。这种犯罪直接破坏改革和经济建设，具有严重的社会危害性，对之予以严厉打击就成了当务之急。1994 年 3 月 28 日，最高人民法院、最高人民检察院、公安部、国家税务总局发出了《关于开展打击伪造、倒卖、盗窃发票专项斗争的通知》，全国各地开展了打击发票犯罪的专项斗争。同年 6 月 3 日，最高人民法院、最高人民检察院发布施行的《关于办理伪造、倒卖、盗窃发票刑事案件适用法律的规定》对发票犯罪的法律适用问题作出了规定。该司法解释第 1 条规定，以营利为目的，非法印制（复制）、倒卖发票（含假发票）或者非法制造、倒卖发票防伪专用品，情节严重的，以投机倒把罪追究刑事责任。第 3 条明确规定："以营利为目的，伪造、变造增值税专用发票的，依照刑法第一百二十四条的规定，以伪造税票罪追究刑事责任。"该规定以司法解释的形式就非法制作买卖发票的行为如何适用刑法作出了规定，使司法实践中对非法制作、买卖发票的行为的惩治有了统一的尺度。不过该司法解释仅是根据刑法规定对相应法律问题所作的解释，其把相应的发票违法行为归为投机倒把罪和伪造税票罪两个罪名，而实际上刑法中相应的罪名原本并不能涵盖相应的行为。

为更有力地遏制发票犯罪，1995 年 10 月 30 日第八届全国人大常委会通过了《关于惩治虚开、伪造和非法出售增值税专用发票的决定》（以下简称《决定》）。该《决定》增设了虚开增值税专用发票罪、伪造、出售伪造的增值税专用发票罪、非法出售增值税专用发票罪、非法购买增值税专用发票、伪造的增值税专用发票罪、虚开专用发票罪、非法制造专用发票罪、出售非法制造的专用发票罪，并规定单位可以成为上述犯罪的主体。为了正确执行该《决定》，最高人民法院于 1996 年 10 月 17 日发布了《关于适用〈全国人民代表大会常务委员会关于惩治虚开、伪造和非法出售增值税专用发票的决定〉的若干问题的解释》，对非法制造买卖增值税专用发票和其他发票犯罪的起刑点以及何为"数量较大"、"数量巨大"、"情节特别严重"等问题作出了具体的解释和界定。《决定》确定了我国发票犯罪立法的基本格局和打击的重点，也使得税收犯罪中的发票犯罪形成了一个相对独立的罪名体系。

1997 年 3 月，我国的刑法典进行了全面的修订，修订之后的刑法基本吸收了《决定》中有关增值税专用发票和"四小票"的规定，并在此基础之上增加了针对普通发票犯罪的专门罪名，而不再规定相应行为比照原有的伪造有价票证罪处理。除此之外，1997 年刑法典还调整了相应条文的排列顺序，对某些相似的罪名进行了整合。例如虚开增值税专用发票、用于骗取出口退税、抵押税款发票罪是将《决定》的第 1 条和第 5 条合并而形成的罪名，相关条文除了删除了《决定》中"对虚开增值税专用发票犯罪集团的首要分子从重处罚"的规定之外，还增设了单位犯罪的刑事责任。1997 年刑法典将《决定》第 6 条规定的伪造、擅自制造或者出售伪造的、擅自制造的用于骗取出口退税、抵扣税款发票的犯罪拆分为 4 个条款，每个条款单独设置罪名。至此，我国形成了比较系统的惩治发票犯罪的立法。其具体包括：虚开增值税专用发票、用于骗取出口退税、抵扣税款发票罪；伪造、出售伪造的增值税专用发票罪；非法出售增值税专用发票罪；非法购买增值税专用发票、购买伪造的增值税专用发票罪；非法制造、出售非法制造的用于骗取出口退税、抵扣税款发票罪；非法制造、出售非法制造的发票罪；非法出售用于骗取出口退税、抵扣税款发票罪；非法出售发票罪。

发票犯罪立法的基本成型，对严厉打击非法制作买卖发票犯罪，保障国家税收，保证税制改革的顺利进行，维护社会经济秩序，具有重要的意义。

三、发票犯罪立法进一步完善时期

1997 年刑法典通过之后的一个较长时期内，我国关于发票犯罪的立法保持了稳定的状态，没有发生变动，这种稳定状态一直持续到 2011 年 2 月 25 日《刑法修正案（八）》的出台。《刑法修正案（八）》对"危害税收征管罪"进行了 4 处修改，这 4 处修改全部集中于发票犯罪。其中涉及增值税专用发票和"四小票"的有 2 处，均表现为法定刑的修改：删去《刑法》第 205 条第 2 款（即有虚开增值税专用发票和"四小票"行为骗取国家税款，数额特别巨大，情节特别严重，给国家利益造成特别重大损失的，处无期徒刑或者死刑，并处没收财产）；删去《刑法》第 206 条第 2 款的规定（即伪造并出售伪造的增值税专用发票，数量特别巨大，情节特别严重，严重破坏经济秩序的，处无期徒刑或者死刑，并处没收财产）。与普通发票犯罪有关的也有 2 处，均表现为增设新罪，即增加了"虚开发票罪"和"持有伪造的发票罪"：在《刑法》第 205 条后增加一条，作为第 205 条之一："虚开本法第二百零五条规定以外的其他发票，情节严重的，处二年以下有期徒刑、拘役或者管制，并处罚金；情节特别严重的，处二年以上七年以下有期徒刑，并处罚金。单位犯前款罪的，对单位判处罚金，并对其直接负责的主管人员和其他直接责任人员，依照前款的规定处罚"；在《刑法》第210条后增加一条，作为第210条之一："明知是伪造的发票而持有，数量较大的，处二年以下有期徒刑、拘役或者管制，并处罚金；数量巨大的，处二年以上七年以下有期徒刑，并处罚金。单位犯前款罪的，对单位判处罚金，并对其直接负责的主管人员和其他直接责任人员，依照前款的规定处罚。"

至此，我国发票犯罪的立法已经基本囊括了发票的所有种类和发票管理的所有环节，基本上实现了发票违法行为与发票犯罪行为在立法上的衔接，一个完整的发票犯罪立法体系已经得以形成。

第二节　影响我国发票犯罪立法的因素

一、发票的功能与发票管理制度

发票在我国经济活动中的作用和功能在不同时期具有不同表现，国家对发票的管理制度也存在差异，而发票犯罪的立法与发票功能和发票管理制度的发展变化密切相关。

发票作为一种商事凭证，在相当长的时间内，只是一种单纯的交易证明和会计记账凭证，除了印花税之外，其与税收的征管并不具有联系。在发票功能比较单一的情况下，其不可能被用作逃税等行为的工具，税收犯罪中自然也不可能包含发票犯罪行为。直到20世纪40年代，发票作为税控工具的功能才被发掘，"对发票重要性的认识以及在税收征管中的相应规定，是中国税收征管史上的一次飞跃"。[1] 发票的税控功能是发票违法行为入罪的基本条件，其税控功能的大小也是决定立法者对相应违法行为重视程度的基本因素。建国初期，我国的税种相对较多，且经济结构比较复

---

① 李胜良著:《发票撷趣》，经济科学出版社2004年版，第134页。

杂，发票对于当时的工商业税、货物税、印花税等的征收都具有重要的作用。在这种情况下，立法者自然就会重视相应的违法行为。而在1958年，我国实行了税制改革，原有的货物税、商品流通税、营业税和印花税合并简化为一种工商统一税，发票的税控功能明显退化，且由于国有、集体经济增多等经济结构方面的变化，征税工作的难度也显著降低，发票作为税控工具的作用在此后的较长时期内体现得都不明显。在这种情况下，国家自然也无需重视发票违法行为。改革开放之后，工商业经济活动日益频繁，个体、私营经济的重要性也开始显现，发票的税控功能又开始被重新重视，对相应的违法行为自然也需要制裁，其中某些严重的违法行为也就需要犯罪化。发票税控功能除了影响发票犯罪立法的存在以外，同样影响其种类和具体设置。在发票具有了税控的功能之后，其对具体税种的影响也不尽相同。在我国引入增值税之前，发票并没有专用发票和普通发票之分，也即所有的发票都相当于现今的普通发票，发票违法行为中自然不包含针对增值税专用发票和"四小票"的行为。尽管立法在相当长一段时期内并没有针对普通发票犯罪的相关规定，即便在当时立法已经对这类行为作出了比较完善的规定，也不可能形成类似当今发票犯罪立法一样种类繁多以及根据发票种类分别设置罪名的格局。

发票的功能变化与国家的发票管理制度有着密切的联系。只有当发票具有了税控的功能之后，发票管理才随之成为国家税务机关的一项基本职能。而发票管理制度的存在是发票违法行为出现的前提。如果一国对发票使用的全过程放任自流，无论行为人采取何种行为都谈不上违法，自然也无需承担任何形式的法律责任。反之，只有一国存在发票管理制度，无论具体的制度涉及面宽窄，社会中都会出现相应的违法行为，即便是某些发票违法行为与税收并没有直接的联系，但由于其扰乱了国家的发票管理秩序，仍然具有相应的社会危害性，其中某些具有严重社会危害性的违法行为由刑法予以制裁也才具有必要性。我国在相当长的一段时间内并没有发票犯罪立法。之所以出现这种局面，除了受刑法立法的大环境影响之外，发票管理制度的不连贯性也是其中的影响因素之一。例如，我国在 1957 年到 1986 年这段时期内，全国的发票管理在不同时期、不同的经济形势下呈现出一种时紧时松、起伏不定的曲线状态，个别地方甚至完全放弃了对发票的管理。尤其是在"文革"时期，税收征管工作受到了严重的破坏，包括发票管理在内的所有征管制度都被当作"单纯的财政观点"的具体表现而受到批判。全国大部分地区的发票使用和管理都处在放任自流的状态。虽然在 1978 年财政部强调要恢复发票的管理制度，但在一段时期内，我国的发票管理制度仍然较为混乱。[①] 在这样的发票管理形势下，对发票违法行为的打击自然就不会被提上议事日程，1979 年刑法典之中缺少发票犯罪的相应规定正是当时我国发票管理整体秩序尚不健全的一个表现。

发票管理制度必须要表现为相应的立法，才能真正成为发票犯罪立法的前提，且相应的立法必须是全国性的。我国最早的发票管理制度始于地方，新中国成立初期的各大行政区如东北、中南、西南税务管理局都制定有专门的发票管理法规。地方性的法规固然可以设定某些行政性的处罚措施，但不可能涉及刑罚层面。我国虽然从一开始就对发票实行较为严格的管制，但在新中国成立后相当长的时间内，并没有制定全国统一的发票管理办法，只在某些单行的税收行政法规中有所体现。例如政务院 1950 年颁布的《工商业税暂行条例》和财政部发布的《工商业税暂行条例实施细则》对于工商业营业行为中发票的开具有过规定，并在其中规定了相应违法行为的罚则。不过此时的发票管理规定相对简单，对应的违法行为种类也很少。直到 1986 年 8 月，为适应改革和经济形势的发展要求，财政部根据《税收征收管理暂行条例》的规定颁布了《全国发票管理暂行办法》，对发票管理的范围、发票的印制、发放和使用以

---

① 参见高献洲著：《中国发票史——发票源流探考记》，中国税务出版社 2010 年版，第 222-230 页。

及违章处罚等首次作了较为具体的规定。后来，随着社会主义市场经济体制的确立，我国发票的种类逐步增多，作用也逐渐增大，用途更加广泛。在我国于 1994 年再次进行税制改革之时，经国务院批准，财政部于 1993 年 12 月发布了《发票管理办法》，这使得我国对发票的管理更加严格、更加规范。发票管理的规范化，既有利于健全税收征收管理法律体系，又奠定了打击发票犯罪的基础。可以说，新中国成立以来，利用发票实施的犯罪，是随着我国发票管理制度、税收征收管理的建立而产生的，并且随着新税制的改革、发票作用的增强而日趋猖獗。对发票实行规范、统一的管理，对利用发票犯罪予以惩治，是维护社会主义市场经济秩序的需要，是税收改革顺利进行的需要，也是维护我国税收征管制度的必然要求。

发票管理制度及其立法化所影响的只是发票犯罪立法的存在与否，而立法对发票犯罪的种类的设定则取决于一国发票管理的严密程度。如果一国的发票管理制度所涉及的范围较窄，相应的违法行为种类就较少，发票犯罪的种类也就比较有限。反之，如果一国对发票实行全方位的管制，相应的违法行为种类就较多，立法者设定繁多的发票犯罪种类也就存在可能。例如，发票税控功能的发挥以发票的开具为前提，于是国家就需要加强对发票开具的管理，我国历史上最早针对发票的罚则针对的即是不开立发票的行为。1947 年 5 月，民国政府对其《营业税法》进行了修正。该修正税法规定："各公司商号除应具备合法账簿外，凡发生营业行为，应开立发货票，载明货品名称、数量、金额，交付买货人；并将发货票存根连同进货发货及一切单据一并保存，以供征收机关随时查核。"其在罚则部分规定："营业公司商号出卖货品不开立发货票者，除责令补办外，并处 5 万元以上、10 万元以下之罚款。"[①]新中国从成立之初对发票实行的即是全方位的管理，从发票的制作、领购、填开、取得、保管、缴销都有着较为严格的规定，

---

① 参见金鑫等主编：《中华民国工商税收史（地方税卷）》，中国财政出版社 1999 年版，第 90 页。

从发票管理制度的层面事实上具备了发票犯罪立法的基本条件，只是受到当时整个国家立法大环境的影响，统一的刑法典尚未出台，才没有实现相应违法行为的犯罪化。我国现行发票犯罪的种类较多，这正是我国发票管理环节繁多、层次严密的表现。

二、发票违法行为的严重程度

发票的功能与发票管理制度是影响发票犯罪立法的基本因素，但其所决定的只是发票违法行为的存在及种类。发票违法行为被犯罪化除了其中的某些严重违法行为自身所具有的严重社会危害性之外，某些违法行为在某一时期的严重程度也是影响立法者将其入罪与否的重要因素。如果某一时期某些特定的发票违法行为泛滥，其对社会经济秩序的破坏相比其他时期就更为严重，此时要求把这些行为入罪的呼声就会随之高涨，由此会促使立法者审视将这些行为纳入刑法处罚范围的必要性，促进相应违法行为犯罪化的进程。

我国对发票违法行为予以大规模犯罪化的历程起始于《关于办理伪造、倒卖、盗窃发票刑事案件适用法律的规定》，这一司法解释的出台与当时发票违法行为的严重状况有着直接的关系。1994 年初我国进行了大规模的税制改革，原本在某些地方先行试点的增值税推广到了全国范围内，以增值税为主体的流转税成为我国税制的主体。增值税的征收采用抵扣法，增值税专用发票随之产生并成为我国发票中最为重要的一种。增值税专用发票的管理工作一时间成为新税制运行工作中最为突出的问题。增值税专用发票如同一根"链条"，从生产到流通，从批发到零售，把各个环节紧密连接起来，其中任何一个环节出了问题，就会造成整个"链条"的中断和税款的流失。通过税务部门当时的监控，在广东、北京、上海等地区已经发现了伪造、倒卖、盗窃增值税专用发票的现象，少数不法分子利欲熏心、以身试法，把犯罪的重点目标移到增值税专用发票上，采用各种手段从事伪造、倒卖、盗窃发票的违法活动，这些活动在某些地区相当猖獗，并有向全国蔓延之势。[①] 因此，在当年公检法和税务部门联合组织了一次针对增值税专用发票违法行为的大规模专项斗争，并把伪造、倒卖、盗窃增值税专用发票行为列入打击的重点。在当时的形势下，出台《关于办理伪造、倒卖、盗窃发票刑事案件适用法律的规定》可以说是基于对有关违法行为定罪的需要。

此后，立法机关针对我国发票犯罪立法共进行了两次大规模的立法活动。第一次表现为 1995 年《决定》，第二次表现为 2011 年《刑法修正案（八）》中的相关条款。就这两次立法活动的成果而言，无不与当时发票违法行为的严重程度有着密切的关系。

我国 1994 年税制改革前后虚开增值税专用发票违法行为的严重状况是促使《决定》出台的重要因素。在这次税制改革推行之初，国家有关部门只是注意到了针对增值税专用发票这一新型发票本身的那些违法行为，打击的着眼点也基本上集中于维护增值税专用发票的管理秩序本身，而并未进一步深入到增值税的层面。事实上，有关部门在开展针对伪造、倒卖、盗窃增值税专用发票的专项行动之后不久，就发现了比这些行为危害更为严重的一种新型违法行为，即虚开增值税专用发票的行为。按照新税制的规定，对一种产品从最初的生产厂商到消费者之间的各个环节都应当缴纳增值税，但是处于后一个环节的厂商可以凭借前一环节厂商开具的增值税专用发票中所载明的已缴税款来抵扣这一环节应缴纳的税款。增值税专用发票除了普通发票所具有的商事凭证功能之外，还具有完税凭证的作用，由此具有了经济价值。正是由于其可以用于抵扣税款的特殊作用，因此可以被用作逃避增值税的工具，同时对于那些开具增值税专用发票的主体而言也可以通过开具专用发票谋取手续费等利益。一些不法纳税人从税务机关取得增值税专用发票之后，向受票方开具远超出进项税额的大额发

---

① 参见金鑫：《在全国打击伪造、倒卖、盗窃发票专项斗争电话会议上的讲话》，载《中国税务年鉴 1995》，中国税务出版社 1995 年版，第 54 页。

票，并按照一定的比例提取手续费来牟取暴利。受票方在得到专用发票之后，再用来抵扣税款进行逃税、骗取出口退税的活动。一时间，虚开、代开增值税专用发票的违法行为不仅呈泛滥之势，而且在当时的经济活动中发票违法行为的涉案数额之大是其他经济犯罪难以企及的，由此给国家造成了特别巨大的经济损失。例如，在江苏省江阴市胡明等人代开增值税专用发票一案中，涉案的金额高达 3.37 亿元，其中可直接抵扣的税款数额即达到 5700 余万元，造成国家税款被骗取 801.2 万元。浙江省黄岩市陈二头等人虚开代开增值税专用发票一案中，涉案的金额高达 1.48 亿元，其中可直接抵扣的税款数额达到 2500 余万元，造成国家税款被骗取 1600 余万元。这些违法行为对国家新税制的正常运行和社会主义市场经济秩序的破坏极大，按照当时最高司法机关有关负责人的说法，对这类违法行为如果不严厉地打击和有效地遏制，其严重后果将不堪设想。[1] 某些地方据此形成了一批跨地域的团伙，例如，当时在广东佛冈物资总公司及其所属 5 个企业代开、虚开增值税专用发票案中，相关公司共向全国 27 个省市和广东省内 21 个市的 7000 多家企业开票，该公司总经理温某还曾公开指示经营"开票业务"。[2] 在这种情况下，不把虚开增值税专用发票的违法行为犯罪化显然难以有效地打击相关行为，因此设置虚开增值税专用发票罪也就理所当然，立法者为了体现对该犯罪的严厉打击甚至设置了极为严厉的刑罚。在立法设置了相应的罪名之后，全国各地也涌现出了一大批大案要案，例如河北南宫市虚开增值税专用发票案、浙江金华税案等。这些大案的出现也正是当时虚开增值税专用发票违法行为严重程度的表现。由于虚开、代开增值税专用发票的行为是其他利用增值税专用发票犯罪产生的源头，由此，随着商品的流转在各个环节相应的都产生了不同形态的其他犯罪行为。非法印制、伪造、倒卖增值税专用发票等行为也随之成为当时泛滥的违法行

---

① 参见《刘家琛谈打击利用增值税专用发票的犯罪活动》，载《瞭望》1994 年第 48 期。

② 参见李佩佑、夏吉先主编：《经济刑法清廉剑》，立信会计出版社 1997 年版，第 358 页。

为，立法把这些行为也纳入刑法的调整范围，设置专门的罪名而不再以投机倒把罪、伪造有价票证罪论处也属必然的选择。

《刑法修正案（八）》新设的两个发票犯罪罪名同样与发票违法行为的实际状况有着密切的联系。

虚开发票罪的设立主要基于以下两个方面的考虑：第一，虚开普通发票违法行为的泛滥严重扰乱了社会主义市场经济秩序。首先，虚开普通发票的行为扰乱了发票管理秩序。我国的发票管理涉及的链条多，时间跨度长，从其印制、调拨、领购（发售）、开具、保管到核销等是一个完整的流程，由此形成了一套完整的发票管理秩序。发票开具在一定程度上讲可以说是市场经济活动的主体所从事的与发票有关的活动中最核心的一个环节。我国的《发票管理办法》第22条规定，开具发票应当按照规定的时限、顺序、栏目，全部联次一次性如实开具，并加盖发票专用章。任何单位和个人不得有虚开发票行为。虚开任何发票的行为都属于违反发票管理秩序的行为，普通发票自然也不例外。其次，虚开普通发票的行为扰乱了会计和审计活动的秩序。发票是会计核算的原始凭证，无论是增值税专用发票、用于骗取出口退税、抵扣税款的其他发票还是普通发票，其最基本的职能都是用于会计核算和财务收支。如果开票方不按照实际的经济活动开具发票，由发票所反映出来的会计核算信息就会失真，对经济活动主体的财务制度造成不良的影响，进而为日后的审计活动带来不便。虽然增值税在我国当前是主要的税种，但从整个经济活动的运行过程来看，增值税专用发票和"四小票"反映不出的经济活动占据的应当是经济活动的多数。所以，从这个意义上讲，普通发票对于会计核算和审计的意义并不亚于增值税专用发票和"四小票"。最后，虚开普通发票的行为会为贪污贿赂、挪用公款、洗钱等违法犯罪行为提供条件。对于发票的授受方而言，由于没有实际的经济业务作支撑，除支付一定金额的税款给填开方外，剩余金额势必挪作他用。这种截留下的资金，一般就是腐败等不法行为的资金来源，会对社会造成不良后果。目前，我国普通发票的违法使用较为普遍，甚至曝光出不少大规模的伪造、倒卖、虚开普通发票的犯罪行为。① 伪造、倒卖普通发票的行为在我国早已入刑（体现于《刑法》第 209 条第 2 款规定的非法制造、出售非法制造的发票罪和第 209 条第 4 款规定的非法出售发票罪），但同样泛滥的虚开行为却仅仅是行政违法行为。因此，有关部门反映对于虚开普通发票违法行为的处罚力度偏轻，难以有效惩处和制止发票违法行为。为了加大对虚开发票行为的打击力度，维护正常的经济秩序，《刑法修正案（八）》将虚开普通发票的行为规定为犯罪。② 第二，虚开增值税专用发票的违法犯罪行为已经得到了很大程度的遏制。增值税专用发票犯罪尤其是虚开增值税专用发票罪历来是我国刑法对发票犯罪打击的重点，1997 年刑法中发票犯罪的相关规定大多源于全国人大常委会 1995 年颁布的《决定》。这一单行刑法的出台与当时虚开增值税专用发票的泛滥有着密切的关系，而且与之相关的发票领域的大案、要案基本上都表现为虚开增值税专用发票案件。但是，随着国家推行的旨在以加强增值税管理为主要目标的"金税工程"一期和二期的逐步推行，早在数年前增值税专用发票管理已基本步入正常轨道，虚开增值税专用发票的违法犯罪行为一度十分猖獗的局面已经基本扭转。③ 虽然从大案、要案的比例来看，当前我国虚开发票犯罪的作案重点正转向"四小票"，④ 虚开普通发票还远未占到其中的"重头"，但鉴于虚开增值税专用发票现象减少这一局面适当调整工作重点，把打击虚开发票违法行为的一部分注意力转移到普通发票上也是必要的，相应违法行为的入刑也体现出了对虚开普通发票违法行为重视程度的提高。

---

① 全国人大常委会预算工作委员会编：《增值税法律制度比较研究》，中国民主法制出版社 2010 年版，第 203 页。

② 参见全国人大常委会法制工作委员会刑法室编：《〈中华人民共和国刑法修正案（八）〉条文说明、立法理由及相关规定》，北京大学出版社 2011 年版，第 124 页。

③ 参见《国家税务总局对金税工程二期运行两年成效做出新判断：增值税专用发票管理基本步入正轨，虚开增值税专用发票十分猖獗的局面已基本扭转》，载《中国税务》2003 年第 4 期。

④ 参见《中国税务稽查年鉴 2008》，中国税务出版社 2009 年版，第 57 页。

不过，在《刑法修正案（八）（草案）》讨论的过程中也有一些反对把虚开普通发票行为入罪的声音。例如，有的学者认为，一般发票没有用于骗取出口退税、抵扣税款发票的特性。虚开一般发票的社会危害性没有达到必须借助刑罚处罚的程度，它有多种情况，不能一概入罪。有的社会危害性不大，没有必要动用刑法加以规制。以虚假发票充账的行为尚未通过刑法修正案的形式确立相应的涉税犯罪的罪名，将相比之下社会危害性更为轻微的单纯虚开行为先行入罪，在某种程度上违背了公平原则，存在立法瑕疵。① 笔者认为，这种观点存在值得商榷之处，例如，以有的虚开普通发票行为社会危害不大为由反对把这类行为入刑虽然看似考虑到了这些行为的多样性，实际上却恰恰是忽视了其多样性。只要某些虚开普通发票的行为严重扰乱了经济秩序，为其他违法犯罪活动提供了条件，就具备了入刑的基本条件，立法完全可以通过限制其情节等立法手段来限制这类行为入刑的范围，而不是把所有虚开行为都规定为犯罪。如果以上述观点的逻辑进行推论，即便是相关学者认为危害性更大的虚开增值税专用发票和用于骗取出口退税、抵扣税款的其他发票行为也不应该入刑，因为其中的某些虚开行为或者可以说是大多数虚开行为都达不到社会危害严重的程度。事实上，《刑法修正案（八）》的相关条款也对虚开普通发票的行为入刑附加了"情节严重"的限制。此外，由于"虚开发票"和"以虚假发票充账"是相互关联的行为，只是涉及的主体不同，很难说"以虚假发票充账"的社会危害性就更大。退一步讲，即便是后者的危害性更大，而且尚未入刑，也不宜以此作为反对前者入刑的理由。虽然刑法分则的内部应当讲求协调和完备，但因为刑法的修正和完善是一个渐进的过程，只要某一类行为的社会危害性达到一定程度就可以率先入罪，而不必基于协调性的考虑而阻碍这一进程。

---

① 参见顾肖荣、陈玲：《对〈刑法修正案（八）（草案）〉和〈刑法〉的几点意见和建议》，载《政治与法律》2010 年第 10 期。

　　持有伪造的发票罪的设立一方面是因为发票犯罪尤其是普通发票犯罪的泛滥严重扰乱了社会主义市场经济秩序，需要立法从发票流通的环节上查找漏洞，扩大其监管范围。不管伪造的发票来源如何、去向如何，"持有"都是其中必不可少的一个环节。通过对非法持有伪造发票的行为犯罪化，可以进一步严密对发票犯罪惩治的法网，消除法律上的盲区。尽管从理论上讲，持有伪造的发票罪针对的对象包括所有类型的发票，但鉴于近年来伪造增值税专用发票的现象已经得到很大程度遏制的背景，立法新设本罪的着眼点主要还在于针对"四小票"和普通发票。另一方面，虽然伪造发票的行为较为泛滥，但是在司法实践中要想证明从嫌疑人身边查获的假发票是由其伪造或者其用于销售的难度比较大。非法制造和销售发票的犯罪行为往往非常隐秘，最终能够得到查处的案件相比于真实发生的案件来讲只占其中的一小部分。大量的违法行为如果得不到有效查处，其泛滥的势头就难以得到有效遏制。所以此次增设该罪对于解决发票犯罪司法实践中的难题也有着积极的作用。

　　在《刑法修正案（八）（草案）》讨论的过程中同样也存在一些反对把非法持有伪造的发票行为入罪的意见。例如，有的论者认为，持有伪造发票与非法持有枪支、毒品以及假币的社会危害性是不一样的，而且持有发票在从事发票犯罪或者利用发票实施的逃避税收犯罪中处于一个最微不足道的环节，应当将刑法处罚重点放在伪造、变造、倒卖发票行为以及利用发票或者伪造、变造的发票实施的逃避税收的犯罪行为。[①]这些观点有一定的道理，但并不能成为反对非法持有伪造发票行为犯罪化的充足理由。

　　一方面，不宜简单地将危害经济秩序的行为和危害公共安全、人身权利等行为的社会危害性加以比较，也不宜简单地认为危害货币秩序、毒品管制秩序等行为的社会危害性就高于危害发票管理秩序的行为。从伪

---

　　① 参见陈丽平、李吉斌：《持有大量假发票拟定为犯罪　专家建议增加持有型犯罪需谨慎》，载《法制日报》2011 年 1 月 10 日第 3 版。

造的发票自身对社会的危害来看，其确实难以与枪支、弹药、爆炸物这些可能涉及暴力犯罪的违禁品同日而语，公众对于伪造的发票入罪的认同度也不可能与上述物品相比。但是，想当然地认为危害经济秩序行为的社会危害性就一定没有危害公共安全、人身权利等行为大无疑是不妥的。发票在我国素有"第二货币"之称，在经济生活中其使用量和重要性确实不及货币，但鉴于货币造假的难度和风险大于普通发票，假币泛滥的现象不见得就比假发票泛滥的现象严重，此时并没有足够的证据能够证明持有伪造的货币与持有伪造的发票在社会危害性上的差距能够悬殊到一个入罪一个不入罪的程度。事实上，持有行为之所以被犯罪化且作为一类犯罪行为类型被独立规定出来，根本依据就是持有行为在社会上的存在比较广泛和普遍，统治者、管理者根据社会经济发展、社会进步和人们交往的状况，已意识到持有行为具有社会危害性（即持有行为对社会有影响且为消极、负面的影响），而且危害程度较为严重（即影响较为严重），因而有从法律上来予以调整和干预之必要。① 既然非法持有伪造的发票的现象比较严重而且对于经济秩序造成了较为严重的不良影响，就可以考虑把这类行为予以犯罪化。把非法持有伪造的发票行为入罪体现了着力打击发票犯罪的刑事政策。但是考虑到持有对象的不同可以在法定刑的设置上略有不同。《刑法修正案（八）》为持有伪造的发票罪设置的法定刑也确实更为轻缓。

另一方面，严密发票犯罪的法网与明确打击的重点环节之间并不存在矛盾。主张应把刑法重点放在伪造、变造、倒卖发票行为以及利用发票或者伪造、变造的发票实施的逃避税收的犯罪行为上，这固然有其道理。但由于上文提到的在处理发票犯罪行为中面临难以查证等司法难题，在司法实践中很难完全按照立法者设想的打击重点去操作，因此增设补充性的罪名对于从总体上打击发票犯罪而言仍然是有其积极意义的。

① 陈正云著:《持有犯罪研究》，中国方正出版社2004年版，第73页。

第三节　我国发票犯罪立法的问题及完善

一、我国发票立法的问题

我国的发票犯罪立法经过了几个不同时期的发展，总体而言，形成了一个较为严密的体系，对于打击严重的发票违法行为、维护发票管理秩序起到了积极的作用。但是，我国的发票犯罪立法也存在一些问题，这些问题既包括整体立法理念、在税收刑法中的地位安排等宏观层面的问题，也包括其自身设置上存在的问题。

（一）发票犯罪立法宏观层面的问题

发票犯罪立法在宏观层面主要存在以下两方面的问题：

一方面，发票犯罪立法的设置在立法理念上过于强调对发票管理秩序的保护，从而忽视了对税收利益的保护。从我国发票犯罪立法的演进过程来看，立法者最初对发票犯罪行为的重视源于伪造、倒卖、盗窃等行为的泛滥。这些发票违法行为一般只会对税收利益产生间接的影响，其所直接侵犯的客体事实上只是发票管理秩序。由于我国对发票实行严格的管理制度，以刑法来保护发票管理秩序并无不妥，尤其是在 1994 年税制大规模改革之时强调对发票管理秩序的保护对于巩固税制改革的成果以及推动今后的税收征管工作是必要的。但当发票管理秩序逐步走向正轨之后，就应当重视发票税控功能的发挥，而不是仅仅关注那些侵犯发票管理秩序的行为。在所有发票犯罪行为中，虚开增值税专用发票和"四小票"的犯罪行为与税收利益的关系更为直接，而伪造、出售、购买伪造的发票等犯罪行为只是其他税收犯罪行为的手段行为，与税收利益只存在间接的关系。相比而言，虚开增值税专用发票和"四小票"的犯罪行为应当是立法关注的重点。毫无疑问，我国对相关犯罪行为设置专门罪名之初的相关立法也突出了这一点，例如为之设置了严厉的刑罚。其他发票犯罪行为的罪名十分复杂，基本上与发票违法行为之间存在一一对应的关系，这体现了立法者对发票管理秩序的重视，可以说发票犯罪立法的相关内容就是《发票管理办法》等发票管理法规在法律责任部分的延伸。尤其是《刑法修正案（八）》增设的两个罪名基本所关注的也是发票管理秩序本身，而基本不涉及税收利益。也就是说，在发票犯罪的相关立法中，真正能够突出体现发票税控功能的罪名越来越被淡化。保护发票管理秩序固然有其合理性，但这样的立法理念导致的问题就是过于关注侵犯发票管理秩序的手段行为，而不重视借助发票从事的逃税等犯罪行为。虚开增值税专用发票行为泛滥的特定时期的专项整治行动对于维护增值税利益起到了明显的积极意义，而其他时期我国对发票违法行为开展了多次集中打击活动，这些专项整治行动表面上看似是为了维护国家税收利益，例如 2010 年 6 月 1 日最高人民法院、最高人民检察院、公安部《关于严厉打击发票违法犯罪活动的通知》中明确指出打击发票犯罪是"为维护国家税收征管秩序，保证财政收入稳定增长"，实则关注的往往只是发票管理秩序本身。在过于重视发票管理秩序而忽视税收利益的背景下，发票犯罪的立法实际上就已经脱离了税收刑法的范畴而成为独立存在的一个领域。

另一方面，发票犯罪立法在我国税收刑法中的比重和地位过高，从而影响了税收刑法其他部分作用的发挥。发票犯罪的立法在我国税收刑法中地位很高，这表现为其不仅条文数量众多，而且刑罚的设置总体上也最为严厉。对各种发票犯罪行为的打击固然必要，但最终的目的还是为了维护国家税收利益。而在我国，由于受到司法资源的限制和逃税等案件侦破难度大等因素，发票犯罪案件历来也是税收犯罪中最受重视的一类案件，其在被司法追究的税收犯罪中处于绝对的多数地位，而且近年来受到司法追究的发票犯罪的案件数量还呈上升趋势。例如 2010 年，全国检察机关共受理发票犯罪案件 3234 件 5230 人，同比分别上升 56.16% 和 64.41%；批准逮捕 2778 件 4335 人，同比上升 48.24% 和 57.29%，提起公诉 2926 件

4696 人，同比上升 59.28% 和 77.95%。① 这些案件数量的增长与其说是相关犯罪自身数量的增长，不如说是司法追究力度加大的结果。国家有关部门也不断地开展对发票犯罪行为的专项打击行动。我国打击税收犯罪中存在的这种现象对于税收征管工作而言属于本末倒置，表面上看似有力地打击了逃税等犯罪的手段行为，实则分散了司法资源，不利于对真正的逃税等目的行为的打击。司法中出现的这种现象与我国发票犯罪立法在税收刑法的地位过高有着密切的联系。长此以往，这种现象不仅不利于对逃税等其他税收犯罪行为的打击，也不利于真正提高我国的税收征管水平。

（二）发票犯罪立法自身的问题

我国发票犯罪立法在法条设置上也存在一定的问题，这些问题表现在以下两个方面：

一方面，罪名设计上采取行为对象和行为方式的双重标准。我国的发票犯罪罪名在设计上一方面区分了犯罪的对象即发票的具体种类，把针对增值税专用发票的行为、针对"四小票"的行为与针对普通发票的行为区分开来，并设置不同的刑罚。但行为对象这一标准尚未完全体现在发票犯罪立法的整体上，在个别罪名中不同种类的发票又是同一罪名的行为对象。例如，由于增值税专用发票和"四小票"从功能上讲基本相同，所以虚开增值税专用发票和"四小票"的行为构成的是一个罪名即虚开增值税专用发票、用于骗取出口退税、抵扣税款发票罪。此外，《刑法修正案（八）》新增的持有伪造的发票罪的行为对象也包括所有种类的发票。除此之外的其他罪名都详细区分了三种不同种类的发票。这样的法条设置有其道理，例如把虚开增值税专用发票、"四小票"的行为和虚开普通发票的行为区分开来设置不同的刑罚，体现了前两者具有抵扣增值税税款的特殊功能和立法者对相关犯罪行为的重视程度。把伪造、非法制造、非法出售、非法

---

① 参见《发票犯罪违法呈逐年增多态势》，载《检察日报》2011 年 5 月 17 日第 4 版。

购买增值税专用发票的行为和针对"四小票"和普通发票的这些行为区分开来，体现了国家对增值税专用发票的特殊管制。但就这样的设置而言，问题也是存在的，即界定不同种类发票犯罪的标准过于复杂。例如从功能上讲，增值税专用发票和"四小票"基本相同，所以在虚开犯罪中对二者适用的是同一罪名，说明此时立法者看重的是发票的实际功能。而在伪造等其他行为中，增值税专用发票和"四小票"又不是同一罪名的行为对象，因为增值税专用发票的管理更为严格，说明此时立法者看重的是发票管理制度的严格程度。不过从发票管理制度来看，"四小票"实际上也属于普通发票，二者并无区别，在伪造等犯罪中又为"四小票"单独设置相应的罪名，说明立法者又同时考虑了发票的功能。但鉴于伪造等行为只是逃税等税收犯罪行为的手段行为，其对国家税收利益的影响不及虚开行为直接，所以在这些行为中考虑发票的功能对"四小票"和普通发票予以区别对待是不必要的。例如，同样是非法制造、出售非法制造发票的行为，行为对象如果是"四小票"，法定起刑点是"三年以下有期徒刑、拘役或者管制"，最高法定刑是"七年以上有期徒刑"；行为对象如果是普通发票，法定起刑点则是"二年以下有期徒刑、拘役或者管制"，最高法定刑是"二年以下七年以下有期徒刑"，而且前者被配置了 3 个法定刑幅度，后者则只有两个法定刑幅度。这样的区分过于细微，增加了司法中不必要的麻烦。在罪名设置上采用复杂的标准甚至使得立法者也陷入了逻辑混乱，在某些罪名设计上也出现了疏漏，带来了一些令人费解之处。例如，擅自制造"四小票"和普通发票的行为可能是犯罪行为，而擅自制造增值税专用发票的行为反而没有入罪。实际上，作为发票犯罪立法对应的行政法规，我国的《发票管理办法》对相关违法行为的规定十分简便，其根本不根据发票的不同种类来界定不同的违法行为。而无论是发票一般违法行为还是发票犯罪行为，其行为对象（即各类发票）的功能和国家对之采取的管理制度是完全相同的，且现实生活中发票一般违法行为的数量要远大于发票犯罪行为，我们找不出刑法和《发票管理办法》对同一行为对象的立法采取不同标准的合理理由。在这一问题上，刑法显然应以《发票管理办法》为参考，而没有必要另外设立一套标准。

另一方面，某些罪名在入罪标准上采取"数额较大"和"情节严重"的双重标准。在我国的发票犯罪立法中，针对增值税专用发票和"四小票"的相关罪名虽然从法条本身来看，其并未明确这些罪名的入罪标准，但结合相关司法解释和法定刑幅度的设置来看，其中某些罪名采取的是"数额较大"（或"数量较大"）和"情节严重"的双重标准：在虚开增值税专用发票、用于骗取出口退税、抵扣税款发票罪中"数额较大"指的是虚开的税款数额在一定数额之上，"情节严重"指的是国家税款被骗数额在一定金额以上，而在伪造、出售伪造的增值税专用发票罪中，"数量较大"侧重指的是伪造、出售发票的份数在一定数量以上，"情节严重"侧重指的是发票的票面累计金额在一定金额以上。反观针对普通发票的罪名，则是采取单一的"情节严重"标准。按照 2011 年 11 月 14 日最高人民检察院、公安部《关于公安机关管辖的刑事案件立案追诉标准的规定（二）的补充规定》，虚开发票罪中的"情节严重"是指虚开发票 100 份以上或者虚开金额累计在 40 万元以上的；虽未达到上述数额标准，但 5 年内因虚开发票行为受过行政处罚二次以上，又虚开发票的；其他情节严重的情形。持有伪造的发票罪中的"情节严重"也是以持有的发票数额或票面金额为标准的。可见，普通发票犯罪的"情节严重"包括"数额较大"这一情节。

在虚开增值税专用发票、用于骗取出口退税、抵扣税款发票罪中采取"情节严重"的标准体现了立法者所关注的重点是国家税款，也即设置发票犯罪的最终目标，这多少还显得突出了这一特殊情节在犯罪成立中的作用。而在伪造、出售伪造的增值税专用发票罪中，无论是采取"数量较大"还是"情节严重"的标准，立法者的着眼点都是保护发票管理秩序。从普通发票犯罪"情节严重"的内涵来看，其完全可以包括"数量较大"。因此，"数量较大"可以并入"情节严重"这一规定之中。在针对增值税专用发票的其他罪名中，虽然法条并未明确规定采用双重的入罪标准，但结合相关司法解释来看，事实上这些罪名采用的也都是双重标准。而"数量较大"显然不如"情节严重"这一标准更为科学。同样，针对"四小票"的虚开行为以外的罪名（即非法制造、出售非法制造的用于骗取出口退税、抵扣税款发票罪和非法出售用于骗取出口退税、抵扣税款发票罪这两个罪名）虽然采取的是"数量较大"单一的标准，但显然代之以"情节严重"这一标准更能准确反映相应犯罪行为的严重程度。

二、我国发票犯罪立法的完善

要完善我国的发票犯罪立法，一方面需要为之确立科学的刑事政策，以便在宏观层面明确发票犯罪立法的完善方向。另一方面需要从微观层面进一步修改相关条款，从立法技术、刑罚设置等层面完善相关规定。

（一）发票犯罪的刑事政策：严格限制发票违法行为的犯罪化

我国发票犯罪的刑事政策总体而言表现为两个方面：一是通过不断扩张发票违法行为的犯罪圈扩大刑法的保护范围，二是通过设置较重的刑罚予以严厉打击。我国发票犯罪立法的发展历程表明我国立法一直在扩张发票违法行为的入罪范围。而在扩张发票犯罪入罪范围的刑事政策这一问题上历来存在着较大的争议。例如，有论者认为，刑事立法不必盲目追随税务监管而效仿"以票管税"的方式，应当缩小发票犯罪的犯罪圈。[1]确实，发票犯罪范围不断扩大的现象可能导致一系列问题，例如由于发票犯罪涉及罪名较多、侦破难度相对较小，故司法机关把过多的司法资源投入发票犯罪而忽视逃税等其他税收犯罪。

笔者认为，没有必要缩小发票犯罪的犯罪圈，但应当予以严格限制。之所以不宜简单地认为应缩小发票犯罪的犯罪圈，归根到底是由刑法与行政法律的关系决定的。发票犯罪属于典型的以行政法律规定的违法行为为

---

[1] 参见陈运光著：《税收犯罪通判》，吉林人民出版社 2004 年版，第 176 页。

前提的法定犯，只要相应的行政法律中存在对应的违法行为，就存在把其中某些严重的违法行为犯罪化的可能性。目前主张缩小发票犯罪的犯罪圈的主张基本上都是建立在我国发票管理制度本身的缺陷基础之上的。相关论者认为我国奉行的"以票管税"的制度存在一系列的漏洞以及局限性，难以起到国家预想的税控效果。因此，只有采取其他措施例如增加电子税票等加强税收监管才是实现税控更为有效的途径，而没有必要通过刑法来规制相应的违法行为。虽然我国奉行的"以票管税"的税收监管制度存在很多问题，其不可能完全起到国家所预计的监控税源的作用，但总体而言，"以票管税"是我国税收监管历史上的一个巨大进步。受经济发展水平、税制结构、税务人员素质等多方面因素的影响，我国的税收监管还远未达到可以摆脱"以票管税"的程度。只要"以票管税"的模式在我国继续存在，我国的发票管理制度就会继续维持当前这种严格管理的局面，而只要我国仍然实行严格的发票管理制度，对相关的违法行为予以制裁就是有必要的，其中当然包括采用刑罚手段的制裁。由于任何违法行为都有程度轻重之分，对于类似发票犯罪的法定犯而言，我们并没有足够的依据认为不需要对其中危害严重的违法行为予以犯罪化，对相关违法行为的犯罪化是由刑法对相关行政法律的附属性所决定的。只要在某一时期某些发票违法行为泛滥，其必然会对我国的发票管理秩序造成较大的冲击；动用刑罚手段虽然不能从根本上消除这些违法行为，但起码能起到一时的震慑作用。此外，发票违法行为虽然不一定会对国家的税收利益造成损害，但无论如何其都属于逃税等税收犯罪行为潜在的手段行为，对这些手段行为予以刑罚制裁也并未超出刑法的调整范围。适当的严密刑事制裁的法网不仅有利于促进行政法律与刑法的衔接，从而促进对相应违法行为的打击，而且有利于我国刑法法治发展的大局。在将来的某个时候，我国或许会废除某些发票犯罪，但在当前这样做的时机并不成熟，除了发票自身的功能要求之外，来自税务部门等的压力也会是迫使立法者不得不在较长一个时期保留当前这些罪名的因素。

　　此外，必须要严格限制发票违法行为的犯罪化活动，不能盲目地把很多发票违法行为都予以犯罪化。客观而言，虽然《刑法修正案（八）》进一步严密了发票犯罪立法的法网，但其并没有包含所有甚至大多数的发票违法行为，我国可以予以犯罪化的发票一般违法行为仍然没有穷尽。例如非法购买伪造的普通发票行为、应当开具而未开具发票的行为、使用税控装置开具发票，未按期向主管税务机关报送开具发票的数据的行为等在我国尚不属于犯罪行为。如果从行为的性质上看，其对发票管理秩序的破坏不见得就小于那些已经入罪的发票违法行为，但我们显然不能主张把这些行为都予以犯罪化。而且从长远来看，"以票管税"的模式只会越来越被淡化而不会加强。如果无限制地扩大发票违法行为的犯罪圈，只会阻碍"以票管税"模式的变革。因此，笔者主张，除非在将来的某一时期某一类尚未入罪的发票违法行为出现大规模泛滥之势，否则不应该继续扩大发票犯罪的犯罪圈。

　　发票犯罪刑事政策的另一方面是制刑政策。我国在发票犯罪的立法中设置了较重的刑罚，甚至在虚开增值税专用发票、用于骗取出口退税、抵扣税款发票罪等罪名中设置了死刑，这样严厉的刑事政策虽然在短期内起到了一定的积极作用，但历来受到社会有关方面的批评。在《刑法修正案（八）》中，发票犯罪某些罪名的法定刑已经修改，我国针对发票犯罪严厉打击的刑事政策已经得到了一定程度的修正。笔者认为，应当进一步调整我国发票犯罪的刑罚政策，把这类犯罪从严厉打击的范围加以排除。如果说在1994年我国大规模税制改革之时，严厉打击虚开增值税专用发票等犯罪还具有保障税制改革等较大的积极意义的话，时至今日，发票犯罪对社会主义市场经济秩序的损害则远不及当时。发票管理无非是税收征管工作的一个环节，发票犯罪行为也只是逃税等行为的手段行为，对这类行为的处罚不应当重于逃税等目的行为。我国危害税收征管罪规定的罪名中前4个罪名是可以直接造成国家税款损失的犯罪，因而可以称为实害犯，而发票犯罪的罪名与前4种涉税罪直接的关系，应该具有手段行为与目的行为之间的关系或实害与危险之间的关系。但在我国税收刑法相关的规定中，危险犯的刑罚与实害犯的刑罚相同，甚至危险犯比实害犯还要重。一般情况下，除非有特殊理由，危险行为总比实害行为的危害要低，其刑罚设定应与此相适应而不是相反。我国发票犯罪立法规定了比逃税、抗税犯罪等更重的法定刑。从学界的论述可以看出，有两个理由导致了这一立法局面：一是用虚开等方法可能达到的逃税数额远远比其他传统的方法要大得多，因此其危险巨大；二是在该过程中，就存在着数额巨大的非法交易。但税收受损的实害，并不是发票犯罪的直接结果，而是逃税等犯罪行为实施者的行为造成的，或者还包括税务机关工作人员的税收职务犯罪行为的相配合才能造成的，而发票犯罪所造成的仅是税收利益受损的危险，因此不能将国家税收利益所遭受的巨大损失仅归罪于发票犯罪的行为人。而在涉及发票的相关行为中，非法交易虽然可能存在，但在非法交易的双方中，无论哪方受益或受损，都不涉及对国家税收利益的现实侵害。因此，以上两个理由都不能成为把危险行为的法定刑设定得高于实害犯的合理依据，在发票犯罪与其他税收犯罪之间出现的刑罚的不平衡问题，仍然需要予以合理的解决。① 也就是说，应当进一步降低发票犯罪相关罪名的法定刑，使其与其他税收犯罪行为的法定刑相均衡。

（二）我国发票犯罪立法完善的具体措施

第一，在罪名设计上摒弃发票种类的标准，而以行为方式为单一的标准。虽然从其在社会经济生活的现实作用来看，增值税专用发票和"四小票"当前比普通发票重要，但这种重要性所对应的是我国以增值税为主体的税制结构。事实上，所得税等税种在我国的重要性已经日益体现出来。尽管受到征收难度等因素的限制，所得税一时还不会成为我国税收的主体

---

① 参见李洁、李晓欧：《我国假发票犯罪刑罚立法的反思及评判》，载《政治与法律》2010年第 10 期。

税种，但我国税制结构将来的变化是可以预见的。一旦增值税在税制中不再是占据绝对优势的税种，其所对应的征管工具即增值税专用发票和"四小票"的作用就会削弱，就不需要刑法单独为相应的犯罪行为设置罪名。此外，由于"金税工程"等措施的推行，增值税专用发票犯罪已经得到了很大程度的遏制，虽然在短期内的案件数量没有大幅度的下降，但从长远看相关罪名适用得只会越来越少，而普通发票犯罪罪名的适用会有所增加。在这种情况下，为增值税专用发票保留单独的罪名已经没有必要。虽然国家对增值税专用发票和其他发票的管理制度在严格程度上存在差异，从而使得同样的行为由于行为对象的不同而对发票管理秩序的破坏不尽相同，但这种差异不需要在刑法的罪名设置中加以体现，且《发票管理办法》作为对应的行政法规尚且没有在法律责任上对不同种类发票的犯罪行为进行区分，刑法的相应条款也就无需细化到根据发票种类来设置罪名的程度。具体而言，我国发票犯罪的罪名应当根据行为方式简化为虚开发票罪、非法制造发票罪、出售非法制造的发票罪、非法出售发票罪、非法持有发票罪。但由于我国发票犯罪立法的行为对象和行为方式之间不是一一对应的关系，这些不对应之处有的是立法者有意为之，例如非法购买非法制造的普通发票行为，有的属于立法的疏漏，例如立法没有把擅自制造增值税专用发票行为认定为犯罪行为。[1] 因此，需要在行为方式的规定上作出一定的取舍，对于属于立法者有意为之的不入罪规定暂时不列入犯罪行为，故应删除原有的非法购买增值税专用发票、购买伪造的增值税专用发票罪这一罪名，而把属于立法疏漏的行为对象列入对应行为的罪名中。因此，应把擅自制造增值税专用发票的行为入罪，和擅自制造其他发票的行为一起列入非法制造发票罪的处罚范围。

第二，在入罪标准上摒弃"数额较大"（或"数量较大"）的标准，而以"情节严重"为单一的标准。发票犯罪行为对应的数额或数量固然是判

---

[1]　参见陈洪兵、安文录：《发票犯罪处罚空隙探究》，载《中国刑事法杂志》2005 年第 1 期。

定行为危害程度的重要因素，但其作为单一的入罪标准不够科学，除此之外，行为造成的后果、是否因虚开普通发票的行为受到过行政处罚或者刑事处罚以及有无其他恶劣情节等也应当是相应行为入罪之时考量的因素。因此，以"情节严重"作为各个罪名的入罪标准，"情节特别严重"作为法定刑升格的标准更为妥当，而对"情节严重"具体的标准可以由司法解释予以明确。

第三，调整发票犯罪的法定刑。虽然《刑法修正案（八）》已经废除了虚开增值税专用发票、用于骗取出口退税、抵扣税款发票罪和伪造、出售伪造的增值税专用发票罪的死刑，但仍可考虑进一步降低相应罪名的法定刑。具体而言，以修改后的虚开发票罪为例，其法定刑设置应当是："虚开发票，情节严重的，处三年以下有期徒刑、拘役或者管制，并处五万元以上二十万元以下罚金；情节特别严重的，处三年以上七年以下有期徒刑，并处十万元以上五十万元以下罚金。"对非法制造发票罪、出售非法制造的发票罪、非法出售发票罪的法定刑也遵从这样的设置。而持有伪造的发票罪由于从一开始就没有区分发票的具体种类，且其法定刑设置相对也比较合理，因此没有必要进行专门的调整。

第八章　税收渎职犯罪的立法问题

第一节　我国税收渎职犯罪的立法沿革

　　我国在相当长的时间内并没有关于税收渎职犯罪的专门规定。新中国成立初期，在某些行政法律法规中曾对税务征收工作中的渎职犯罪行为作出过规定，例如按照1950年的《新解放区农业税暂行条例》第28条的规定，在征粮（当时税收还采取实物的形式，即农业税以征收当地主粮为主）工作中行政人员如有徇私舞弊，或违法失职行为，致使国家、人民利益遭受损失且情节重大者，送人民法院处理。按照1958年全国人大常委会通过的《农业税条例》第29条的规定，在征收农业税的工作中，国家工作人员违法失职或徇私舞弊致使国家、人民利益遭受损失的，可以根据情节的轻重移送人民法院处理。这些规定虽然不属于刑法规定，但在一定程度上可以看做是税收渎职犯罪规定的"雏形"。1979年刑法典关于税收犯罪的规定比较粗疏，同样没有税收渎职犯罪的专门规定，不过对相应的犯罪行为可以按照玩忽职守罪等一般性罪名来处理。其第119条虽然专门强调了国家工作人员利用职务上的便利，犯走私罪的，从重处罚，但这一规定针对的是国家工作人员自身参与走私行为的处罚规定，不能算作税收渎职犯罪的规定。1987年8月31日最高人民检察院针对税收渎职犯罪在《关于正确认定和处理玩忽职守罪若干意见（试行）》第47条中专门强调，税收人员不依法履行职责，情节、后果严重的，以玩忽职守罪定罪处刑。不过这只是说明了司法机关对税收渎职犯罪的逐步重视，并没有改变相应罪名在立法上缺失的状况。1995 年修订的《税收征收管理法》也再次出现了类似的规定，按照该法第 54 条的规定，税务人员玩忽职守，不征或者少征税款，致使国家税收遭受重大损失的，依照《刑法》第 187 条玩忽职守罪的规定定罪处罚。

1995 年全国人大常会《决定》中就税务机关的工作人员违反法律、行政法规的规定，在发售发票、抵扣税款、出口退税工作中的玩忽职守行为专门进行了规定，这一规定是我国刑法中关于税收渎职犯罪的第一个专门条款，也为 1997 年刑法典引入。1997 年刑法典分别在第 404 条规定了徇私舞弊不征、少征税款罪，在 405 条规定了徇私舞弊发售发票、抵扣税款、出口退税罪和违法提供出口退税凭证罪，在第 411 条规定了放纵走私罪。至此，在我国刑法中才形成了一个较为完整的税收渎职犯罪的罪名体系。

第二节　我国税收渎职犯罪的立法完善

从总体上看，我国关于税收渎职犯罪的立法较为合理，且由于其在司法实践中运用得较少，表现出的问题也不大。但这并不意味着其已经完美无缺，而仍然有个别可以完善之处。

一、税收渎职犯罪的主体相关规定之完善

根据我国刑法规定，徇私舞弊不征、少征税款罪和徇私舞弊发售发票、抵扣税款、出口退税罪的主体是"税务机关的工作人员"。税务机关包括各级税务局、税务分局、税务所和按照国务院规定设立的并向社会公告的税务机构。事实上，除了关税和海关代征的增值税、消费税之外，履行国内税收征管职能的机关并不限于税务机关，具体实施税收征管工作的人员也不限于税务机关工作人员。因为，在我国，耕地占用税和契税的征收管

理工作在很多地方是由财政部门负责的。虽然这两个税种属于地方税，所占税收收入的比重也并不大，但财政部门工作人员徇私舞弊不征、少征相应税款同样会对国家公职人员税收征管职责的有效性和国家税收利益造成损害。此外，根据《税收征收管理法实施细则》第44条的规定，税务机关某些时候为了方便税收控管和方便纳税，可以遵照有关规定委托有关单位和人员即代征人去代征零星分散和异地缴纳的税收。代征人与税务机关之间是一种代理关系，其主要负责征收的是某些因税源零星分散或所在地域偏僻等导致征收效率不高的税种，也即代征人征税并非税收征管工作的常态。但即便如此，代征人在代征税款之时，其法律地位与税务机关的工作人员也并没有本质上的区别，其履行的事实上也是一种公权。如果代征人徇私舞弊不征、少征税款，但由于他们本身并非税务机关的工作人员，即便因此致使国家税收遭受重大损失，仅从刑法相关条文的字面意思来看，就无法按照徇私舞弊不征、少征税款罪定罪处刑。全国人大常委会《关于〈中华人民共和国刑法〉第九章渎职罪主体适用问题的解释》扩大了渎职罪适用主体的范围。按照这一立法解释的说明，在依照法律、法规规定行使国家行政管理职权的组织中从事公务的人员，或者在受国家机构委托代表国家机关行使职权的组织中从事公务的人员，或者虽未列入国家机关人员编制，但在国家机关中从事公务的人员，在代表国家机关行使职权时，有渎职行为，构成犯罪的，可以依照渎职罪的有关规定追究刑事责任。但代征人并不属于以上任何一种主体，故对其徇私舞弊不征、少征税款的行为也无法按照渎职罪扩大后的主体规定来定罪处罚。立法的这一疏漏主要是由我国现行的税收征管体制尚不完善造成的，当前很多地方已经将财政部门的税收征管职能逐步剥离，而代征人的存在主要反映了税收征管力量的不足，其也是不应当长期存在的。但即便如此，我们仍不能否认在现阶段刑法规定的税收渎职犯罪主体无法涵盖财政部门的工作人员和代征人是立法的疏漏。

有论者就此主张，应将徇私舞弊不征、少征税款罪中的"税务机关的

工作人员"修改为"税务工作人员"。①笔者原则上同意这一主张，但因为
"税务工作人员"是一个约定俗成的用语，其和刑法中的"税务机关的工
作人员"、《税收征收管理法》中的"税务人员"事实上没有区别，同样不
足以涵盖财政部门的工作人员和代征人。因此，为了严密法网，完善该罪
的犯罪主体规定，应在条文原有的"税务机关的工作人员"之后加上"和
其他履行税收征管职责的人员"的规定。

就徇私舞弊发售发票、抵扣税款、出口退税的行为而言，其涉及的是
主体税种，财政部门的工作人员和代征人不会牵涉其中，不会因为这部分
主体违反法律、行政法规的规定，而出现在办理发售发票、抵扣税款、出
口退税工作中徇私舞弊，致使国家利益遭受重大损失的情况。故徇私舞弊
发售发票、抵扣税款、出口退税罪的主体规定不需要进行调整。

除了具体负责税收工作的人员之外，某些时候基于公职行为而导致税
收征收受损还存在一种情形，即地方政府的决策者徇私舞弊造成国家税收
利益受损。某些地方政府在经济发展的过程中，为了吸引投资以促进经济
发展，会在法律不禁止的范围内出台某些税收减免或优惠政策。也就是说，
在实践中，除了税务部门之外，很多地方政府的领导者都有一定的税收决
策权。如果这部分有权决定税收减免或优惠的地方领导徇私舞弊，不按照
相关规定，故意不征、少征税款，同样会损害国家税收利益，而对于这些
主体的相应行为显然无法以徇私舞弊不征、少征税款罪论处。由于这样的
行为的影响面更大，其危害甚至要大于税务人员的徇私舞弊行为，但根据
现行法律却不能受到处罚，相应地就会产生"同恶不同罚"的不公正现象。
由于决定税收减免或优惠的地方领导并不是具体的征税主体，也即其并不
是税收法律关系的一方当事人，因此不宜通过扩大徇私舞弊不征、少征税
款罪主体的方式来予以制裁。且由于相应问题反映的主要是一种权力运行

---

① 参见王前生、徐振华：《论我国税收犯罪刑事立法之重构》，载赵秉志主编：《和谐社会的
刑事法治 上刑事政策与刑罚改革研究》（2006 年度），中国人民公安大学出版社 2006 年版，第
421 页。

过程中的失范状态，其背后涉及的问题错综复杂，因而亦不宜由刑法来率先进行调整。

二、多征税款行为的犯罪化问题

从理论上讲，侵害税收征管职责的行为多种多样，对税收收入的影响也各不相同。既然有不征、少征税款的行为，当然就有多征、滥征税款的行为。而徇私舞弊不征、少征税款罪显然只能适用于徇私舞弊不征、少征税款的行为，而不能包括多征、滥征税款的行为。如果实践中出现了税务机关工作人员利用职权巧立名目多征、滥征税款，造成纳税人利益重大损失的行为，那么便只能适用《刑法》第 397 条滥用职权罪的相关规定定罪处刑。事实上，司法实践中从未出现过类似的案例。因此，有论者主张，针对这种立法上的不足，应当尽快对税收渎职犯罪进行修订，增设税务机关工作人员擅征、多征税款罪。①

从国外的立法例来看，有一些国家针对多征、滥征税款行为设立了类似的罪名。例如《德国刑法典》第 353 条的"超收税款罪"规定："为国库收取赋税、公共事业费或其他税款的公务员，明知支付人不负有或仅负有小额支付义务，而对其收取高额税款，且未将违法收取的税款全部或部分交入国库的，处 3 个月以上 5 年以下自由刑。"从我国的实践来看，多征、滥征税款的表现形式主要有两种：一是地方政府未按规定报省级人民政府批准，即确定征税的新品目或擅自扩大征税范围；二是税务机关违反规定，开征、多征、提前征收或者摊派税款。相对而言，由于社会经济的发展和信息渠道的扩大，前一种情形较为少见，我们没有必要参照我国古代的某些立法例主张针对这些行为设立专门的罪名。而后一种情形在我国并不少见，特别是在税款征收时间上"打小算盘"，把下一年度的税款提前征收

---

① 参见王前生、徐振华：《对税收渎职犯罪构成要件若干问题之研析》，载李希慧、刘宪权主编：《中国刑法学年会文集》（2005 年度 第 2 卷 上册），中国人民公安大学出版社 2005 年版，第 508 页。

（俗称"征收过头税"或"寅吃卯粮"）的现象还很常见，甚至征收过头税是常态，不征收过头税则已经成为一种例外。例如国家审计署在 2009 年曾公布"16 省区市国税部门税收征管情况审计调查结果"，其中显示 13 个省的 62 个县级国税局为完成税收任务，违规向 169 户企业提前征税和多征税款共 23.4 亿元。① 征收过头税的现象本质上讲是不严格依法征税的一种表现，其损害了国家税收工作的严肃性。其背后有着深刻的制度根源，因为我国现在以财政收入的增长为目标的考核机制长期存在，很多征税还是任务性的，征税的数额是有指标的，而不是按照税源和实际的经济情况来征收。这种状况反映的是计划经济时期税收征收方式的遗迹，征收过头税凸显了税收计划管理考核制度与依法征税之间的矛盾。虽然类似的滥征税款现象背后有着复杂的制度根源，但作者也赞同在刑法中设立擅征、多征税款罪。主要理由是：

首先，设立擅征、多征税款罪有助于体现对纳税人权益的保护。我国现行的税收犯罪设置基本上都是为了保护国家税款，其体现的是立法者在税收征管工作中偏重国家利益的价值取向，这必然会在一定程度上造成对纳税人权益的忽视。而现代法治不再仅仅是依照法律去治理社会、管理公民的法治，而是要更加注重依法行政。税收法律不仅要确保国家税款的足额征收，也要保障纳税人的合法利益不为横征暴敛所侵害。虽然征收过头税等现象对纳税人的眼前利益损害不大，但由于其损害了正常的税收秩序，践踏了国家的税法，长此以往必然会损害纳税人的正当利益。所以，虽然受到制度因素影响，在实践中不一定会被广泛应用，但能够起到重要的宣告意义，有利于促进税收犯罪立法价值取向的合理化。

其次，设立擅征、多征税款罪有利于税收渎职犯罪中罪名体系的协调。如果说徇私舞弊不征、少征国家税款的行为由于侵犯了国家税收征收权，会导致税收秩序的混乱和税收收入的减少，因而具有较大社会危害性的话，

---

① 参见《部分国税局违规提前多征税款 23.4 亿元》，载《北京日报》2009 年 7 月 18 日第 2 版。

那么，税务机关工作人员滥用税收征管权，在法外多征、滥征税款，不但严重损害了纳税人的合法权益，同样也侵犯了国家的税收征收秩序。而且，由于相应行为打着国家机关的旗号，其欺骗性更高，影响更为恶劣。而对这种行为，情节特别严重的，最高只能按照滥用职权罪判处 10 年有期徒刑，而徇私舞弊不征、少征税款罪最高可判处 15 年有期徒刑，二者的处罚明显不均衡，由此造成罚不当罪的现象。因此，增设擅征、多征税款罪并为之设立专门的法定刑才能够促进税收渎职犯罪中罪名体系的协调。

最后，设立擅征、多征税款罪有利于与现行税法的协调。《税收征收管理法》第 9 条明确规定，税务人员不得索贿受贿、徇私舞弊、玩忽职守、不征或者少征应征税款；不得滥用职权多征或者故意刁难纳税人和扣缴义务人。而刑法却仅将徇私舞弊不征、少征税款的行为独立规定为犯罪，对于实践中频繁发生的多征、滥征的行为却没有作具体规定，这显然不利于刑法与税法的协调。《税收征收管理法》第 82 条第 4 款规定，"税务人员违反法律、行政法规的规定，故意高估或者低估农业税计税产量，致使多征或者少征税款，侵犯农民合法权益或者损害国家利益，构成犯罪的，依法追究刑事责任；尚不构成犯罪的，依法给予行政处分"。虽然这一规定随着农业税的废除而不再有效，但却表明在立法的当时对于多征农业税的行为和少征行为是同等看待的。既然如此，在其他税种的征收工作中立法对多征税款的行为也应该与不征、少征税款的行为同等对待。

由于我国实践中发生的多征、滥征税款现象背后大多具有复杂的制度性根源，要想在立法上把相应行为入罪，面临重重困难。但对于税收法治亟待规范化的我国而言，适当地把立法价值取向向纳税人一方做出倾斜是必要的，在刑法中设立擅征、多征税款罪可以说是我国税收法治立法理念转变的重要一步，立法者应当克服阻力率先在刑法中对擅征、多征税款的行为作出规制，该罪的具体条文建议设置为："税务机关的工作人员滥用职权，多征或者滥征税款，情节严重的，处五年以下有期徒刑或者拘役；情节特别严重的，处五年以上有期徒刑。"

参考文献

一、专著、论文集、学位论文

1. 王作富. 刑法分则实务研究（第三版）【M】. 北京：中国方正出版社，2006.

2. 李永君. 税收犯罪认定处理实务【M】. 北京：中国方正出版社，1997.

3. 黄荣康. 税收犯罪及司法应对研究【M】. 北京：人民法院出版社，2005.

4. 郭勇平. 税务犯罪论【M】. 北京：光明日报出版社，2003.

5. 丛中笑. 涉税犯罪论【D】. 长春：吉林大学法学院，2006.

6. 高铭暄. 新型经济犯罪研究【M】. 北京：中国方正出版社，2000.

7. 陈正云. 经济犯罪的刑法理论与司法适用【M】. 北京：中国方正出版社，1998.

8. 张旭. 涉税犯罪的认定处理及案例分析【M】. 北京：中国人民公安大学出版社，1999年.

9. 张明楷. 法益初探【M】. 北京：中国政法大学出版社，2000.

10. 吴亚荣. 中国税收犯罪通论【M】. 北京：中国税务出版社，1999.

11. 何秉松. 税收与税收犯罪【M】. 北京：中信出版社，2004.

12. 陈运光. 税收犯罪研判【M】. 长春：吉林人民出版社，2004.

13. 李永君，古建芹. 税收违法与税收犯罪通论【M】. 石家庄：河北人民出版社，2000.

14. 周洪波.税收犯罪研究【D】.北京：中国人民大学法学院，2001.

15. 莫开勤.危害税收征管犯罪的定罪与量刑【M】.北京：人民法院出版社，2000.

16. 周旺生.立法学教程【M】.北京：北京大学出版社，2006.

17. 李希慧.中国刑事立法研究【M】.北京：人民日报出版社，2005.

18. 陈泽宪.经济刑法新论【M】.北京：群众出版社，2001.

19. 戴子钧，胡立升.税收法治研究【M】.北京：经济科学出版社，2005.

20. 赵秉志.刑法基础理论探索【M】.北京：法律出版社，2002.

21. 卢建平.刑事政策学【M】.北京：中国人民大学出版社，2007.

22. 谢望原，卢建平.中国刑事政策研究【M】.北京：中国人民大学出版社，2006.

23. 何秉松.刑事政策学【M】.北京：群众出版社，2002.

24. 周密.美国经济犯罪和经济刑法研究【M】.北京：北京大学出版社，1993.

25. 王世洲.德国经济犯罪与经济刑法研究【M】.北京：北京大学出版社，1999.

26. 马克昌.刑法学全书【M】.上海：上海科学技术出版社，1993.

27. 宣炳昭.香港刑法导论【M】.北京：中国法制出版社，1997.

28. 林山田.刑法通论（增订十版）【M】.台北：作者自版，2008.

29. 申长平.财政问题探索【M】.北京：经济科学出版社，2006.

30. 高铭暄，赵秉志.新中国刑法立法文献资料总览【M】.北京：中国人民公安大学出版社，1998年.

31. 何帆.刑法修正案中的经济犯罪疑难解析【M】.北京：中国法制出版社，2006.

32. 赵秉志.海峡两案刑法各论比较研究（上卷）【M】.北京：中国人民大学出版社，2001.

33. 郝铁川.当代中国与法制现代化【M】.杭州：浙江人民出版社，1999.

34. 严振生. 税法理论与实务【M】. 北京：中国政法大学出版社，1994.

35. 全国人大常委会法制工作委员会刑法室.《中华人民共和国刑法修正案（八）》条文说明、立法理由及相关规定【M】. 北京：北京大学出版社，2011.

36. 涂龙力，王鸿貌. 税收基本法研究【M】. 大连：东北财经大学出版社，1998.

37. 张军，姜伟，郎胜. 刑法纵横谈总则部分（增订版）【M】. 北京：北京大学出版社，2008.

38. 李建国. 最新税收征收管理法释义与税法实务【M】. 北京：人民法院出版社，2001.

39. 陈兴良. 刑种通论（第二版）【M】. 北京：中国人民大学出版社，2007.

40. 郭理蓉. 刑罚政策研究【M】. 北京：中国人民公安大学出版社，2008.

41. 吴平. 资格刑研究【M】. 北京：中国政法大学出版社，2000.

42. 莫开勤，颜茂昆. 走私犯罪【M】. 北京：中国人民公安大学出版社，2003.

43. 汤贡亮. 走向市场经济的中国税制改革研究【M】. 北京：中国财政经济出版社，1999.

44. 国家税务总局税收科学研究所. 西方税收理论【M】. 北京：中国财政经济出版社，1997.

45. 陈晖. 走私犯罪论【M】. 北京：法律出版社，2002.

46. 陈功. 大转折——中国加入WTO十大预测【M】. 北京：中国城市出版社，1999.

47. 易运和. 最新税务百科辞典. 第3卷【M】. 北京：中国财政经济出版社，2002.

48. 于志刚. 热点犯罪法律疑难问题解析（第四辑）【M】. 北京：中国人民公安大学出版社，2001.

49. 黄京平. 破坏市场经济秩序罪研究【M】. 北京：中国人民大学出版社，

1999.

50. 曹康，黄河．危害税收征管罪【M】．北京：中国人民公安大学出版社，
2003.

51. 赵秉志．中国刑法案例与学理研究．分则篇（二）【M】．北京：法律出版
社，2001.

52. 高铭暄．刑法专论（第二版）【M】．北京：高等教育出版社，2006.

53. 攀丽明．税收法治研究【M】．北京：经济科学出版社，2004.

54. 刘剑文．追寻财税法的真谛：刘剑文教授访谈录【M】．北京：法律出版
社，2009.

55. 刘溶沧，赵志耘．税制改革的国际比较研究【M】．北京：中国财政经济
出版社，2002.

56. 李胜良．发票撷趣【M】．北京：经济科学出版社，2004.

57. 高献洲．中国发票史——发票源流探考记【M】．北京：中国税务出版社，
2010.

58. 金鑫．中华民国工商税收史．地方税卷【M】北京：中国财政出版社，
1999.

59. 全国人大常委会预算工作委员会．增值税法律制度比较研究【M】．北京：
中国民主法制出版社，2010.

60. 周洪波．危害税收征管罪立法追诉标准与司法认定实务【M】．北京：中
国人民公安大学出版社，2010.

二、期刊文章

1. 肖中华．集中是发展方向　散在为存在形态——论经济犯罪立法模式之
抉择【J】．法治研究，2010，（5）：10-13.

2. 涂龙科．改革开放三十年来经济犯罪基础理论研究综述【J】．河北法学，
2008，（6）：25-32.

3. 甘功仁．我国税收立法现状评析【J】．税务研究，2003，（1）：42-47.

4. 赵秉志,王东阳.我国刑法中走私犯罪的特征及其惩治【J】.南都学坛（人文社会科学学报）,2006,（3）: 77–84.

5. 吴红艳.我国走私罪立法的缺陷及其完善【J】.中国刑事法杂志,2005,（6）: 47–51.

6. 刘华.经济犯罪的刑事政策【J】.法学,2003,（11）: 72–79.

7. 王昌学.论和谐视野下的经济刑事政策——我国经济刑事政策及其实践的分析、改进与构建【J】.法治研究,2011,（2）: 89–96.

8. 王桂萍,王正文.税收犯罪刑事政策探析【J】.河北法学,2003,（7）: 49–54.

9. 刘荣.刑事政策视野下的逃税罪【J】.中国刑事法杂志,2010,（12）: 43–46.

10. 龙宗智.经济犯罪防控与宽严相济刑事政策【J】.法学杂志,2006,（4）: 4–7.

11. 谢望原,白岫云.加入WTO后我国刑事政策的调整与革新【J】.中国法学,2000,（6）: 13–22.

12. 储槐植.严而不厉：为刑法修订设计政策思想【J】.北京大学学报（哲学社会科学版）,1989,（6）: 99–108.

13. 储槐植.再说刑事一体化【J】.法学,2004,（3）: 74–80.

14. 郝守才.附属刑法立法模式的比较与优化【J】.现代法学,1996,（4）: 44–47.

15. 郭自力,李荣.刑事立法语言的立场【J】.北京大学学报（哲学社会科学版）,2004,（2）: 81–86.

16. 刘剑文.论增值税专用发票死刑之废除【J】.税务研究,2010,（10）: 29–30.

17. 冯亚东.罪刑关系的反思与重构——兼谈罚金刑在中国现阶段之适用【J】.中国社会科学,2006,（5）: 125–134.

18. 李洁.罚金刑之数额规定研究【J】.吉林大学社会科学学报,2002,（1）:

64–73.

19. 姚贝. 对没收财产刑的价值反思【J】. 西南科技大学学报（哲学社会科学版），2011，（4）：1–6.

20. 王志祥，敦宁. 刑罚配置结构调整论纲【J】. 法商研究，2011，（1）：42–52.

21. 李翔. 论逃税犯罪中的初犯免责【J】. 中国刑事法杂志，2009，（7）：49–55.

22. 李希慧. 资格刑的反思与完善【J】. 法学，1995，（3）：15–16.

23. 陈晖. 从"宽严相济"刑事政策看走私罪的法律修正【J】. 政治与法律，2009，（1）：23–30.

24. 吴邺光，周洪波. 税收刑事立法比较与我国税收刑事立法的完善【J】. 国家检察官学院学报，2002，（6）：14–24.

25. 周少华. 偷税罪的立法缺陷【J】. 法学，2002，（11）：19–27.

26. 梁根林. 论犯罪化及其限制【J】. 中外法学，1998，（3）：51–62.

27. 陆云. 经济犯罪数额价值的科学折算方法【J】. 法学，1996，（4）：32–33.

28. 郭勇平.《刑法修正案（七）》对《税收征管法》第六十三条的影响【J】. 税务研究，2009，（12）：60–62.

29. 黄太云. 偷税罪重大修改的背景及解读【J】. 中国税务，2009，（4）：20–22.

30. 顾肖荣，陈玲. 对《刑法修正案（八）（草案）》和《刑法》的几点意见和建议【J】. 政治与法律，2010，（10）：42–47.

31. 李洁，李晓欧. 我国假发票犯罪刑罚立法的反思及评判【J】. 政治与法律，2010，（10）：28–34.

32. 陈洪兵，安文录. 发票犯罪处罚空隙探究【J】. 中国刑事法杂志，2005，（1）：51–54.

33. 翁凯一. 宽严相济在刑事立法中的适用及前景——以《刑法修正案

（七）》为例【J】.法学杂志，2009，（6）：36-38.

34.刘远.《刑法修正案（七）（草案）》的刑事政策评析【J】.法学，2008，（12）：36-40.

三、论文集中的析出文献

1.赵秉志等.从实践到理论：我国税收犯罪死刑废止问题研究【A】.刑事法治发展研究报告2004年卷【C】.北京：中国人民公安大学出版社，2005.118-133.

2.吴玉梅.税收政策对税收犯罪刑事立法的影响与展望【A】.谢望原，肖中华，吴大华.中国刑事政策报告 第三辑【C】.北京：中国法制出版社，2008.389-401.

3.游伟，肖晚祥.我国经济犯罪立法模式的反思性回顾与前瞻【A】.赵秉志.刑法评论（2008年第2卷）【C】.北京：法律出版社，2008.229-244.

4.赵秉志.改革开放30年的我国刑法立法【A】.人民法院改革开放三十年论文集【C】.北京：人民法院出版社，2008.82-92.

5.欧锦雄.论刑法典的修补技术【A】.郎胜等.改革开放三十年的刑事法治研究【C】.北京：中国人民公安大学出版社，2008.477-485.

6.王洪清.罚金刑适用的若干问题【A】.最高人民法院刑事审判第一、二、三、四、五庭.刑事审判参考（2006年第1辑）【C】.北京：法律出版社，2006.143-157.

7.齐文远，魏汉涛."解除刑事责任的事由"之立法价值——从《刑法修正案（七）》对偷税罪的修改切入【A】.赵秉志等.中国刑法学年会文集（2009年度 下）【C】.北京：中国人民公安大学出版社，2009.1088-1095.

8.王前生，徐振华.论我国税收犯罪刑事立法之重构【A】.赵秉志.和谐社会的刑事法治（上）【C】.北京：中国人民公安大学出版社，2006.417-425.

9. 姚兵.解读《刑法修正案（七）》逃税罪的除罪条款——兼论非犯罪化路径的中国选择【A】.赵秉志.当代刑事科学探索（上）【C】.北京：北京大学出版社，2010.588-603.

10. 蒋苏淮.《刑法修正案（七）》第3条第4款之质疑【A】.赵秉志等.中国刑法学年会文集（2009年度下）【C】北京：中国人民公安大学出版社，2009.1145-1151.

后　记

本书是在本人同名博士论文的基础之上经过修改创作而成的。博士论文的创作大抵是一件令人倍感"痛苦"同时又能够使人产生成就感的事情。说其"痛苦"是因为从其选题、资料收集整理到写作、修改、答辩等各个环节都不是能够轻松完成的。单以选题为例，用陈兴良教授的话来讲，"任何一个学科的知识范围总是有限的，以刑法学科为例，全国各院校以每年近百人的规模招收博士生，就刑法总论而言，一年就可以将二级标题的题目做一遍，两年就可以将三级标题的题目做一遍，就刑法各论而言，如果每个罪名写一篇博士论文，不到五年就可以把我国刑法中的罪名写完"。事实上，当我们这批人进入博士阶段的学习之时，这一预言早已被印证。由于之前从事经济法学习的缘故，我的研究领域集中于经济刑法，但当真正要以此为论题进行博士论文写作之时，我却发现这其中的困难所在：前人的研究成果不仅涉及领域广泛，而且研究也具有相当的深度，完全未有涉猎的领域几乎不存在，研究深度不够的领域大多是由于研究资料的匮乏、涉及问题所需的经济学专业背景较深厚等多种难以克服的原因所造成的。因此，当我最终选择以税收犯罪的立法问题作为论文题目之后，仍然存在不少困惑，某些研究财税法的老师也感觉题目不易驾驭。至于论文资料的收集整理、写作等过程更是要比选题付出更多的时间和精力。好在得益于老师的精心指点，我确立了比较清晰的研究框架，把原本显得比较宏观的问题划分为若干相对细小的问题，并在此基础上完成了论文。这并不是我读博期间所创作的最大部头的成果和"处女作"（之前本人编著的《刑事责任能力适用》一书已于 2012 年 3 月在中国人民公安大学出版社出版），但却能够代表本人在此期间最高研究水平，因此，说其创作过程能够使人产生成就感也理所当然。

我首先应感谢我的导师王志祥教授。他在 3 年期间对我悉心指导，不厌其烦，使得我的知识水平和学术能力均有了极大程度的提高。我感慨于他对待学术事业的那份执着和韧劲。在我的印象里，他常年不论平日和假期都是早出晚归，几乎以办公室为家，哪怕是每晚回到家中，也要忙于手头的教研工作和批改学生的论文，以至于熬夜成为家常便饭。我读博的 3 年也是他由青年迈入中年的过渡时期，我注意到他已早生华发，而且还有逐步蔓延之势。我们同门有一点共识，那就是如果我们都能拿出恩师的那份热情和劲头，我们将来也应该会在各自的事业中取得一定的成绩，传承老师的衣钵，而不是只能望其项背。然作为老师的博士"开山弟子"，我难免怠倦，很多时候未能充分利用他所提供的各种锻炼机会，对此我也常身怀愧疚之情。尤其是在工作之后，我的工作同样是在高校，自身的经历使我更能理解他的做法，即当勤奋成为一种习惯之时，在外人看来的辛苦和操劳似乎真的算不上什么。在生活上，王老师对我等也是倍加关心，尤其是当师门中人聚在一起小酌数杯之时，更能使我们感受到师门的那种融洽。

我应当向刘志伟教授致以深深的谢忱。我硕士阶段主修经济法学，而非出身于刑法学科班。2008 年的秋季，蒙他不弃，我才能够放下心理包袱，报考刑法学的博士研究生。当成绩揭晓之时，由于他名下招生名额的限制，又幸得刘老师襄助，我得以转投王志祥老师的门下，从而了却了我的求学夙愿。3 年中，我虽然不是先生名下的弟子，但他仍然给予了我不少的指导和学术锻炼的机会。

感谢北京师范大学刑事法律科学研究院的老师，尤其曾经给我们授课的高铭暄老师、储槐植老师、赵秉志老师、卢建平老师、张远煌老师、李希慧老师、黄风老师、吴宗宪老师、宋英辉老师、刘广三老师以及我们的班主任张磊老师。

我硕士阶段的导师甘功仁教授在我论文创作之中也给予了一定的指导，并且在我面临某些人生中的困惑之时及时给予了我点拨，他和中央财经大学法学院其他老师对我 7 年的教导同样让我终身难以忘怀。

我的父母均已过了知天命之年，既要完成自己的日常工作，十几年来面对唯一的儿子常年不在身边的境况，又要妥善处理家庭事务。家人作为最坚强的后盾是我能够安心完成学业的保证，这种感情不能也不需要用"谢"字来表达。

博士生阶段的同学是本人正式求学生涯中的最后一批同窗，大家相互之间的情谊和共处经历在一生中弥足珍贵。我忘不了与蔡雅奇、董桂武两位室友同处一室的点点滴滴，与袁宏山、陈伟强等这些老大哥侃侃而谈的神情愉悦，与刘炯、翁小平、邱帅萍、俞楠、杨超、王吉春等同龄人和谐相处的每个片段，与刘志洪共修英语、与陈璐同学共修德语过程的小小艰辛……

本书的出版获得了铁道警察学院 2014 年度学术著作出版资助。2012年 7 月，当我最终离开生活了 10 年的"帝都"之时，选择了到当时的铁道警官高等专科学校工作，这可以说既是机遇，又是挑战，因为学院虽然蒸蒸日上，广招贤才，然难掩其基础差、底子薄的状况，在一部分人看来这样一种选择对于个人的发展尤其是科研的前景是存在风险的，然我最终义无反顾走入了这所公安部直属的院校。感谢学院领导对我的信任和帮助，还应感谢法律系王运生主任等前辈的关心。本书的出版也得到了科研处刘国建处长、法律系汪东丽老师以及学院学术委员会全体委员等的极大支持。中国法制出版社的马颖主任对本书的编辑出版付出了辛勤的劳作，在此一并致谢！

何恒攀

2015 年 5 月

图书在版编目（CIP）数据

税收犯罪立法研究 / 何恒攀著 . —北京：中国法制出版社，2015.6
ISBN 978-7-5093-6458-1

Ⅰ .①税… Ⅱ .①何… Ⅲ .①税收管理—刑事犯罪—立法—研究—中国 Ⅳ .① D924.334

中国版本图书馆 CIP 数据核字（2015）第 130240 号

策划编辑：马　颖　　　　　　责任编辑：黄丹丹　　　　　　封面设计：周黎明

税收犯罪立法研究
SHUISHOU FANZUI LIFA YANJIU

著者 / 何恒攀
经销 / 新华书店
印刷 / 北京京华虎彩印刷有限公司
开本 / 710 毫米 ×1000 毫米　16　　　　　　　　印张 / 14.25　字数 / 197 千
版次 / 2015 年 7 月第 1 版　　　　　　　　　　2015 年 7 月第 1 次印刷

中国法制出版社出版
书号 ISBN 978-7-5093-6458-1　　　　　　　　　　　　　　定价：45.00 元

值班电话：010-66026508
北京西单横二条 2 号　邮政编码 100031　　　　　　　　传真：010-66031119
网址：http://www.zgfzs.com　　　　　　　　　　　编辑部电话：010-66010678
市场营销部电话：010-66033393　　　　　　　　　邮购部电话：010-66033288
（如有印装质量问题，请与本社编务印务管理部联系调换。电话：010-66032926）